目录

第一章　外资企业在华研发投资总体情况

在市场竞争日趋激烈的经济新常态背景下，科技创新已经成为企业生存与发展的重要原动力。在资源“瓶颈”与生态环境日趋恶化的情况下，全面实现创新驱动发展战略尤为紧迫。尽管我国提出创新发展战略已有 20 多年，创新发展理念已经得到社会普遍认可，但是，多数企业没有掌握核心的高新技术，具有自主知识产权的产品很少进入发达国家市场，在全球产业价值链中我国仍处于中低端位置。汤森路透以专利数量和引用次数为核心指标评选的《2015 全球创新企业百强》榜单里，中国内地企业无一入围。

面对科技资源跨国流动、创新要素全球配置的大趋势，我们必须统筹国内国际两种创新资源，加强国际科技创新合作。引进包括美资企业研发机构在内的外资研发机构，为本土企业主动融入全球创新网络创造了条件，对本土企业消化吸收再创新具有重要意义。

企业研发机构是实施产品创新的主要承担者，技术实力雄厚的跨国公司是推动研发全球化的主要力量之一，它们在东道国研发机构的技术转移和技术扩散，有助于提升本土企业整体研究开发水平，推动区域经济增长和产业结构调整。美国是最具创新活力的国家，美资企业在众多高新技术领域具有优势地位，美国的科技贡献率在全球首屈一指。美国以不到世界 5% 的人口，创造了全世界约 24% 的财富（按 GDP 占全球总量计算）和 40% 的高科技产品。吸引美资企业在华增加研发投资，促进中美企业合作创新，获得发达国家先进技术的溢出效应，以提升我国本土企业的科技创新能力，既是在开放式创新环境下实现创新驱动发展战略的重要手段，也是我国政府积极推行的重要

政策。

中国具有庞大的高新技术产业市场需求和丰富的高质量人力资源，吸引了各国企业进入中国市场。为了扩大在华市场的份额、快速响应本地客户需求及削减母公司研发成本等，跨国公司具有研发活动本地化的内在动力。从20世纪90年代以来外商逐渐开始在华设立研发机构，1994年加拿大北方公司在北京成立北方电讯研究，此后越来越多的外资公司开始进入中国市场，并相继设立了研发中心、研究院等研发机构。这是在经济全球化背景下，继营销全球化、生产全球化之后，兴起的研发全球化的新浪潮。

为了鼓励外资企业在华投资开展研发活动，国家海关总署（1999）、商务部（2000）、北京市（2002）、苏州市（2003）、南京市（2003）、杭州市（2006）、重庆市（2006）、福建省（2009）、上海市（2012）等部门和地区先后颁布了优惠政策。

在中国市场需求和政策双轮驱动下，外资研发机构数量快速增长，从京沪粤等发达省市向中西部扩展，成为重要的区域创新力量。外资研发机构的技术转移与技术扩散，促进了本土企业创新能力的提升，对实现创新驱动发展战略具有巨大的作用。在中国对外出口的产品中，高科技产品比例持续上升，2000年中国低科技产品占出口总量的41%，2014年下降到28%。亚洲开发银行称，2014年年底，中国取代日本成为亚洲最大高科技出口国①，中国在亚洲高科技产品（如医疗器械、飞机和电信设备）出口中所占比重，从2000年的9.4%上升到2014年的43.7%，日本的占有率则从25.5%下滑至7.7%。这一转变标志着在寻求向制造业价值链上端移动之际，中国在促进创新和科技成为经济主要引擎方面取得了成功。

同时，应清醒地看到，汤森路透《2015全球创新企业百强》榜单里，日本以40家企业雄踞榜首，在诸多领域拥有高度的技术话语权和产业链的掌控力。美国35家，法国10家，德国4家，瑞士和韩国各3家，瑞典、比利时、中国台湾和荷兰各1家。2014年，我国出

① 亚洲开发银行：《2015年亚洲经济一体化报告》，2015年12月8日。

口工业制成品总额 22300.4 亿美元中，外商投资企业占 48.2%①，许多关键零组件仍然依赖进口，即中国高科技产品出口的主体是外资企业。继续实施鼓励外商企业在华设立研发机构的政策，推动外资研发机构与本土企业合作，构建优势互补、互利共赢的利益共同体，促使本土企业融入全球创新网络，是多数本土企业经过引进消化吸收再创新，实现自主创新的必由之路。

下面从总量和区域层面对在华外商研发投资情况加以概述。

第一节　全国外资企业研发资源变化

统计表明，2013 年年底，6153 家在华外资企业开展了研发活动，设立专职研发机构的企业为 4980 家，即 1173 家企业没有研发机构，其研发活动由临时性项目组织承担。大中型企业设立研发机构的比例较高，小型企业往往使用母公司提供的技术或者委托合作伙伴。在高新技术行业，小企业往往本身就是一个研发型的组织。

从开展研发活动的企业注册类型看，合资企业研发活动多于其他类型，合资企业 3041 家，外商独资企业 2841 家，中外合作企业 129 家，外商股份公司 130 个。根据我国《外商投资产业指导目录》，限制类产业仅允许合资企业投资，且对外商持有的股份加以限制，因此，合资企业享有更广的投资范围，开展研发活动的领域更多。

从外资企业研发机构的投入与产出来看，大幅度增长态势十分明显。2002 年，全国外商投资企业在华研发机构 461 个，人员 27049 人，实施 R&D 项目 3663 个；2010 年之后，研发活动及研发机构数量增速加快，2013 年研发机构达到 5741 个，人员 345436 人，R&D 项目 42885 个。从 R&D 经费内部支出来看，2005 年为 231.9 亿元，2013 年增长到 1242.8 亿元。从企业层面看，世界 500 强在华研发机构的人员不断增加。微软亚太研发集团由 1998 年的十多人发展到 2014 年的

① 国家统计局（http://data.stats.gov.cn/easyquery.htm? cn = c01）。

3000多人，占其全球研发人员总数的10%；GE中国研发中心自2000年成立以来已发展到2800多人，占其全球研发人员的近一半。

独资企业更倾向于设立研发机构，在从事研发活动的外商企业中，74.8%的合资企业设立了研发机构，87.5%的外商独资企业设立了研究机构。2012年，独资企业的研发机构数量超过合资企业（见图1－1），外商股份公司及中外合作企业占的比例很小，这两种企业类型随着改革开放的深入而逐步萎缩。

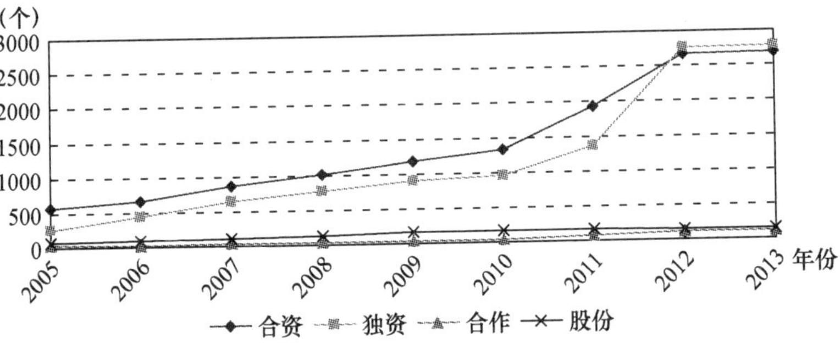

图1－1　外商投资企业在华研发机构数量

2010年以后，外商独资企业研发实力快速上升，独资企业研发机构的人员总量、平均人员数量超过了合资企业。典型的如微软亚太研究院、IBM中国开发中心、SAP等跨国公司在华设立的研究机构，具有研发人员多、经费多、技术成果多的“三多”特点。外商股份公司及中外合作企业仅起到拾遗补阙的作用（见图1－2）。

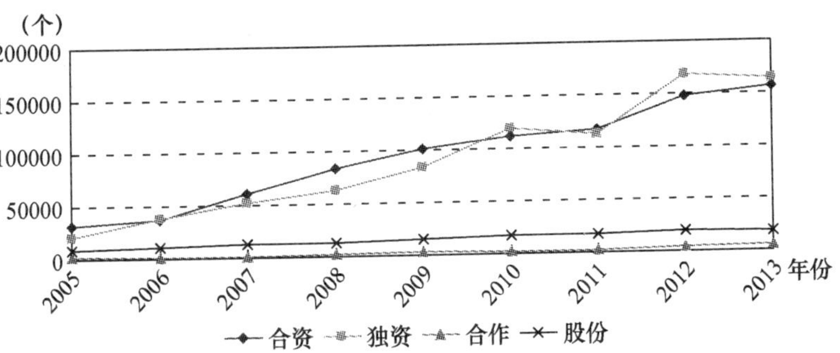

图1－2　外商投资企业研发机构R&D人员

从外资研发机构的经费投入来看，在统计资料完整的9个年度内，合资企业R&D经费内部支出一直高于独资企业。中外合作企业的R&D经费几乎可以忽略不计（见图1－3）。

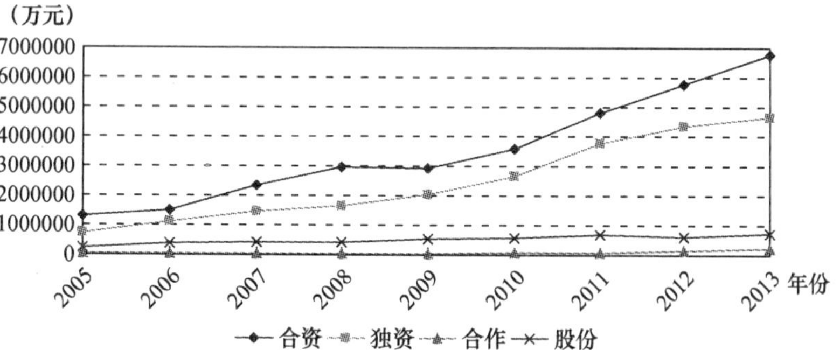

图1－3　外商投资企业研发机构R&D经费内部支出

从实施的研发项目数量来看，2002—2008年，外资企业研发机构的R&D项目数量增长缓慢，2009年之后增长速度加快，合资企业研发机构R&D项目多于独资企业（见图1－4）。这种变化可能与2008年美国金融危机后，中国实施了刺激政策，国际范围内的产业投资向中国转移有关。

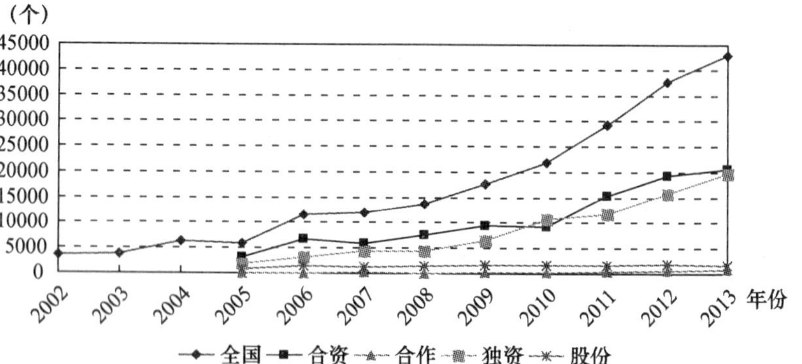

图1－4　外商投资企业研发机构R&D项目数量

从外资研发机构的产出来看，2002—2008 年专利申请量变化不大，2009 年以后专利申请量明显增加，这与研发经费投入、研发项目数量的增加密切相关。合资企业研发机构多个年度的专利申请量位居第一（见图 1-5）。

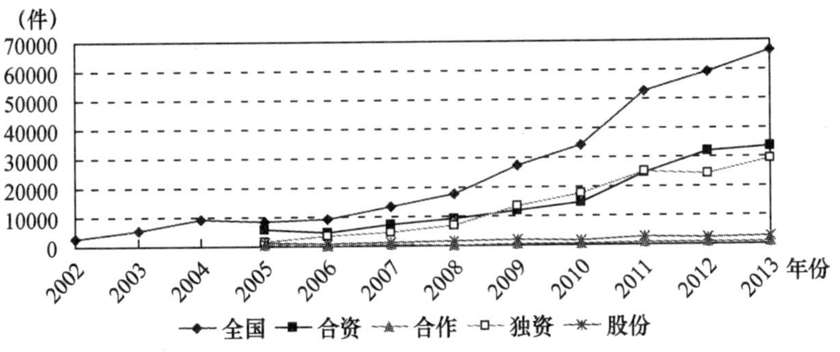

图 1-5 外商投资企业研发机构专利申请量

统计数据表明，近年来，外资企业新产品开发项目数量占全国总量的比例基本稳定，但专利申请数、新产品开发投资增长速度放慢。2011—2013 年，在规模以上工业企业中，外资企业新产品开发经费的比例分别是 35.42%、34.82%、32.20%，专利申请占比分别是 27.28%、24.19%、23.65%（见表 1-1）。一方面，说明国内企业更加重视研发活动，研发投入增长有利于企业技术升级和产业结构调整；另一方面，也说明外资企业在我国的研发投资增长乏力，应分析原因及采取积极的措施。

表 1-1 外资企业研发投入与产出变化

年份	新产品开发项目数（件）	外资企业占比（%）	新产品开发经费（万元）	外资企业占比（%）	申请专利（件）	外资企业占比（%）
2011	266232	26.75	68459430	35.42	386075	27.28
2012	323448	28.09	79985405	34.82	489945	24.19
2013	358287	27.68	92467436	32.20	560918	23.65

注：外资企业包括外商投资企业、中外合资经营企业、中外合作经营企业、外资企业和外商投资股份有限公司五种形式。

资料来源：根据国研网宏观经济数据库的数据整理而得。

第二节　外资企业研发资源的空间分布

外资企业在华设立研发机构选址时会考虑多种因素，如研发人才数量、产业聚集程度、目标市场、营商环境、土地和场地租金等，我国区域经济发展程度差异很大，以人才资源为核心的科技创新资源分布不均衡。外资企业首先选择京沪广深等发达城市设立研发机构，中西部地区数量明显较少，导致各地外资研发机构存量和增长速度差异悬殊。按照国家统计局的数据，北京，2005 年 14 家，2013 年 101 家，增长 6.2 倍；江苏，2005 年 148 家，2013 年 2916 家，增长 18.7 倍；陕西，2003 年 5 家，2013 年 14 家，增长 1.8 倍。从研发经费支出来看，区域间也体现出了巨大的差异。

需要指出的是，不同路径获得的外资研发中心数量偏差很大。2014 年 11 月，上海商务委员会为课题组提供了一份详细的外资研发机构名单，截至 2013 年年底，共 366 家，2014 年 6 月新增 12 家，而统计部门披露的报表中只有 276 家。2014 年 5 月，北京市商务委员会公布的外资研发机构 78 家，统计部门的数据是 101 家。

从陕西情况来看，各个渠道反馈的数据相差更大。2015 年 7 月，陕西省科技厅组织专人先后到商务厅、财政厅、统计局、国税局和西安海关收集材料，获得了三组数据。其一，陕西省共有 5829 家外商和港澳台企业备案注册，达到统计局规模以上工业企业标准的仅有 221 家，其中设立了 18 家研发机构。其二，第三次经济普查时有 45 家注册的行业是“科学研究与技术服务业”。其三，在落实《继续执行研发机构采购设备税收政策的通知》时，由财政厅、商务厅、国税局和西安海关联合认定的外资研发中心仅 1 家。上面的数据是明显不同的，课题组在分析第三次经济普查列出的 45 家“科学研究与技术服务业”企业名单时，发现排名前 2 位的是“西安蒙娜丽莎婚纱摄影设计有限公司”和“西安市台北沙罗婚纱摄影有限公司”，这两家婚纱影楼如何被列入了研发型企业名单？其合理性颇值得怀疑。

而课题组上门访谈的拥有200多名研发人员的艾默生科技资源（西安）公司和拥有400多名工程师、研发实力很强的ABB电力电容器公司，反而没有出现在上面的三个名单中。可见，现有数据极不准确。

尽管统计部门的数据准确性值得商榷，但在统计口径不变的情况下，通过横向比较还是可以判断出地区外资研发活动的强弱。从表1－2的数据可以看出，经济发达的江苏、浙江和广东位居前三名，西部地区数量微不足道。

表1－2　外资企业设立研发/科技机构数量情况（部分省份） 单位：家

年份	北京	上海	江苏	广东	浙江	山东	辽宁	湖北	四川	陕西
2005	14	82	148	188	138	85	17	21	10	5
2006	14	103	199	249	183	93	23	21	17	5
2007	36	117	301	336	257	127	25	34	31	9
2008	47	134	394	369	322	151	32	39	21	7
2009	52	245	486	373	342	150	46	48	28	12
2010	64	270	573	356	410	170	36	51	27	10
2011	113	285	921	441	797	219	55	55	22	16
2012	105	280	2938	462	793	267	50	41	41	15
2013	101	276	2916	459	779	280	61	41	42	14

从企业科技机构经费支出来看，排名前三位的是江苏省、上海市和广东省，在2008年之前，三省份经费支出增速接近，2009年以后广东省增速乏力，被江苏省赶超。2012年，江苏省实现了跨越式增长，超过上海而成为全国第一名（见图1－6）。

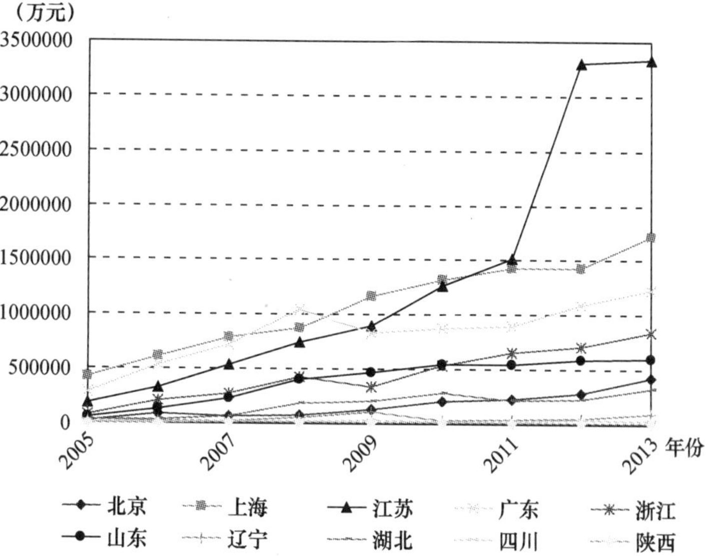

图 1－6　外资企业设立研发/科技机构经费支出

第三节　地区外资企业研发机构投入比较

外资企业研发投入主要来源是实力雄厚的母公司或其他合作伙伴，资源投入量由公司研发战略决定，与当地经济发达程度及财政收入状况没有必然关系。从四个地区外资研发机构人均经费与人均物质资本分布来看（见表 1－3、图 1－7 和图 1－8），没有表现为发达地区高而欠发达地区低的趋势。这与依赖财政拨款的公共研究机构和科研院所大为不同，发达地区此类机构经费明显高于中西部欠发达地区。

从人均经费支出来看，东部地区波动范围较小，起初具有领先优势，2009 年之后被中部和西部地区反超。中部地区人均经费表现为波动上升态势，2010 年后居各地区之首。西部地区表现为先降后升态势，2009 年后与东部和中部地区接近。东北地区人均经费除 2009 年较高外，其他年份明显低于全国均值（见图 1－7）。

表 1－3　　外资研发机构人均经费与人均仪器设备价值　　单位：万元

年份	东部地区		中部地区		西部地区		东北地区	
	人均经费支出	人均设备价值	人均经费支出	人均设备价值	人均经费支出	人均设备价值	人均经费支出	人均设备价值
2005	23.97	26.92	17.01	14.09	27.97	13.16	18.54	11.85
2006	30.07	23.10	23.92	11.80	18.51	12.93	12.77	15.34
2007	28.07	50.05	22.49	18.51	15.75	12.89	12.18	26.38
2008	30.35	33.56	30.52	18.30	23.85	16.19	17.16	16.98
2009	25.08	19.61	27.46	33.16	31.90	21.79	27.15	14.13
2010	24.42	16.15	35.27	30.98	28.31	22.70	16.29	10.61
2011	27.86	20.06	29.39	40.98	27.36	34.00	18.87	20.96
2012	19.89	0.75	33.77	1.15	20.19	0.72	23.60	1.44

资料来源：课题组根据统计资料计算而得。

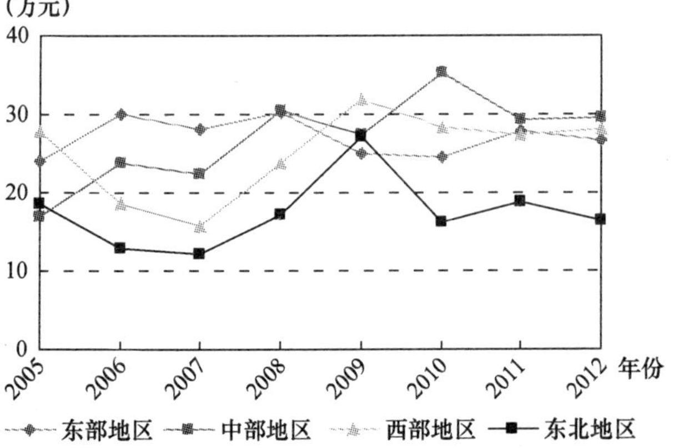

图 1－7　各地区外资研发机构人均经费支出

从人均仪器和设备价值来看，2009 年以后东部地区失去优势，中西部地区表现出旺盛的增长态势，中部地区人均物质资本拥有量居首位，表明外资企业在中西部研发投入持续增加，空间布局上正从东部向中西部梯度转移。

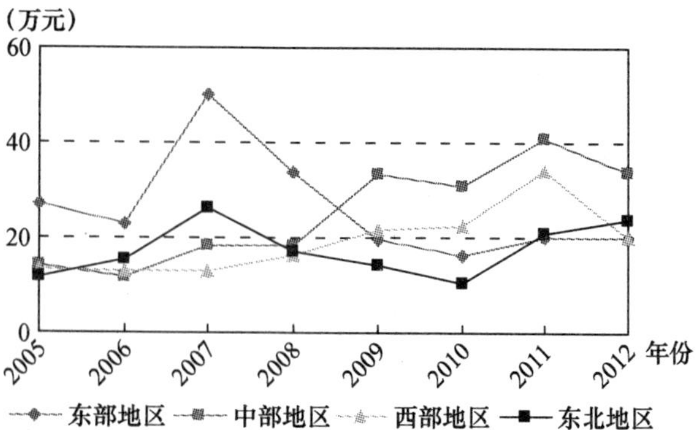

图1－8　各地区外资研发机构人均仪器设备价值

第四节　各省份外资企业研发机构创新效率比较

克劳迪奥（Claudio，2013）将创新效率定义为企业在一定数量的创新投入前提下最大化创新产出的相对能力。关于外资企业研发机构的创新效率文献较少，刘志迎和张吉坤（2013）比较了“三资”企业和国有企业的创新效率，认为造成二者差距的主要原因是规模效率。肖仁桥、王宗军和钱丽（2014）发现，外资企业科技成果转化效率接近前沿值，原因是利用了母公司的先进技术和市场能力。叶娇（2009）测度2004—2006年外资企业研发效率，认为专利申请量对研发效率有正向影响，地区科技资本存量、技术市场发展水平与外资企业研发效率无关。本书以外资研发机构为对象，以人力资源、创新经费和物质资本为投入要素，以滞后1年的新产品销售收入为产出。对东部、中部、西部和东北地区相关数据做随机前沿分析，在测度各地区创新效率的基础上，比较外部因素对不同区域创新效率的影响。

一　变量选择

（一）投入要素

采用随机前沿技术对生产函数和随机项的概率分布进行假设，生

产函数改变后测度结果即发生变化，因而生产函数形式及投入产出指标的选择很重要。本书假设各投入要素的产出弹性不变，选择柯布—道格拉斯生产函数，但对投入要素适当调整。

从创新价值链来看，技术创新始于创新投资而止于成功的商业化，创新活动核心的资源是人才、经费和必需的仪器设备等，创新资源拥有量及配置水平决定了企业创新能力及创新绩效，经理层和R&D、生产、财务和市场等部门必须对上述投入资源进行整合。

（1）人力资源。员工是技术创新活动的承担者，是帮助企业完成生产经营活动的重要资产（N. Becheikh，R. Landry and N. Amara，2006）。技术创新人员除R&D工程师外，还包括市场需求分析、产品规划、新产品推广及售后服务等人员，他们均应作为技术创新的人力资源投入。由于统计年鉴中缺乏详细岗位人员数据，本书采用外资企业设立研发机构总人数。

（2）创新经费。企业技术创新活动包括技术攻关、新产品研发、市场拓展费等，所需资金涵盖研究与实验发展经费、新产品开发经费等，本书采用外资企业设立研发机构经费支出。

（3）物质资本。物质资本是技术创新活动必需的物质基础，充足的物质资本投入有利于保证实现新产品开发项目目标，缩短新产品进入市场时间。本书以仪器和设备价值表示物质资本存量。

（二）产出要素

企业技术创新的根本动力是追求项目商业回报，技术创新在本质上具有生产性特征，以经济性指标评价创新绩效能够反映企业技术创新的根本目的。桑希尔（Thornhill，2006）认为，创新活动的经济产出主要体现于销售收入。由于新产品销售收入反映了新知识创造与商业化的结果，本书将其作为产出指标。

从启动技术创新项目到商业化是一个复杂的过程，商业回报时间必然滞后于创新投入时间，二者存在一个滞后期。但各种新产品的开发周期和市场转化周期差异很大，很难有一个准确的滞后期，本书假设滞后期为1年。

基于上述变量选择基础上，建立如下对数型生产函数模型：

$$\ln Y_{i,t+1} = \beta_0 + \beta_1 \ln H_{it} + \beta_2 \ln F_{it} + \beta_3 \ln E_{it} + v_{it} - u_{it} \qquad (1-1)$$

式中，$Y_{i,t+1}$表示 i 省份 $t+1$ 年外资企业新产品销售收入（元）；H_{it}表示 i 年度 t 省份外资企业研发机构人员数量（人）；F_{it}表示 i 年度 t 省份外资研发机构经费支出总额（万元）；E_{it}表示 i 年度 t 省份外资研发机构的仪器和设备价值（元）；β_i 表示有待估计的系数向量；v_{it}表示随机误差项；u_{it}表示技术无效率项。v_{it}和 u_{it}相互独立，$V \sim N(0, \sigma_V^2)$，$U \sim N(\mu, \sigma_U^2)$。

（三）影响因素

（1）经济发展水平。外资研发机构区位选择考虑的主要因素是市场规模和人力资源。按照托达罗（Todaro，1988）提出的预期收入差异决定了劳动力流动理论，高素质人力资本总是流向收益更大的经济发达地区，一个地区的经济发展水平决定了人才富集程度。我国外资研发机构空间分布与经济发展水平高度相关，与城市群发育态势呈现空间上的耦合性（张站仁、杜德斌和黄力韵，2010；李武威和曹勇，2012）。外资研发机构获得的人才数量及人力资本质量很大程度上决定了技术创新能力，进一步影响新产品开发以及商业化进程。Eric Wang（2007）发现 R&D 研发绩效表现出与收入水平正相关关系。从市场规模来看，东部发达地区拥有更广阔的需求和新产品出口条件，新技术商业化的潜力较大；西部地区人口数量少且购买力弱，多数产品的有效市场需求低于东部，跨地区销售要增加额外成本，西部企业在商业化阶段处于竞争劣势。因此，地区经济发展水平可能对创新效率产生影响。

（2）地区科技实力。随着技术创新项目的复杂性提高，创新模式逐渐从封闭式创新向开放式创新转变，企业通过与外部主体建立合作关系，包括 R&D、资源、技术、生产和市场等各个层面的合作，吸取外部资源和人才，分担不确定性和风险（Keupp and Gassmann，2009）。开放式创新理论认为，内外部知识同样重要，企业应打破组织边界，进行内外创新资源整合及有价值创意的商业化，充分利用组织外部创新知识源，将有价值的外部知识转化为组织内部知识，以提升组织创新绩效（陈劲、阳银娟，2014）。外资研发机构在培养内部

研发能力的同时，与高校、科研机构等形成合作创新关系，吸收外部成功的技术可减少自主开发成本及缩短创新周期。地区科技实力对外资创新效率的影响较为复杂，一是我国的高校、科研院所和公共研究机构分布不均衡，各地区创新资源数量和质量差异很大，决定了外资企业获取外部创新资源的数量和质量参差不齐。二是外资企业对核心技术严格控制，与本土创新主体合作的积极性不高，吸收外部技术及其技术溢出的数量有待评估。白俊红、江可申和李婧（2009）实证发现，产学研主体形成的地区创新系统对创新效率没有起到积极作用。本书以国内专利申请受理数量表示区域科技实力，评估其对外资研发机构创新效率的影响。

（3）技术市场活跃程度。企业获得新技术的内部来源取决于自身研究开发能力，外部来源除合作创新外，可能还通过排他性合同或优先许可合同、战略联盟等方式。技术市场是获取外部成熟技术的来源和交易平台，也是获取本土研发机构信息并建立交易性合作关系的重要渠道。繁荣的技术市场可以降低企业新技术寻找成本，缩短技术引进周期，抢先竞争者赢得商业化先机。外资企业也可通过技术市场实现技术转让与授权，以阻碍竞争对手的模仿行为，实现创新投入的最大化回报。因此，技术市场活跃程度可能对创新活动及其绩效产生影响。本书以技术市场交易额表示市场活跃程度，定量估计其与创新效率的关系。

（4）地区对外开放程度。首先，在经济和技术全球化背景下，外资在华研发机构是母公司全球研发网络的一个节点，技术创新活动离不开母公司支持，在某些技术创新项目中可能需要国际合作者参与。R. Veugelers（2004）认为，外资分支机构主要依赖从母公司获得资源，母公司也积极向分支机构转移核心技术。显然，一个地区的对外开放程度与国际交流的便利性决定了企业开展国际合作创新的难度与成本。其次，在华研发机构也需要从国际范围吸收先进技术，国际贸易与外商直接投资是跨国公司技术溢出的主要渠道（Bin Xu，2000），对外开放程度高的地区，国际贸易及外商直接投资更活跃，有利于外资研发机构吸收国际范围内溢出的先进技术。另外，外资企业不仅面

向中国市场也面向全球市场，对外开放程度制约了企业参与全球市场的机会，影响研发成功的商业化结果，如上海外资企业出口额占全市出口额的一半。本书以进出口额表示当地的对外开放程度，定量评估其对外资研发机构创新效率的影响。

基于上述分析，建立如下技术无效率模型：

$$U_{it} = \delta_0 + \delta_1 GDP_{it} + \delta_2 TEC_{it} + \delta_3 TM_{it} + \delta_4 IE_{it} \quad (1-2)$$

式中，GDP_{it}、TEC_{it}、TM_{it}和IE_{it}分别表示i年度t省份生产总值（亿元）、区域科技实力、技术市场成交额（万元）和地区进出口总额（万美元），δ_0为常数项，δ_i表示有待估计的系数向量，若系数为正值则该因素对技术效率有负影响，系数为负值表明对技术效率有正向影响。

二　数据来源及描述性统计

本书研究对象为各省外资企业设立的研发机构，数据来源于国研网统计数据库，鉴于历史数据不完整，本书收集到的研究数据为2005—2012年。西藏、青海、甘肃、新疆因统计资料不全被剔除，本书研究范围限于27个省份。

区域外资研发机构分布和研发资源投入差异很大，外资企业高度集中于上海、北京和广东等发达省份，研发机构也相对集中在这些地区，中西部地区外资企业数量及规模总体较弱，研发机构数量明显较少。从描述性统计结果（见表1-4）可以看出，各项指标的极大值与极小值差距悬殊，极小值分布于2005年，极大值分布于2012年。

表1-4　描述性统计结果

指标	极小值	极大值	均值	标准差
新产品销售额（万元）	651	59918034	6211706	11276549
人员（人）	14	128517	6883	13895
经费支出（万元）	46	3299711	182455.1	363728.5
仪器和设备价值（万元）	9	2563562	161056.2	341905
地区生产总值（亿元）	612.61	57067.92	13275.14	10812.83
专利申请量（件）	498	472656	33874.62	56394.12

续表

指标	极小值	极大值	均值	标准差
技术交易额（万元）	5349. 37	24585034	1125681	2752326
进出口额（万美元）	96657	98402046	9452429	16507473

鉴于地区间外资企业研发机构数量不同，对研发人员和经费支出总量进行比较缺乏实际意义。本书按照东部地区、中部地区、西部地区和东北地区四大经济区的分类，比较各地区人均经费支出与人均物质资本存量。为避免算术平均造成较大误差，本书采取加权平均计算法。

人均经费支出：$f_t = \sum_{i=1}^{27} F_{t,i} / \sum_{i=1}^{27} H_{t,i}$ （1－3）

人均仪器和设备价值：$e_t = \sum_{i=1}^{27} E_{t,i} / \sum_{i=1}^{27} H_{t,i}$ （1－4）

式中，f_t 表示 t 年份地区外资研发机构人均经费，$F_{t,i}$ 表示 t 年份第 i 省份外资研发机构经费，$H_{t,i}$ 表示 t 年份第 i 省份外资研发机构人员数量，i 最大值为 27，e_t 表示 t 年份地区外资研发机构人均物质资本存量，$E_{t,i}$ 表示 t 年份第 i 省份外资研发机构仪器和设备价值。

为了保持数据的一致性及简化研究工作量，本书地区生产总值、新产品销售额、经费投入等均采取名义值，不对仪器设备价值进行折旧。在经济增长研究的文献中，通常对物质资本做折旧处理，但从企业层面来看，折旧体现于财务报表中固定资产净值和利润减少，能够减轻企业税负，仪器设备的使用功能并不同比例下降，原值基本上能反映设备对技术创新的实际贡献。

三 结果及分析

（一）区域创新效率比较分析

考虑到 27 个省份外资发育程度不平衡，地区经济发达程度、技术实力、技术市场活跃程度和国际化程度对创新效率的影响可能存在差异，为了提高分析结果的可靠性及体现地区间的差异，本书对 4 个地区数据分别加以处理。按照 Frontier 4. 1 软件要求，对研发投入产出数据做了整理和对数化预处理，各经济区内省份外资研发机构创新效率测度结果见表 1－5。

表 1－5　　外资企业科研机构创新效率

区域	省份	2006 年	2007 年	2008 年	2009 年	2010 年	2011 年	2012 年
东部地区	北京	0.764	0.990	0.854	0.990	0.989	0.989	0.984
	福建	0.972	0.967	0.988	0.861	0.988	0.907	0.961
	广东	0.948	0.920	0.779	0.746	0.938	0.987	0.968
	海南	0.523	0.992	0.988	0.978	0.957	0.992	0.976
	河北	1.000	0.979	0.961	0.992	0.988	0.982	0.972
	江苏	0.956	0.860	0.989	0.610	0.903	0.853	0.912
	山东	0.981	0.782	0.842	0.716	0.725	0.985	0.966
	上海	0.987	0.961	0.967	0.990	0.990	0.987	0.985
	天津	0.830	0.979	0.987	0.923	0.974	0.988	0.985
	浙江	0.978	0.884	0.841	0.956	0.644	0.785	0.947
中部地区	安徽	0.606	0.277	0.391	0.592	0.698	0.842	0.908
	河南	0.506	0.618	0.587	0.396	0.658	0.658	0.606
	湖北	0.705	0.843	0.896	0.763	0.846	0.841	0.897
	湖南	0.193	0.304	0.504	0.393	0.567	0.756	0.829
	江西	0.307	0.227	0.235	0.203	0.247	0.062	0.146
	山西	0.103	0.785	0.236	0.264	0.758	0.277	0.297
西部地区	广西	1.000	0.967	0.986	0.710	0.963	0.894	0.938
	贵州	0.712	0.815	0.995	0.898	0.996	0.937	0.979
	内蒙古	0.998	1.000	0.900	0.915	0.996	0.998	0.918
	宁夏	0.453	0.479	0.482	0.781	0.831	0.962	0.761
	陕西	1.000	0.996	0.998	0.969	0.996	0.630	0.691
	四川	0.870	0.992	0.937	0.975	0.816	0.782	0.732
	云南	0.942	0.998	0.995	0.960	0.789	0.803	0.997
	重庆	0.995	1.000	1.000	1.000	0.993	1.000	0.846
东北地区	黑龙江	0.220	0.343	0.521	0.515	0.719	0.589	0.848
	吉林	0.222	0.631	0.767	0.472	0.465	0.428	0.626
	辽宁	0.884	0.835	0.870	0.924	0.881	0.855	0.893

从外资企业创新效率演化过程来看（见图 1－9），地区间分化态势明显，东部地区和西部地区效率高，中部地区和东北地区效率低，

没有表现出从东向西逐渐下降的格局，外资研发机构创新效率与区域经济发达程度没有因果关系。

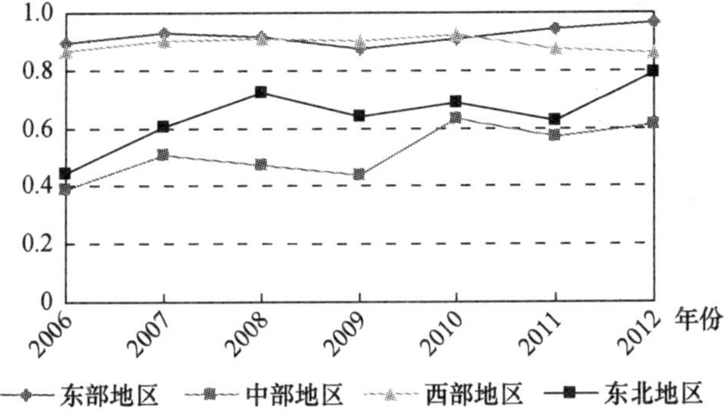

图 1－9　地区外资企业研发机构的创新效率

东部地区多数年份效率在 0.9 以上，创新产出接近最大化水平。上海和河北效率始终接近于 1.0，山东和浙江效率波动较大，北京、天津和海南表现为初期效率低而后期持续走高。西部地区创新效率持续保持在 0.8—0.9，其中，广西和内蒙古效率持续较高，陕西 2011 年明显下降，重庆 2012 年略有下降。

中部地区创新效率均值在 0.4—0.6，呈现为小幅波动上升状态，整体处于深度低效率状态。中部地区人均经费和仪器设备占有量最多，但产出结果最差，说明当地外资企业研发资源配置不合理，需要大力改善资源使用水平。东北地区创新效率变化范围较大，呈现阶梯状上升态势，2012 年达到了 0.8 的较高水平。

（二）外部因素对创新效率的影响

根据技术无效率分析模型，估计了地区经济发达程度、科技实力、技术市场活跃程度和国际化程度对外资研发机构创新效率的影响。从表 1－6 可以看到，各地区的研发投入对创新绩效产出的边际贡献不同，人员、经费和仪器设备配置不合理，外部因素对效率的影响存在区域性差异。东北地区和西部地区的人员投入对创新产出的边际贡献为正，表明外资企业研发机构人员投入不足，这与欠发达地区创新人才总体缺乏的现状是分不开的；东北地区人员不足使经费和仪

器设备处于相对过剩状态，物质资本的边际产出为负，应适度增加人才投入及减少物质资本。西部地区仪器和设备的边际产出显著为负，资金投入的边际产出显著为正。东部和中部地区人员投入过剩，经费的边际产出显著为正；增加仪器和设备投入可以显著提高东部创新产出，但对中部地区影响不明显。

从引起技术无效率的角度来看，东部和西部地区 γ 分别为0.015、0.0003，通过了显著性为10%、1%的检验，表明创新效率不足的主要原因不在管理层面，而要从技术进步方面做进一步分析。东北地区和中部 γ 分别为0.835、0.9（见表1-6），且通过了显著性为1%的检验，意味着创新效率不足的主要原因是资源配置不合理或管理不善，企业必须优化创新项目的资源配置和提升项目管理水平，在现有创新投入条件下，使创新产出接近最大化水平。

表1-6　　各变量系数的随机前沿估计结果

统计量	东北地区		西部地区		东部地区		中部地区	
	系数	t值	系数	t值	系数	t值	系数	t值
β_0	18.46	14.11***	5.325	7.198***	2.055	3.505**	7.673	9.35***
H	1.132	2.07	0.825	4.475***	-0.394	-2.354*	-0.353	-0.9
F	-0.99	-2.789	0.686	5.298***	1.006	4.52***	1.033	4.45***
E	-0.21	-0.73	-0.45	-4.205***	0.429	3.025**	-0.110	-0.48
Δ_0	2.851	1.416	0.328	1.129	-0.603	-1.945*	1.729	2.08*
GDP	0.199	0.475	0.0012	1.989*	0.0009	2.233*	0.149	1.26
TEC	0.00038	0.142	-0.00042	-1.396	0.0008	3.655**	-0.00012	-0.13
TM	-0.0004	-0.836	0.000008	1.261	0.000002	1.026	-0.00025	-1.78
IE	-0.0042	-1.896	-0.0006	-1.71	0.00003	0.076	-0.00009	-0.037
γ	0.835	6.34***	0.0003	8.52***	0.015	1.967*	0.9	10.75***
LR	8.568		4.71		5.13		17.40	

注：*、**、***分别代表通过了10%、5%、1%水平的显著性检验。

从4个地区外部因素对创新效率影响的估计结果可以看出，同一因素在不同地区对创新效率的影响存在差异：

（1）地区经济发达程度。东北地区和中部的经济发达程度对创新效率没有显著影响。东部、西部的经济发达程度对创新效率具有微弱的负影响。原因可能在于，在华外资研发机构的定位多属于 Ronstadt（1997）提出的全球技术单位和公司技术单位，只有部分是本地技术单位，在华研发机构是母公司全球研发体系的分支，利用中国低成本人力资源开展技术创新项目，但技术成果转化和销售是面对全球市场，地区市场规模不决定技术创新项目投资与绩效。另外，从研发人力资源来看，外资企业实行地区间差别不大的薪资政策，在欠发达的地区具有明显的竞争力，能够聚集足够的研发人才并且保持队伍稳定。相反，京沪等发达城市外资企业的薪酬优势逐渐消失，较高的人员流动率既降低研发绩效也导致技术溢出。这使发达地区虽然聚集了最多的外资研发机构，但创新效率没有优势。

（2）地区科技实力。东北地区科技实力对创新效率没有显著影响；东部地区科技实力对创新效率具有显著的负影响，可能是东部具有大量实力雄厚的本土研发机构，对外资研发机构形成人才和市场竞争，外资研发人员容易流向本土研发机构，削弱了外资机构研发绩效和商业化绩效；中部、西部地区科技实力对外资企业创新效率具有正向影响，但显著性水平较低。R. Veugelers（2004）认为，外资分支机构主要依赖从母公司获得资源，母公司积极向分支机构转移核心技术，外资研发机构关键技术依赖母公司研发部门和自身开发资源，与高校或科研院所的合作通常是探索性基础研究，短期内不会体现于商业化财务绩效。

（3）地区科技市场活跃程度。各个地区的技术市场成交额对创新效率均没有显著影响，该结论与叶娇（2009）的研究一致，说明外资研发机构对技术市场参与程度不足。原因一方面可能是技术市场成交的技术成果含金量不足，达不到外资企业所需的技术水平，他们很少从中获取合适的技术。另一方面，在华外资研发机构的技术创新成果主要用于自我转化或被母公司使用，而非通过技术市场向外部转移。外资机构向本地企业转移专门技术的可能性很小，并且通过降低员工离职率控制技术溢出（R. Veugelers，2004）。

（4）国际化程度。东北地区和西部地区国际化程度对外资企业创新效率具有微弱的正向影响，通过了20%的显著性检验。东部和中部地区国际化程度对创新效率没有显著影响。可能的原因是西部和东北地区对外开放程度低下，企业很难开展国际合作创新或吸收外资企业的技术溢出，扩大FDI和货物贸易总量，可使企业获取更多外部创新资源，推动提高区域创新效率。东部和中部地区对外开放程度较高，具有便利的国际合作机会和丰富的技术溢出效应，继续扩大对外开放程度，企业可获得的外部创新资源数量呈现边际递减趋势，因而，难以体现创新效率的变化。本书的结论与樊华和周德群（2012）结论不同，他们认为对外开放程度对省域科技创新效率具有正向影响。

对2006—2012年面板数据的研究结果发现：（1）外资企业创新效率区域间分化态势明显，东部和西部效率高，中部和东北地区效率低，没有呈现自东向西逐渐下降的态势，创新效率与区域经济发达程度不一致。（2）东北地区和中部创新效率不足的主要原因是资源配置不合理或管理不善，必须优化创新项目的资源配置及提升管理水平；而东部和西部地区创新效率不足的主要原因可能在于技术进步层面。（3）地区科技实力对东北地区创新效率没有显著影响；对东部创新效率具有显著的负影响，对中部和西部创新效率具有正向影响但显著性水平较低。（4）地方技术市场活跃程度对各个地区创新效率均没有显著影响，国际化程度对东北地区和西部创新效率的影响微弱，对东部和中部创新效率影响不显著。

第五节　美资企业研发机构的特点

外资企业在华研发投资信息未纳入政府统计部门调查范围，缺乏权威的相关数据。我们对全球财富500强的美资企业在华研发投资特点做一个分析，从其变化特点管中窥豹。在崔新建等（2011）前期研究成果基础上，课题组比较了2010年与2015年500强美资企业在华研发机构变化。发现具有以下特点：

一 设立研发机构的企业比例很高

2010 年，美资企业在全球 500 强中占 140 家，在华开展投资业务的美资企业 83 家，其中 40 家企业设立了研发中心，接近企业总量的半数。按照这个比例估计，在华美资企业的研发机构将会有一个庞大的数字，美资企业在我国创新体系中的作用不容小觑。

关于美资企业在华设立研发中心的动机，我们访问美国西北拿撒勒大学商学院 Van Schyndel 教授，他曾在大型企业从事生产运营管理十多年，到上海参加过商务谈判，对中美商务环境和文化差异比较了解。他认为，美国企业在华设立研发中心的主要原因在于：一是要帮助企业适应当地市场。中国人口是美国的 5 倍，不能忽视这个巨大的市场，由于存在文化差异，美国的技术和产品进入中国，往往需要一个适应性开发过程，建立研发中心是效率最高的选择。二是关税问题，尤其是在早些年，中国的关税很高，在华研发新产品并生产销售，可以回避关税问题，高质量的研发活动是保持产品在华市场竞争力的基础。三是成本因素，对于研发人员规模庞大的企业而言，人工成本是不可忽视的，中国具有丰富的人力资源，人力资源成本明显低于美国，在华设立研发中心可使研发成本大为降低。

二 企业的研发机构数量增长较快

40 家美资企业共设立了 145 个研发中心，平均每家企业拥有 3.5 个研发中心。为了接近目标市场，充分利用各地的优惠政策和优势资源，美资企业往往在多个城市分别投资，业务覆盖沿海与内地中心城市。如艾默生网络能源公司在深圳建有总部，在西安设立了研发与生产平台，雇用了 1600 多名工程师。英特尔在北京设立总部，在成都建有生产工厂。在设立多个研发中心的企业中，数量最多的是摩托罗拉，它在北京、上海、成都、长沙、天津、杭州和无锡设立了 30 家研发中心；其次是微软研发集团，在北京、杭州、上海、深圳、成都、厦门和南昌设立了 20 家研发中心，2014 年人员超过 3000 人。IBM 和英特尔公司的研发中心也较多，分别是 11 家、9 家。

各个分支机构的研发能力侧重点不同，一方面可以完成本土市场需求的新产品开发项目或技术升级任务；另一方面，也可在全球化研

发战略实施过程中承担一部分任务，实现合作攻关。对于技术复杂且开发周期长的大型项目，可以由母公司研发总部牵头，把新产品的设计、开发和测试等环节或产品的不同部件，分别交给各个分支机构承担，利用不同国家的时间差异加快开发进程。如把美国完成的设计文件，交给中国或印度的程序员完成编码，再发给欧洲的研发机构完成测试，最后将结果返回美国总部，通过每天24小时接力赛，加快科技创新和产品上市步伐。

三　美资企业研发机构集中在IT、通信等高技术领域

106个研发中心属于电子、通信、软件等行业，占72.6%。汽车工业、机械、金融、家用电器、食品等传统行业的研发机构共40个，占27.4%。中国具有大批优秀的IT人才，受到美国IT企业的认可，在美国加州的硅谷、爱达荷州的美光电子产业园，可以看到大批华人工程师。IT产业不太依赖当地的基础建设条件和物质装备水平，中国应进一步发挥人才资源优势，吸引美资企业设立研发中心，尤其是人才资源丰富的西部城市成都、西安等，应加大力度吸引外资企业。

四　美资企业研发机构运营时间持久

2015年8月，笔者对146家研发中心进行了复核，方法是浏览该研发中心网站，对五年来该中心是否持续经营进行核实。结果表明，只有9家研发中心因公司业务整合而关闭，占总量的6%。如2011年1月摩托罗拉分拆为摩托罗拉移动和摩托罗拉解决方案两大公司，8月15日，谷歌公司收购了摩托罗拉移动公司。受并购案的影响，摩托罗拉于2012年，先后关闭了天津研发中心、南京研发中心和摩托罗拉计算机集团上海技术中心。2014年1月，联想集团以29亿美元从谷歌手中收购了摩托罗拉的智能手机业务。随着收购后的业务整合，现有的研发中心还可能关闭或分拆。当然，这五年间也有美资企业研发中心增加了规模，如2013年，杜邦中国研发中心新增面积17500平方米和新增研发人员150人。Delphi—清华汽车工程系统研究所在杭州、苏州、合肥设立了分公司。

五　美资企业研发机构分布极不均衡

美资企业研发机构集中在京沪粤等发达地区，吸引了大量中高端

研发人才聚集；内地外资研发机构数量少且规模不大，高水平的内地研发机构也不多，造成市场化的研发人才分布不均衡。如2014年西安软件园新入职大学毕业生极少来源于“211”高校和“985”高校。北京和上海外资企业管理人士向课题组反映，企业为了降低运营成本，具有向西安、成都、武汉等内地转移研发业务的意向，制约因素是当地不能提供充足的中高级研发人才，无法运营一个颇具规模的研发中心。这些企业通常在内地城市设立非独立法人的办公室，为总部人员到当地市场进行技术支持提供一个简单的办公平台。由于业务仍然在北京和上海总部结算，当地政府对他们也不感兴趣。

六　外部因素对创新效率影响不显著

地区科技实力、技术市场活跃程度以及所在城市的国际化程度等，对外资企业研发机构的创新效率影响不太明显。外资在华的科技创新决策与投资更多依赖母公司，在华研发机构与母公司全球研发体系及产业链的客户群形成了相对封闭的自循环。外资企业与本土企业开展技术合作不足，与大学合作的象征意义大于实质意义。总体来看，外资研发机构游离于区域创新体系之外，对本土企业科技进步的直接带动作用有限。

2010—2015年，全球500强美资企业研发机构经营情况汇总如表1－7所示。

表1－7　2010—2015年全球500强美资企业研发机构经营状况

序号	研发机构名称	地点	创立时间	经营状况
1	通用上海泛亚汽车技术中心	上海	1997	√
2	通用汽车—上海交大技术研究院	上海	1998	√
3	通用汽车—清华大学技术研究所	北京	1994	√
4	上海通用五菱汽车股份有限公司	上海	2002	√
5	北京奔驰—戴姆勒·克莱斯勒汽车有限公司	北京	2005	√
6	福特汽车工程与研发中心	南京	2007	√
7	上海通用电气（中国）全球研发中心	上海	2000	√
8	通用电气（中国）医疗集团全球产品开发中心	北京	1991	√
9	通用电气医疗系统中国有限公司无锡研发中心	无锡	2000	√

续表

序号	研发机构名称	地点	创立时间	经营状况
10	通用电气（GE）中国技术中心	上海	2000	√
11	花旗集团金融服务软件和技术研发中心	大连	2006	关闭
12	花旗软件技术服务（上海）有限公司	上海	2002	√
13	IBM 中国信息支持中心	北京	1995	√
14	IBM 信息技术中心	广州	—	√
15	IBM 信息技术中心	上海	—	√
16	IBM 中国研发中心	北京	1995	√
17	IBM 中国开发中心（CDL）	上海	1999	√
18	IBM 中国系统中心	北京	—	√
19	IBM 中国创新中心	北京	—	√
20	SOA 解决方案中心	北京	2006	√
21	IBM 软件开发中心	北京	2004	√
22	鼎新信息系统开发公司	北京	—	√
23	万国软件开发公司	深圳	—	√
24	惠普中国实验室	北京	2005	√
25	惠普（中国）研发中心	上海	2004	√
26	惠普信息技术研发（上海）有限公司	上海	2006	√
27	惠普全球运营支持中心（大连）	大连	2004	√
28	惠普全球软件服务中心（中国）	上海	2002	√
29	惠普租赁有限公司	上海	1997	√
30	惠普软件	重庆	2005	√
31	惠普西安电子商务	西安	2000	√
32	北京宝洁中国研发中心	北京	1998	√
33	戴尔中国设计中心（CDC）	上海	2002	√
34	（波音）幻影工作中心（Phantom – Works）	—	2006	√
35	辉瑞中国研发中心	上海	2005	√
36	强生中国亚太研发中心	上海	2006	√
37	陶氏化学 Inclosia 研发中心	上海	2006	√
38	陶氏中心	上海	—	√
39	陶氏杀菌剂上海技术服务中心	上海	2005	关闭
40	微软中国研究开发中心	北京	1995	关闭

续表

序号	研发机构名称	地点	创立时间	经营状况
41	微软亚洲研究院	北京	2004	√
42	微软（中国）有限公司杭州研发中心	杭州	—	√
43	微软中国研发集团	北京	2006	√
44	微软亚洲工程院	北京	2003	√
45	微软中国技术中心	北京	2003	√
46	Windows Live 中国区	—	—	√
47	微软亚洲硬件技术中心（MACH）	—	2003	√
48	微软互联网技术部（中国区）	上海	2005	√
49	微软移动技术（深圳）有限公司	深圳	2005	√
50	微软 XBOX 研发中心	成都	2005	关闭
51	成都微软技术中心	成都	2004	√
52	福建微软技术中心	厦门	2006	√
53	微软大中华区全球技术支持中心	上海	1998	√
54	中关村科技有限公司	北京	2002	√
55	上海微创软件公司	上海	2002	√
56	微软 NET 技术中心	上海	2002	√
57	江西微软技术中心	南昌	2005	√
58	微软亚洲工程院上海分院	上海	2005	√
59	微软亚洲工程院移动技术中心	北京	2006	关闭
60	英特尔中国软件实验室	上海	1993	√
61	英特尔·互联网交换构架开发中心	—	2000	√
62	英特尔应用解决方案中心	—	—	√
63	联想和英特尔合资成立的研发中心	北京	2003	√
64	英特尔（中国）研究中心（ICRC）	北京	1998	√
65	英特尔无线技术开发中心	北京	2000	√
66	海尔、英特尔创新产品研发中心	上海	2005	√
67	英特尔模块化通信平台解决方案	北京	2006	√
68	英特尔数字家庭、移动、渠道平台等	上海	2007	√
69	摩托罗拉全球软件集团中国中心	北京	1993	√
70	南京研发中心	南京	2004	关闭
71	上海三吉电子摩托罗拉数字集成系统应用实验室	上海	2003	√

续表

序号	研发机构名称	地点	创立时间	经营状况
72	无线通信应用软件联合实验室	北京	2000	√
73	Invisix TM 北京核心技术中心	北京	2001	√
74	摩托罗拉半导体	北京	2004	√
75	摩托罗拉全球软件集团成都软件中心	成都	2001	√
76	摩托罗拉中国研究院	北京	1999	√
77	摩托罗拉湖南创新中心	长沙	2006	√
78	摩托罗拉天津研发中心	天津	2002	关闭
79	摩托罗拉中国研究中心	上海	2000	√
80	摩托罗拉（中国）技术有限公司	北京	2004	√
81	3G 联合研发中心	上海	2006	√
82	摩托罗拉 3G 研发中心	北京	2005	√
83	无线宽带中国研究中心	北京	2006	√
84	摩托罗拉杭州研发中心	杭州	2006	√
85	摩托罗拉全球电信解决方案部中国研发中心	北京	1995	√
86	摩托罗拉数字基因实验室中国部	北京	1995	√
87	摩托罗拉联合资单片机应用中心	北京	1995	√
88	摩托罗拉亚洲区先进技术中心	天津	1995	√
89	摩托罗拉先进人机通信技术联合资实验室	北京	1996	√
90	摩托罗拉苏州半导体设计中心	苏州	1998	√
91	摩托罗拉个人通讯部北京研发中心	北京	1999	√
92	摩托罗拉单片机研发中心	无锡	1999	√
93	摩托罗拉嵌入式系统开发研究室	北京	2000	√
94	摩托罗拉能源系统集团上海设计中心	上海	2002	√
95	摩托罗拉计算机集团上海技术中心	上海	2001	关闭
96	摩托罗拉强芯（天津）集成电路设计中心	天津	2002	√
97	全球电信解决方案部基站收发系统网络技术中心	北京	2003	√
98	汽车通讯与电子系统研发中心	上海	2004	√
99	卡特彼勒中国先进产品和工艺开发创新中心	青岛	2005	√
100	卡特彼勒中国设计中心	徐州	2012	√
101	百事中国研发中心	上海	2006	√
102	霍尼韦尔国际亚太研发中心	上海	2004	√

续表

序号	研发机构名称	地点	创立时间	经营状况
103	杜邦中国研发中心	上海	2005	√
104	江森自控约克（亚太）研发中心	无锡	2004	√
105	德尔福中国科技研发中心	上海	2005	√
106	Delphi—清华汽车工程系统研究所（DTI）	北京	1994	√
107	思科系统（中国）研发有限公司	上海	2005	√
108	可口可乐亚太区研发中心	上海	2006	√
109	可口可乐全球样品实验中心	上海	2006	√
110	惠好（集团内部研发中心）	福建	—	√
111	默克（默沙东）中国客户技术支持中心	上海	1998	√
112	默克化工技术（上海）有限公司（内含研发中心）	上海	2003	√
113	迪尔中国研发中心	天津	2006	√
114	3M 上海研发中心	上海	2006	√
115	麦当劳食品研发及品质管理中心	香港	2006	√
116	惠氏早期临床药物研究中心	北京	2006	√
117	南京艾默生研发中心	南京	2005	√
118	小天鹅—艾默生家用电器控制器研发中心	无锡	2005	√
119	艾默生网络能源有限公司	深圳	2001	√
120	艾默生电气（苏州）谷轮涡旋压缩机厂	苏州	2000	√
121	艾默生环境优化技术（苏州）研发有限公司	苏州	2002	√
122	艾默生过程控制有限公司	上海	2003	√
123	艾默生过程控制流量技术有限公司	南京	2006	√
124	艾默生家电应用技术（深圳）有限公司	深圳	2001	√
125	雅达中国设计研发中心	深圳	1999	√
126	南京中兴软创科技有限责任公司	南京	2003	√
127	埃森哲南京研发中心	南京	—	√
128	埃森哲广州研发中心	广州	—	√
129	埃森哲大连研发中心	大连	—	√
130	埃森哲上海外包服务中心	上海	2005	√
131	埃森哲大连外包服务中心	大连	2005	√
132	里尔长春汽车内饰件项目	长春	2004	√
133	伟世通中国技术中心	上海	2005	√

续表

序号	研发机构名称	地点	创立时间	经营状况
134	重庆长安伟世通发动机控制系统有限公司	重庆	2005	√
135	伟世通延锋百利得（上海）汽车安全系统有限公司	上海	2004	√
136	延锋伟世通汽车饰件系统有限公司	上海	1994	√
137	延锋伟世通将在重庆设立技术中心	重庆	2008	√
138	金佰利北京研发基地	北京	2005	√
139	上海富士施乐软件研发中心	上海	—	√
140	富士施乐产品研发技术中心	深圳	—	√
141	数码印刷研发中心	北京	—	√
142	上海开拓者化学研究管理有限公司	上海	2002	√
143	斯伦贝谢北京地学研究中心 BGC	北京	2002	√
144	惠而浦顺德微波炉研发中心	深圳	2002	√
145	惠而浦上海织物研发中心	上海	—	√

注："—" 表示资料缺失，"√" 表示持续经营。

第二章　外资企业研发机构调查分析

第一节　总体描述

一　调查方式与范围

2014 年 11 月初，课题组在文献分析的基础上，根据调研目的设计了调查问卷初稿，发给壳牌、西门子在华公司研发管理人士和工程师填写，根据反馈信息对问卷加以修改。初试者向课题组反馈外资企业岗位分工很细，研发部门人员一般不了解公司层面的财务数据，根据他们的意见课题组精简了此方面的题目。在随后的调研过程中，对个别问题做了再次修改。

为了比较美国与其他国家企业在华研发机构发展状况和存在问题的差异，本次调研将外资企业母公司所在地分为美国、欧洲和亚洲三类，发放调查问卷时兼顾其他外资企业，访谈对象也不局限于美资企业。

本次调查通过三种渠道进行。

（1）通过校友资源定向邀请研发部门经理或总监以上人士填写，课题组将问卷网址发给对方，被调查者上网完成填写。课堂承担学校在深圳、广州、济南、青岛、杭州、郑州、北京、银川 8 个城市开设 MBA 教学点，课题组可利用的校友资源丰富。通过此途径回收了 51 份，其中有效问卷 46 份。

（2）课题组联系召开座谈会及深入企业访谈。2014 年 12 月，由苏州高新区科学技术局组织召开了 10 家外资企业经理人士参加的座谈会，到会企业有中化药品、世联汽车内饰、施耐德开关、丹腾空气

系统、万都底盘、士林电机、斯尔特微电子等，现场交流后收回10份问卷。次日，课题组参观了全球四大添加剂公司之一的雅富顿化工（苏州）公司，并与技术经理召开了座谈会，完成座谈纪要一份。2015年1月，对北京的高通公司、IBM研究院、IBM开发中心、微软、甲骨文、施耐德等企业进行了座谈。2015年4月，赴上海考察了陶氏化学、默沙东制药、壳牌、勃林格殷格翰、eBay、胜略软件、SAP 7家外资企业和瑞阳（上海）新药研发公司。2015年5月在广州与奥的斯电梯公司、红牛饮料公司、东莞新佰伦鞋业公司、美卓中国公司的经理人座谈。在西安先后对艾默生科技资源公司、新蛋网络、西门子、三星电子、康龙化成和ABB等企业入户座谈。

（3）委托调查服务机构问卷星网站，设定调研对象为外资企业研发部门经理及以上人士，发送问卷5337份，回收383份，课题组成员剔除了70份数据畸形的问卷，有效问卷为313份。

各个渠道共回收有效问卷380份，其中，美资企业224份，欧资企业97份，亚资企业59份。被调查对象中，除个别企业如康龙化成（西安）新药技术公司提供了4份问卷，其余问卷来源不同的企业，共涉及377家，形成了26份访谈纪要。被调查企业分布于19个省份，各地问卷数量见表2－1，个别问卷填写地址不详。北京、上海和广东三地参与调查企业最多，中西部和东北地区数量明显稀少，反映了外商投资规模和研发活动的区域不平衡。由于课题组位于西安，在当地投入了更多精力，因此，获得的陕西问卷数量较多。

表2－1　各省份调查问卷回收数量

地区	问卷总量（份）	美资企业（份）	地区	问卷总量（份）	美资企业（份）	地区	问卷总量（份）	美资企业（份）
上海	80	52	四川	13	8	湖南	3	1
北京	62	44	湖北	12	7	安徽	3	1
广东	61	31	河北	9	5	重庆	2	0
山东	25	14	辽宁	9	3	黑龙江	1	1
江苏	31	19	广西	4	3	山西	1	1
福建	16	10	陕西	19	11	江西	1	1
浙江	15	9	天津	7	3	不详	6	0

二　外资企业研发机构的总体特征

从问卷调查反馈结果来看，美资企业、欧资企业和亚资企业研发机构存在一些共性特征，也存在明显的区别。

（一）美资企业研发机构

设立研发中心的美资企业规模较大，400 人以上的接近七成，研发中心人员百人以下的超过半数，属于独立法人的研发中心只有 1/10。半数研发中心从事新产品和新工艺的研发，29% 的研究中心从事现有技术的改进，少部分定位于基础研究。美资企业研发机构分布于 19 个城市，深入内地最远的城市是西安，上海、北京和广州的数量依次最多，转移研发业务的目标城市也是这三个城市。

调查结果显示，美资企业研发项目中，46% 为基础性研究，54% 为新产品、新工艺的开发；企业研发经费支出中，用于基础性研究的比例为 43%，用于新产品、新工艺的经费占比均值是 57%。说明美资企业研发投资具有长期性和战略性，在科技创新领域发挥着重要作用。研发经费 1/3 来源于母公司拨款，1/3 为当地筹措，大企业很少从银行融资，融资环境的影响很小。新产品销售收入占企业收入的比重总体很高，但企业间差距悬殊。

美资企业研发机构进入中国主要是降低成本、促进市场开拓、全球战略和当地自主研发能力提升。主要定位是为中国和亚太市场研发新产品、参与全球新产品研发，不是从母公司移植现有技术。从母子公司权力分配来看，七成采取了混合管理模式，母公司掌握研发战略及高层人事和投资方案等，研发机构在执行层面具有较高的自主性。被调查者认为行业竞争很激烈，技术变革程度较大，但客户需求变化可以追踪，政策环境引起的研发风险不大。强调通过内部研发活动和科技创新成为领先的企业，高管团队鼓励实施有风险的新市场开发策略。公司具有浓厚的容忍项目失败的宽容文化，项目失败时公司会承担损失。鼓励员工从失败的项目中学习，这种探索失败不会影响个人职业生涯的发展，但会影响当期绩效奖金，加上对研发人员有量化绩效要求，因此，员工不会在研发过程中懈怠。

美资企业研发机构的合作伙伴大多是长期合作的外资企业，企业

与大学合作是树立公司形象和维护政府关系的需要，但缺乏实质性的研发项目，对大学的投资数量有限。与本土企业合作研发的困难在于知识产权保护以及合作对象的实力差异。98%的技术成果供企业内部使用，技术扩散的主要形式是竞争者的模仿。

（二）欧资企业研发机构

从空间分布来看，涉及24个城市，深入内地乌鲁木齐、南宁。数量明显集中于上海和北京，排名第三的广州机构数量不及北京的一半。企业平均人员规模小于美资企业，超过400人的企业占六成，研发机构少于百人的占六成。

欧资企业研发业务进入中国的动机是解决目标市场需求、执行全球研发战略及降低成本。研发机构的定位与美资企业略有不同。七成欧资企业采取了混合式管理模式，但从现场调研来看，在华研发机构较多受制于母公司的安排，自主权明显小于美资企业同行。企业对外部科技创新环境的判断是：竞争很激烈，但市场需求变化可以预测，研发风险总体可控。企业不愿鼓励高风险的项目，在风险承受能力方面弱于美资企业。技术成果对外出售的比例略高于美资企业，但仍然以母子公司使用为主，对外技术扩散依赖竞争对手的模仿。欧资企业希望通过合作研发克服新技术及其不确定性，但与本土大学和研发机构的合作不深，主要障碍是技术实力差距很大，知识产权不好分享，研发管理制度差异。合作研发对本土企业技术能力有较大的提升作用。

（三）亚资企业研发机构

亚资企业研发机构分布集中于东部地区，内地仅深入到西安和成都。上海数量最多，达到16个。北京9个，广州7个，青岛4个，深圳3个，秦皇岛2个，武汉2个，成都2个，天津1个。以下城市各有一个研发机构：合肥、南宁、长春、大连、西安、哈尔滨、东莞、苏州、盐城、日照、无锡、常熟等。

亚资企业人员数量普遍多于美资、欧资企业，600人以上的企业占46%，400—600人的企业占25%。亚资企业研发机构的人员规模和研发项目数量小于欧美企业，研发投入占销售收入比例低于欧美企

业，可能是因为研发工作主要在母公司完成。从研发机构首要职能来看，66%从事新产品和新工艺的开发，19%是对现有产品和工艺的改进。研发经费全部来源于在华公司当地筹集资金。

在华设立研发机构的主要动机是扩大中国市场的销售量、利用中国的人才。主要任务是开发适应中国市场的产品，承担全球化产品研发的一部分。他们对市场竞争程度的判断低于欧美企业。认为研发项目风险不太高，不喜欢高风险高回报的项目。对员工的管理方面，员工奖励看重客观指标及财务指标，这两个选项得分高于欧美企业。对研发项目失败容忍程度弱于欧美企业。

日韩企业在华研发技术成果主要用于母公司及全球市场，占66%，23%为中国区兄弟单位共享；仅供在华公司使用的占9%；只有一家样本企业对外出售了技术成果。这反映了日韩企业在华研发机构的角色全球化水平高于欧美企业研发机构。

技术扩散的主要渠道是竞争者的模仿与合作研发，合作研发促进了本土企业技术提升。制约双方开展合作的诸因素中，最突出的是双方研发管理制度差异。

第二节　美资企业研发机构调查分析

一　企业基本情况

（一）美资企业规模

在华设立研发机构的美资企业规模总体较大。员工600人以上的企业占41%，401—600人的企业占26%，201—400人的企业占22%，200人及以下的企业仅11%（见图2－1）。

（二）研发机构规模

研发人员是企业核心的创新投入，研发人员数量是衡量企业创新能力的主要指标。从调查结果来看，研发人员50人及以下的机构占21%，51—100人的研发机构占33%，101—200人的研发机构占25%，200人以上的研发机构占21%（见图2－2）。

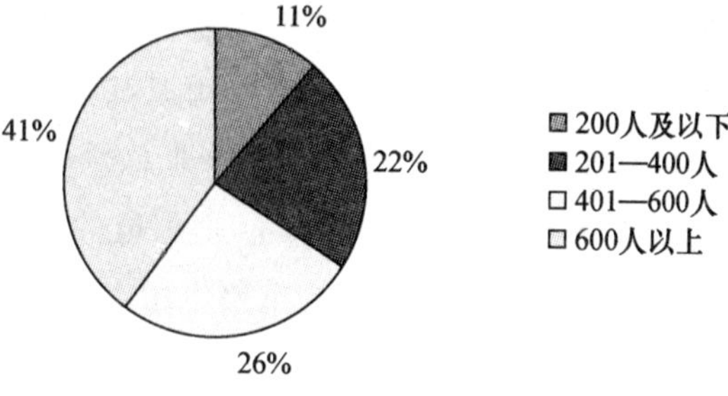

图 2－1　美资企业规模分布

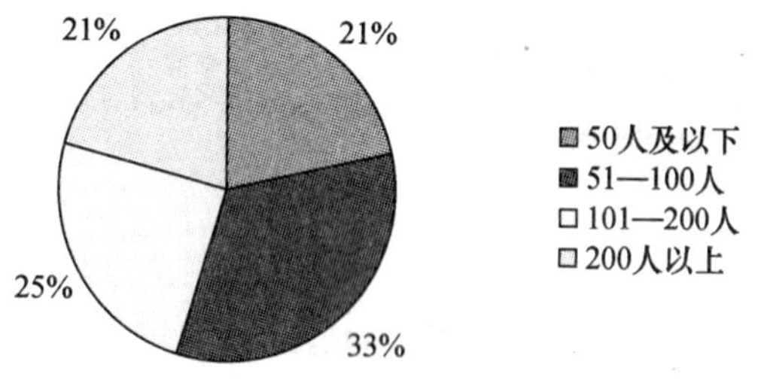

图 2－2　美资企业研发机构规模

（三）研发机构的组织设计

企业设立研发机构通常有两种方式：一种是投资设立一个专门从事研发业务的独立法人；另一种是在企业内部设立一个专职研发部门。调查结果显示，全部样本中仅有 29 家研发机构是独立法人，其任务就是开展应用性研究、开发新产品和新工艺，如 IBM 中国研究院、微软中国研究院。多数研发机构是企业内设部门之一，在企业组织架构中，研发机构与职能部门、业务部门地位平等。

（四）研发项目的优先级

随着跨国公司在东道国投资规模扩大和业务量扩张，研发活动发展轨迹通常遵循如下演化路径：技术引进—技术服务—现有产品和工艺的改进—新产品和新工艺开发—基础研究。项目优先级反映了研发机构所处的成长阶段。

调查发现，110 家外资企业研发机构主要从事新产品和新工艺开

发，占样本企业总量的49%；63家机构首要任务是对现有产品和工艺改进，占样本企业总量的29%；28家机构以基础研究为主，同时承担新产品研发和技术咨询服务，占样本企业总量的13%；20家机构首要职能是技术咨询与服务，占样本企业总量的9%。总体来看，美资企业研发机构正在发挥科技创新的重要作用（见图2－3）。

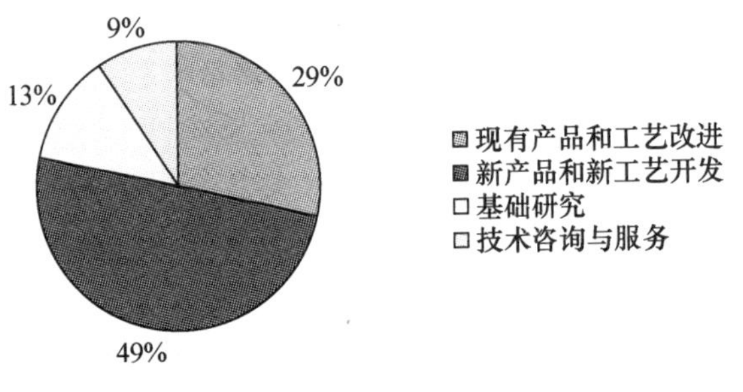

图2－3　研发项目优先级

（五）研发机构的分支

随着外资企业市场拓展及研发活动增加，在其他城市设立分支研发机构，既能够快速响应当地客户需求，充分利用当地研发资源，也能够提高外资技术更大范围扩散的机会。被调查企业共设立278家分支机构，其中，北京53家，上海67家，广州22家，深圳9家，天津8家，成都6家，西安5家，南京5家，武汉5家，苏州4家，杭州4家，青岛3家。个别企业选择洛阳、上饶、汕头、衢州、绵阳、烟台、长春、珠海等。上海和北京是研发企业设立分支机构的首选目的地，占有绝对的区位优势，总部设在北京的外资企业，也在上海或广州设立研发中心。中等城市也受到外资企业研发机构的关注，具有一定的发展潜力。另有76家被调查企业表示未设立分支研发机构。

（六）外资研发业务转移的目标城市

13家企业明确表示没有向其他城市拓展的计划，171家企业提出可能设立研发分支机构，列出了34个目标城市，得票情况如下：上海47票，北京25票，广州28票，深圳18票，成都15票，天津8

票，南京和重庆各7票，青岛和武汉各5票，大连、西安和香港各4票，苏州、合肥、杭州和宁波各3票，郑州、沈阳、福州各2票。以下城市各得1票：珠海、东莞、德阳、哈尔滨、济南、茂名、南昌、宜昌、贵阳、兰州、顺德、汕头、常州。

二　研发投入与产出情况

（一）研发项目分布

外资企业实施的研发项目大体分为基础性研究和新产品或新工艺的开发。企业基础性研究不同于高校和科研院所开展的科学原理的探索，企业不是以获取新知识新发现为目的。基础性研究是指企业长期投资的、代表了行业发展趋势和方向、成果不能马上产业化、未来可能产生很大效益的研究。如人工智能研究、大数据和云计算在产业化之前都可称为基础性研究。如果研发项目的成果应用到多个产品或多个模块，企业也可能会视其为基础性研究。由于短期内不能获得财务回报，实力薄弱的中小企业往往回避基础性研究，此类项目由实力雄厚的大型企业主导。从调查结果来看，美资企业研发项目中46%为基础性研究，54%为新产品、新工艺的开发。

（二）研发投入占销售收入比例高于亚资企业和欧资企业

研发投入占销售收入比例是衡量科技创新的核心指标。回收的问卷中数据有些问题，被调查者对“研发投入占销售收入比例”填写很高，甚至超过50%。通过座谈会了解，研发经理往往不掌握公司层面的财务数据，填写该数据时主观性较大。剔除数据明显畸形的问卷后，计算剩余156份问卷该指标的平均值为23.14%，明显高于欧资企业21.8%、亚资企业6.93%的调查结果。尽管此结果的准确性值得怀疑，但如果导致系统误差的原因是相同的，那么，横向比较还是可以说明一些问题。

从座谈调查来看，软件和制药产业的研发投入占销售收入比例较高，传统制造业此指标相对较低。可能原因是软件产品更新换代较快，必须保持足够的研发投入；新药品研发耗时10年之久，每个产品研发投入数亿美元，企业必须保持较高的研发投入。

中国企业家调查系统公布的资料显示：2014年，我国企业研发投

入占销售收入比例为 6.7%，2008 年该指标是 4.7%。[①] 其中，2014 年信息传输软件和信息技术服务业研发投入占销售收入的 28.2%，接近于美资企业研发投入占销售收入比例。

（三）研发经费支出以应用研究为主

企业研发经费支出中，用于基础性研究的比例为 43%；用于新产品、新工艺的比例为 57%。美资企业基础研究投入比例超过亚资企业和欧资企业。基础性研究属于长线投入，短期内很难获得经济收益，重视基础研究反映了美资企业对中国市场长远的战略眼光。

（四）研发经费来源多样化

在 214 家提供了研发资金来源信息的样本中，母公司拨款占 32.9%，当地筹集资金占 34.7%，外部企业或机构委托研发资金占 17.1%，其他渠道来源占 11.1%（见图 2－4）。从座谈会反馈信息来看，受访的跨国公司在华研发机构均没有资金压力，不需要银行信贷，当地融资环境对它们没有直接影响。

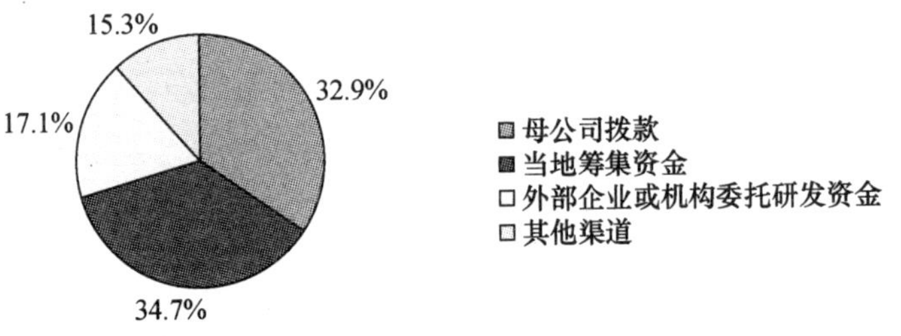

图 2－4 美资企业研发经费来源

（五）新产品销售收入占销售收入比例差距悬殊

“新产品销售收入占销售收入比例”反映了科技创新对企业发展的贡献，共有 202 家企业回答了此问题，平均值是 36.2%，略高于欧资企业，但低于亚资企业。根据《2015 中国企业家成长与发展专题

① 《2015 中国企业家成长与发展专题调查报告》，中国企业家调查系统，2015 年 3 月 26 日。

调查报告》，我国新产品销售收入占销售收入的24.1%，低于在华美资企业。

（六）研发项目数量日益增加

206家企业填报了近三年实施的项目数量，12%的企业每年实施1—5个项目，42%的企业每年实施6—10个项目，25%的企业每年实施11—20个项目，21%的企业每年实施20个以上项目（见图2－5）。每个企业实施的项目数量高于亚资企业、欧资企业研发机构。上述项目一般是指成功实施的，有些项目进行了一段时间的探索后，由于技术障碍或市场原因终止；有些项目是对现有产品缺陷进行技术改进，规模不大，如果把诸如此类的项目统计在内，研发项目数量将更多。

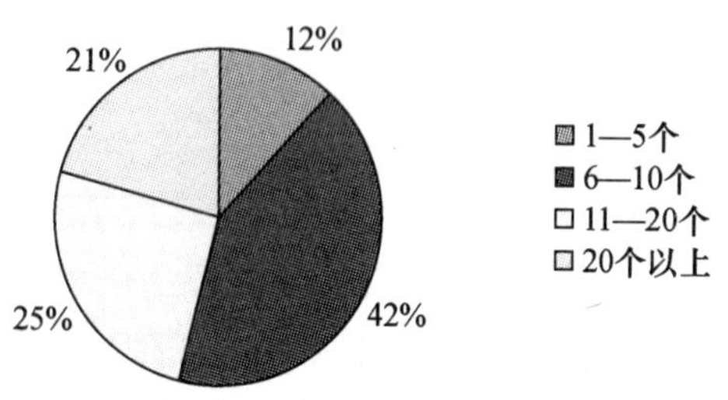

图2－5　美资企业研发项目数量

三　外资企业研发机构进入的动机

（一）美资企业在华研发投资的多重动机

美资企业在华设立研发机构及投资行为受多种因素影响，本次调查设计了8个可能的因素，由被调查者做出肯定或否定的判断。共有222个企业做出选择，83.4%的企业认为，在华设立研发机构是为了降低运作成本。在中国刚加入世界贸易组织时，与发达国家相比，人工成本具有明显优势，但是，近年来人工成本上升很快，北京、上海的外资企业感受到明显的人工成本压力。87.0%的企业认为，在华研发投资是为了扩大在中国市场的销售。国外的产品和技术进入中国市场后，必须根据客户需求进行适应性开发，在华设立研发机构能够快

速做出反应，提高客户满意度。83.9%的企业认为，在华设立研发机构是母公司全球化战略的组成部分，中国区外资企业研发机构成为全球研发网络的一个重要节点。83.4%的企业认为，中国自主研发能力迅速提升，具备某些技术优势，促使外资研发中心进入中国。78.9%的企业认为，中国具有大批高素质人才，在华设立研发机构可以充分利用国内高素质人员。74.9%的企业认为，在华设立研发机构是为了满足市场竞争需要，为了在中国市场上生存与发展，需要不断推出适应本地消费者的产品，设立研发机构是服务于市场战略。71.7%的企业认为，中央及地方政府出台了一系列鼓励外资研发的优惠政策，引起了跨国公司的关注。38.1%的企业认为，当地政府要求外资企业改善投资结构，从一般加工和贸易升级到技术研发，外资企业在政府推动下设立研发部门。多数企业认为，设立研发机构是企业的独立决策（见图2－6）。

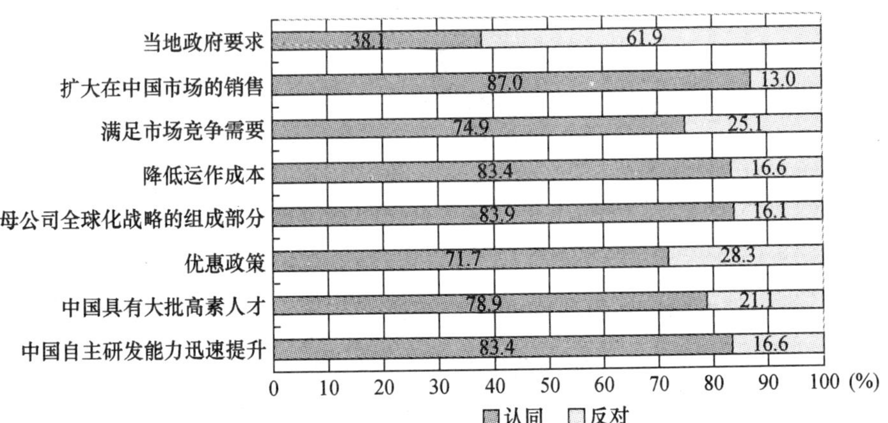

图2－6　美资企业在华研发投资动机

（二）研发机构的角色定位表现为复合型

关于研发机构功能定位，课题组在分析文献的基础上提出7种选择，被调查者进行肯定或否定的判断。86.5%的企业认为，研发机构在为亚太市场研发新产品；86.5%的企业认为，研发机构在开发适应

中国市场的新产品；84.7%的企业认为，是为了协助母公司开展全球技术研究；85.6%的企业认为，承担了母公司全球化产品研发的一部分；58.1%的企业认为，在独立开发或主持开发全球新产品；88.3%的企业认为，配合全球产品同步开发；22.5%的企业认为，是直接从母公司移植技术而不做实质性研发（见图2－7）。

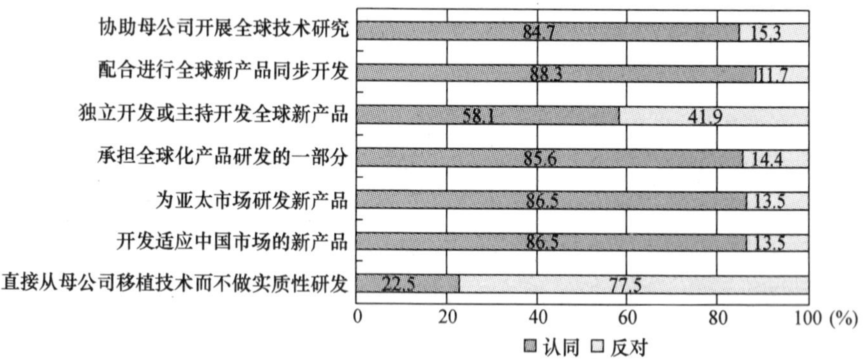

图2－7 外资企业研发机构的角色定位

（三）研发机构对企业发展举足轻重

研发机构对企业发展起着什么作用呢？问卷设置了4个问题，由被调查者根据对选项的认同程度分别赋予1—5分。“研发中心的产品在公司中居主要地位”得4.2分，“研发中心产品销售对公司成败起着关键作用”得4.04分。“研发中心产品比公司其他产品重要”得4.03分，“公司很多产品比研发中心的产品更重要”评价略低，为3.32分。调查结果肯定了研发中心的重要作用，研发部门发挥着无可替代的作用（见图2－8）。

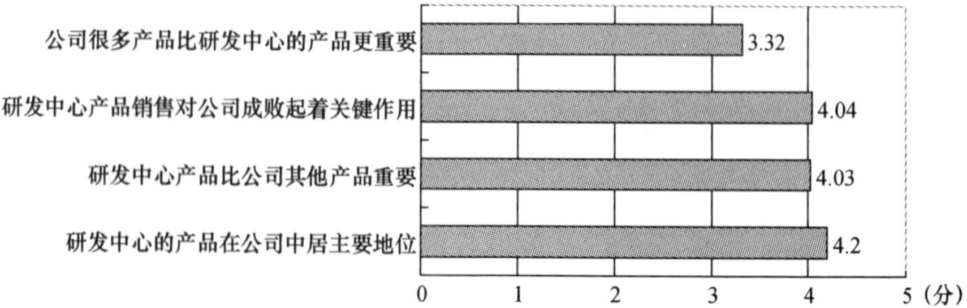

图2－8 研发机构对企业发展的重要性

（四）研发机构在新技术引进方面卓有成效

“在本行业中开发和引入全新技术”得4.15分；“在产品研制方面引入全新理念”得4.10分；“公司是新工艺、新技术的创造者”得4.02分；“公司对主要产品和服务做重大创新、研发全新性能的产品”得3.86分。说明在华研发机构不是照搬母公司现有技术，而是在开展科技创新活动（见图2－9）。

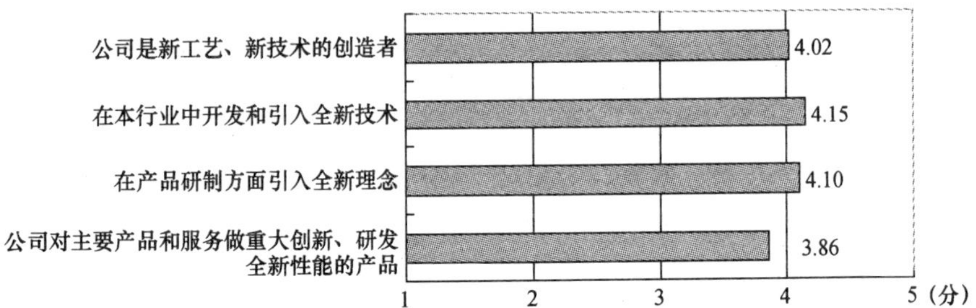

图2－9 外资企业研发机构在新技术引进方面扮演的角色

（五）母公司对在华研发机构的管控方式

35.6%的研发机构接受母公司集权化管理，母公司掌握研发项目立项、资金预算、管理层任免、员工招录等权力，研发机构仅负责执行任务。64.4%的外资企业采取了分权式管理，母公司制定研发战略、高层人事任免，研发机构具有执行层面的自主性和灵活性，或自主决定项目立项和实施方案。

四 研发机构的经营环境

（一）美资企业研发机构所需资源

美资企业在华设立研发机构需要具备一些资源。调查问卷给出了7个可能的因素，请被调查者按照重要程度排序。调查结果显示，对首要因素认识不一致，下面对列在首位的影响因素进行统计。22%的企业认为是获得技术许可，19%的企业认为，是拥有商业关系网络；18%的企业认为是合作伙伴的创新能力；16%的企业认为，专利是必需的；11%的企业认为，与政府的关系极为重要；7%的企业认为，

机器与设备是必需的；7%的企业认为，获得贷款最重要（见图2－10）。由此可见，只有少数被调查者认为贷款与资本、机器与设备、与政府的关系等最主要。

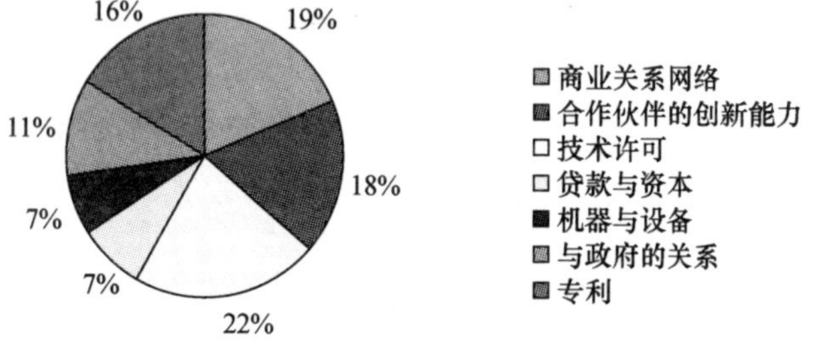

图2－10　美资企业设立研发机构所需资源

（二）外部环境的判断

受访者认为“行业竞争行为层出不穷”，得4.01分，接近对欧资企业的调查结果，亚资企业认为，竞争程度稍弱一些。“行业中技术变革程度很大”得3.81分；“产品和服务的需求每周都会变化”得3.48分；“很难预测顾客偏好的变化”和“很难预测市场需求的变化”得分接近于3.0分，受访者对该命题认同度较低，说明市场需求变化不大（见图2－11）。IBM人士认为，研发计划很少受外界政策干扰，风险主要来自企业内部，如部门整合及战略调整。

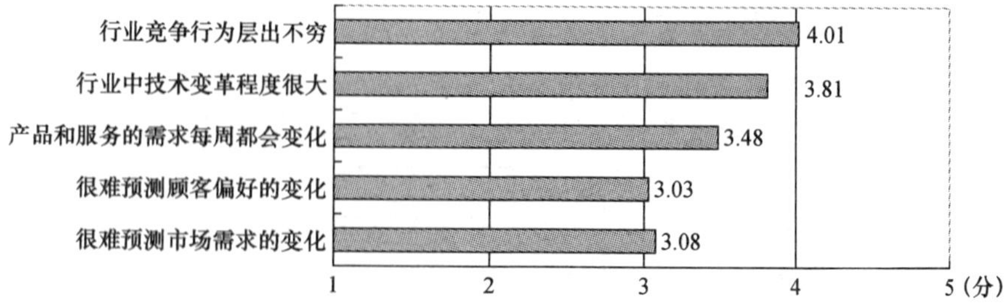

图2－11　外资企业研发机构所面临的外部环境

（三）对研发项目和员工的要求

该问题共得到218份有效问卷。研发机构内部管理方面，“对新产品的质量和数量有明确要求”评分最高，反映了美资企业重视研发工作的效率和结果。“财务指标作为考核依据”得分低于亚资企业，与欧资企业接近，体现了欧资企业和美资企业并不急功近利地追求短期财务指标的经营理念（见图2－12）。

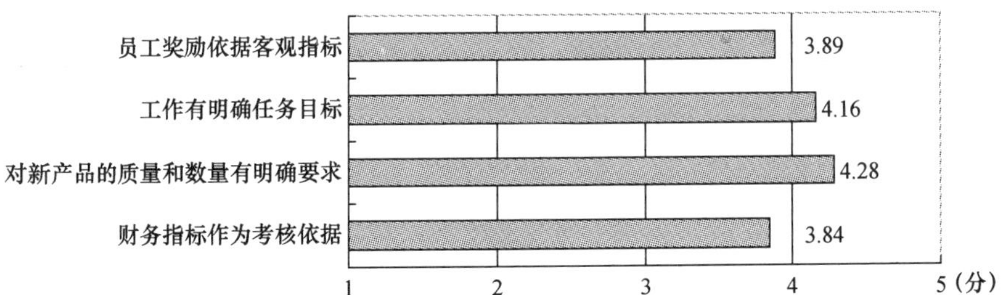

图2－12　研发项目对人员的要求

（四）研发项目风险水平可控

被调查者普遍认为，“客户需求没有太多风险”，该选项的得分为3.43，市场需求相对稳定，客户需求的变化可以预测。“政策环境引起的研发风险不大”“对企业内部流程产生的冲击较弱”，此两项得分分别为3.50分和3.56分。外资企业的管理水平普遍较高，“适应政策环境变化的能力较强”，研发计划被干扰得不是很严重，该项得分为3.50分（见图2－13）。

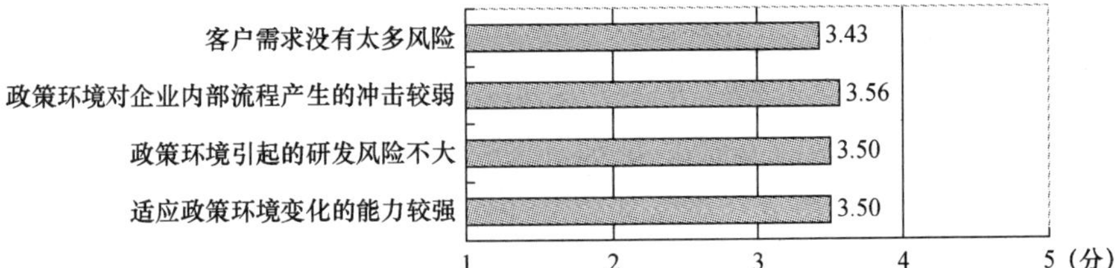

图2－13　研发项目风险水平

（五）企业青睐有风险的科技创新项目

外资企业普遍强调“通过内部研发和创新成为领先企业”，该选项得4.18分；“高管团队鼓励实施有风险的新市场开发策略”，美资企业、欧资企业、亚资企业对该项指标的评分均超过3.9分。但是，在项目选择方面回避风险，美资企业、亚资企业“更青睐高风险高回报的项目”，得3.55分；欧资企业的评分更低一些，表明公司不太鼓励高风险的项目（见图2－14）。

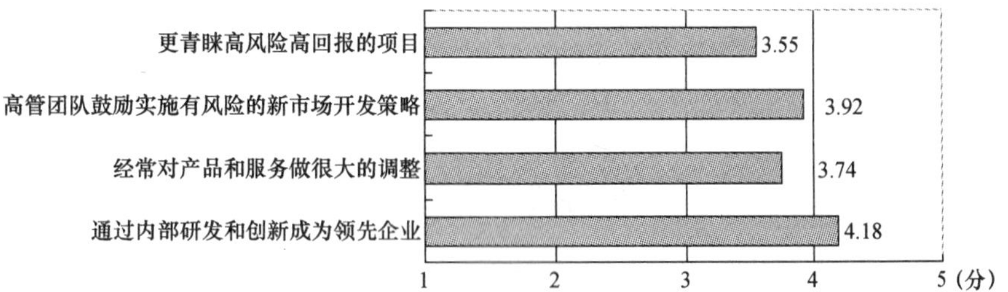

图2－14　外资企业研发机构对于风险的态度

访谈发现，规模大的外资企业在科技创新方面趋于保守，原因之一是大企业官僚机构臃肿，项目决策流程漫长，风险高的项目容易立项阶段被剔除。为了避免研发项目风险，大企业往往通过收购创新型小企业的方式来拓展业务范围。

（六）企业容忍研发项目失败

研发项目充满不确定性和风险，项目失败不可避免。培养容忍失败的创新氛围，努力从失败中吸取教训并积极承担责任，是激发员工研发创新积极性的必要条件。调查结果显示（见图2－15），美资企业具有浓厚的容忍项目失败的宽松文化，项目失败时企业会承担损失，鼓励员工从失败中学习。探索失败不影响个人职业生涯的发展，但会影响当期绩效奖金。

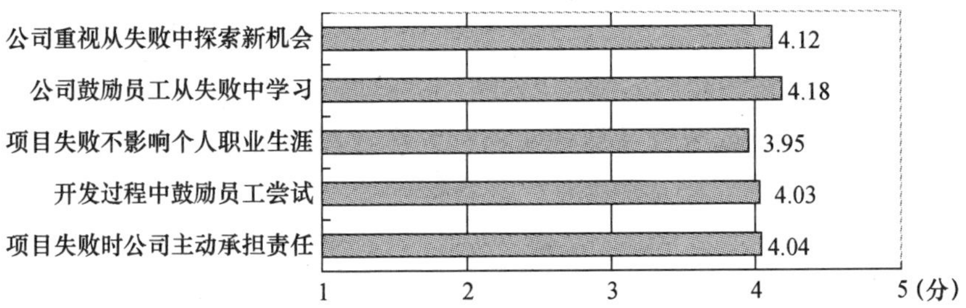

图 2-15 研发机构对于失败的态度

五 技术转移与扩散

(一) 技术成果应用范围广泛

技术成果为母公司及全球市场服务的为 153 家，占 69%，高于欧资企业和亚资企业，表明在华研发机构在母公司创新网络中扮演着重要角色；为中国区兄弟单位共享的有 48 家，占 22%；仅供本公司使用的共 16 家，占 7%；技术成果对外转让交易的仅 5 家，占 2%（见图 2-16）。

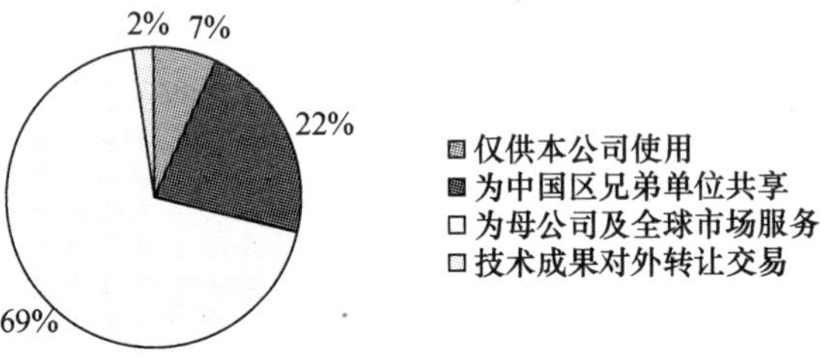

图 2-16 研发机构对于技术成果的应用

(二) 对外技术转让的主要途径

技术需求方与本企业直接联系实现转让的占 30%，通过企业技术推广部门对外技术转让的占 20%，通过行业组织（如技术中介）实现转让的占 29%，通过当地技术市场转让的占 17%，其他渠道实现转让的占 4%（见图 2-17）。

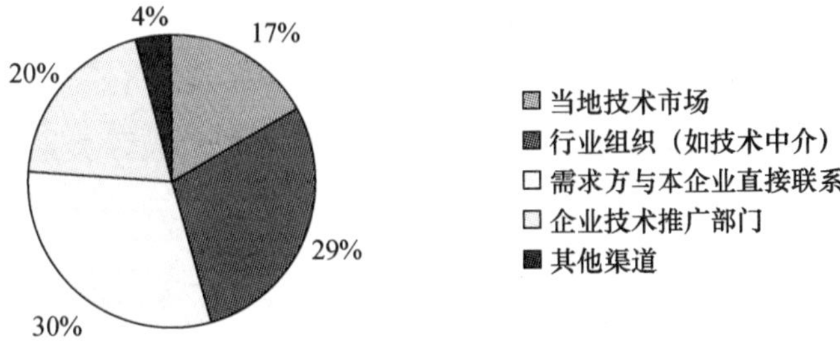

图 2－17　对外技术转让的途径

（三）技术扩散的渠道

最主要的技术扩散渠道是竞争效应，“竞争者对本公司产品的模仿”得3.79分，这个结果与欧资企业和亚资企业的评价一致；其次“产品发布会、展览会或研讨会”上公布的信息导致技术扩散，此选项得3.42分；“与外部科研单位合作中技术流失”也很重要，得3.35分，这也是外资企业不愿意与本土企业合作的重要原因；“与上下游厂商合作中技术流失”得3.09分。“离职人员带走部分技术”不是主要扩散渠道，因为每个员工只承担研发项目的一小块任务，公司有严格的技术保密措施及知识产权法律，使离职员工带走的技术有限（见图2－18）。

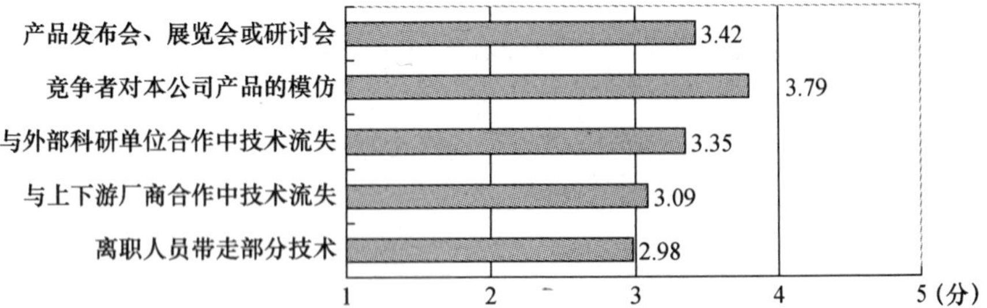

图 2－18　美资企业技术扩散的渠道

（四）研发人员对外交流的主要方式和渠道

对外开展技术交流是提升研发人员能力和技术扩散的重要途径，

研发人员对外交流的主要途径是“合作研发”，占38%；参加“学术研讨会”的形式占25%，参加“委托研发”活动占18%，通过参加“技术培训”实现对外交流的占12%，以“非正式人际关系”对外交流的仅占7%。

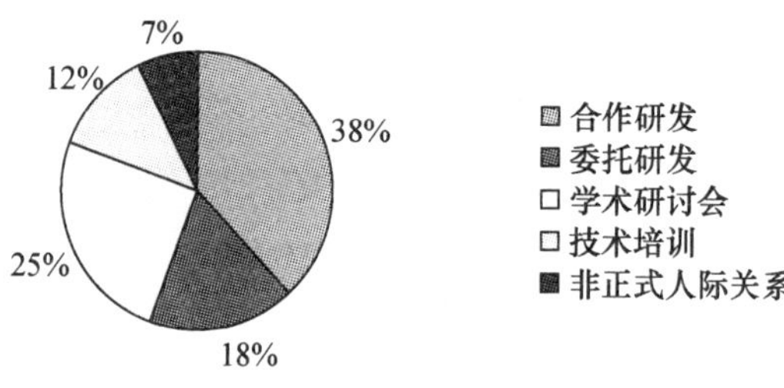

图 2－19　研发人员对外交流的渠道

（五）研发机构与大学合作深度不足

211份问卷回答了此问题。在华研发机构与大学的合作模式中，企业与大学开展“委托人才培养”的占19%；企业选择与大学“成立联合研发团队”，共同完成研发项目的占33%；企业“委托大学完成研发任务”的占30%；12%的企业选择在大学成立实验室；4%的外资企业选择“购买大学/科研院所专利技术”；2%的企业与大学选择“合资成立一个企业”（见图2－20）。需要说明的是，上述比例是指外资企业与大学/科研机构合作中各种形式的比例，并非样本企业30%委托大学完成研发任务。多家外资企业人士认为，与大学合作是树立公司形象和维护政府关系的需要，缺乏实质性的研发项目，对大学投资数量有限。

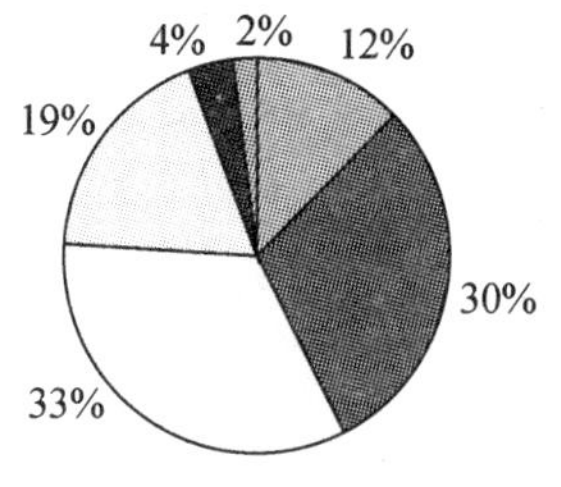

图 2－20　外资企业研发机构与大学合作模式

（六）合作研发项目情况

在206家企业的研发项目中，企业自主完成的占64.5%，与外部机构合作完成的占35.5%。美资企业研发机构、欧资企业研发机构和亚资企业研发机构自主完成项目的比例极为接近。座谈了解到合作伙伴大多是战略联盟内的外资企业，已经有了很长的合作关系，很少与本地竞争对手合作，以防技术扩散到本地企业。

（七）对外合作的动机

对外开展研发合作的原因是多重的（见图2－21），排在首位的是“通过合作开发新技术和新服务”得4.13分，“利用外部新知识和新技术”得3.94分，“通过合作克服高新技术的不确定性”得3.87分，“通过合作可能创建新的企业”得3.66分。如陶氏化学公司与清华大学开展了合作，清华大学负责新技术开发，陶氏提供中试平台，本土企业负责规模化生产。校企合作满足了各自需要，因此，尽管陶氏化学公司不提供资助，清华大学也乐于合作。

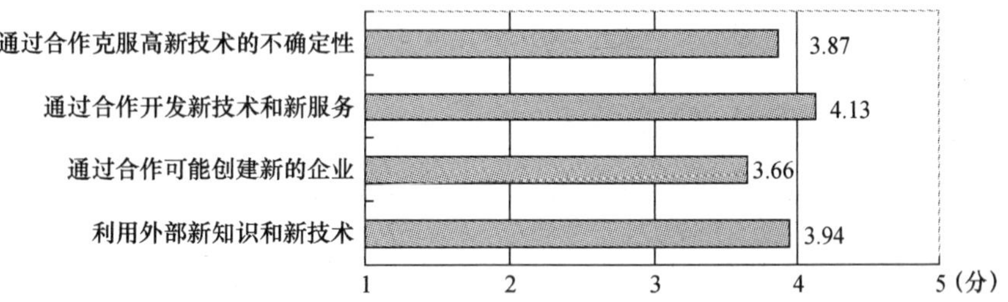

图2－21　外资企业研发机构对外合作的动机

（八）合作研发的成效

调查显示合作研发受益最多的是本土企业，“合作研发提升了本土企业技术”得3.94分，调查结果否定了挤出效应，本土企业并未在合作中丧失技术。“本土企业依赖我们而丧失技术优势”得分最低。“与大学（科研单位、本土企业）合作提高了我们的研发绩效”三个选项得分均约3.8分，外资企业肯定了合作研发对自身的效果，但评价不高（见图2－22）。

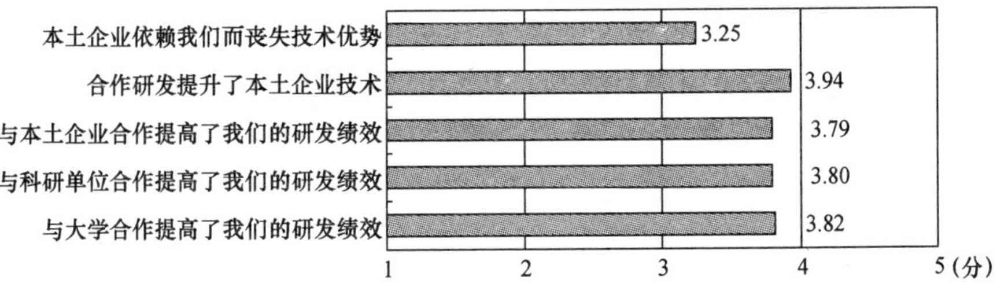

图 2－22　合作研发的成效

（九）合作研发的制约因素

从企业访谈中获悉，外资企业与国内大学或科研机构开展的实质性研发很少。制约双方开展合作的诸因素中，最突出的是双方研发管理制度差异，其次是知识产权分享机制不健全和中外企业技术实力差距，合作过程中争夺合作项目控制权的现象不明显（见图 2－23）。高校与外资企业合作的体制障碍很多，一些高校缺乏校企合作的积极性。如 2014 年 11 月，课题组在苏州高新区调研期间，获悉科技局将组织企业赴西安两所“985”高校洽谈合作项目，课题组邀请他们顺访某省属大学，并将信息反馈该校科技处。企业家们到访“985”大学时，院士和副校长陪同参观了实验室和座谈会，达成了合作意向。而省属大学科技处仅派出一名科员出面接待代表团，哪里可能开展校企合作呢？

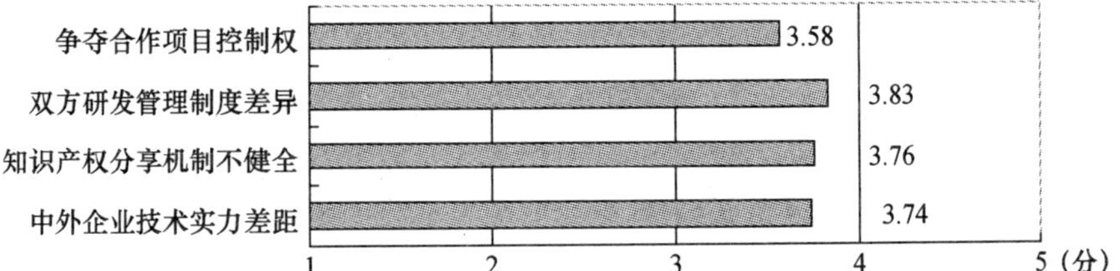

图 2－23　合作研发的制约因素

（十）研发活动的开放性

在开放式创新环境中，外部利益相关者对企业创新活动的贡献较高，如顾客、竞争者、研究机构、咨询方、供应商、政府和大学，此选项得3.94分。外资研发机构很少出售技术或在外部购买技术，它们很少争取知识产权在外部使用，如专利、版权、商标等（见图2－24）。

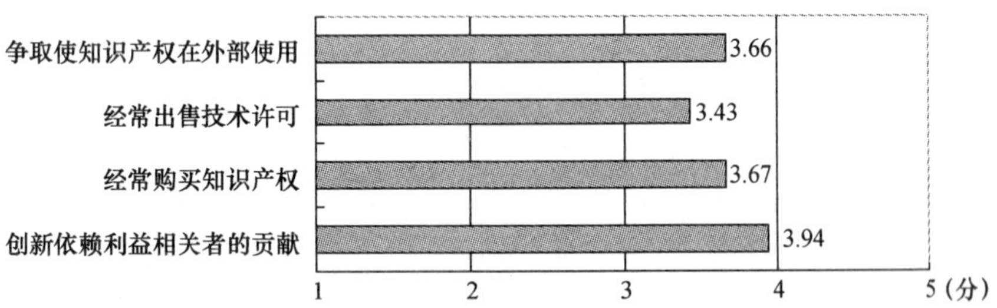

图2－24 美资企业研发活动的开放性

研发机构虽然肯定外部利益相关者如顾客、研究机构等的积极作用，但是，研发活动对外开放程度仍然很低，研发成果并不开放，既不会在外购买专利，也不会出售专利技术。访谈中有部分企业表示，在产品研发过程中会有部分顾客参与其中，但也仅仅是少数关键顾客，更多时候市场部门就代表了顾客的声音。

第三节 欧资企业研发机构调查分析

收到的问卷中，欧资企业97份，包括法国、芬兰、英国、德国、荷兰、丹麦、意大利等。企业分布于15个省份，各地区的数量如下：上海21份、广东15份、北京11份、江苏9份、山东5份、陕西6份、福建6份、湖北4份、浙江4份、辽宁3份、成都3份、天津4份、河北2份、湖南1份、重庆1份，另有2份地址不详。

一 欧资企业基本情况

（一）欧资企业规模

从企业人员数量来看，欧资企业规模普遍较大，600 人以上的企业占 38%，401—600 人的企业占 22%，200—400 人的企业占 31%，200 人以下的企业仅 9%。

（二）欧资企业研发机构规模

从欧资企业研发机构的人员数量来看，50 人以下的研发机构占 28%，50—100 人的研发机构占 36%，101—200 人的研发机构占 17%，200 人以上的研发机构占 19%。

（三）欧资企业研发机构的空间分布

调查显示，61 家欧资企业研发机构设立了分支，其中，3 家企业分别设立了 5 个分支，2 家企业分别设立了 4 个分支，6 家企业各设立了 3 个分支，15 家企业各设立 2 个分支，35 家企业设立 1 个分支。27 家企业未在其他城市设立分支机构，7 家企业未披露此信息。

从分支机构的空间分布来看，上海 26 个，北京 25 个，广州 9 个，武汉 2 个，深圳 4 个，厦门 4 个，苏州 3 个，天津 3 个，成都 2 个，西安 2 个。以下城市各有一个分支机构：枣庄、长春、肇庆、珠海、婺源、泰安、石家庄、太原、乌鲁木齐、福清、常州、大连、杭州和南宁。

（四）研发活动以新产品新技术开发为主

从研发机构首要职能来看，45 家研发机构主要从事新产品和新工艺开发，占 47%；29 家机构首要任务是对现有产品和工艺的改进，占 30%；15 家将基础研究放在首位，同时承担新产品研发和技术咨询任务；7 家机构首要职能是技术咨询与服务。

二 欧资企业研发投入与产出情况

（一）企业研发项目分布

从研发项目的类型来看，38. 3% 为基础性研究，61. 7% 为新产品和新工艺改进与开发。

（二）研发投入占销售收入比例

“研发投入占销售收入比例”回答质量较差，表现为一些问卷填

写的比例超过50%。剔除畸形数据后，对剩余65家企业计算平均值，为21.8%。这个比例低于美资企业的23.14%，但高于亚资企业的6.9%。

（三）研发经费支出以应用性研究为主

88家企业提供了研发经费支出数据，用于基础性研究的经费占39.2%，用于新产品和新工艺的经费占59.6%，其他经费支出占1.2%，经费支出比例与项目类型比例基本吻合。上述投资结构反映了欧资企业对中国市场具有长远的战略眼光。

（四）研发经费的来源多样化

在88家提供了研发资金来源信息的样本中，母公司拨款占35.5%，在华公司当地筹集资金占39%，外部机构委托项目研发而支付的资金占14.5%，其他渠道来源占11%，其他来源占2.1%。从座谈会反馈的信息来看，受访的跨国公司在华研发机构均没有资金压力，不需要银行信贷，当地融资环境对他们也无大的影响。

（五）新产品销售收入占销售收入比例

新产品销售收入占销售收入比例，反映了科技创新对企业发展的贡献，89家企业回答了此问题，平均值为38.6%，表明科技创新对企业极为重要。

（六）研发项目数量普遍

根据94家样本数据，19%的研发机构近三年实施的项目数量为1—5个，34%的研发机构实施的项目数量为6—10个，31%的研发机构实施的项目数量为11—20个，实施21个以上项目的研发机构占16%。

三　欧资企业研发机构进入的动机

（一）欧资企业研发机构进入中国市场的多重目的

83.7%的企业认为，在华设立研发机构降低了运作成本，但是，近几年来，人工成本上升很快，北京、上海等大城市的外资企业感受到了明显的压力。92.9%的企业认为，是扩大中国市场的销售；91.8%的企业认为，在华设立研发机构是母公司全球化战略的组成部分；79.6%的受调查者认为，中国自主研发能力提升，促使了它们进

入中国；76.5%的企业认为，在华设立研发机构可以充分利用中国研发人员；60.2%的企业认为，在华设立研发机构是市场竞争的需要；74.5%的企业认为，鼓励外资研发的优惠政策引起了跨国公司的关注；34.7%的企业认为，外资企业在当地政府的要求下设立了名不副实的研发机构（见图2-25）。

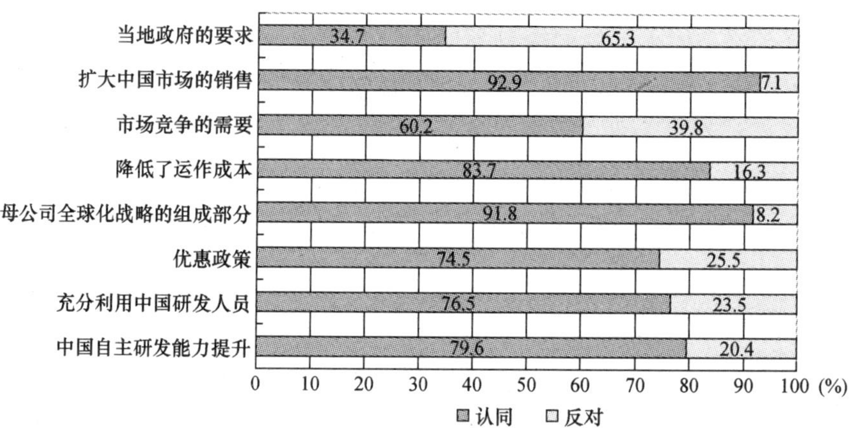

图2-25 欧资企业在华投资动机

（二）研发机构成为全球创新网络的重要节点

关于在华研发机构功能定位，88.7%的企业认为，研发机构在开发适应中国市场的新产品；83.5%的企业认为，承担了母公司全球化产品研发的一部分；81.4%的企业认为，研发机构在为亚太市场研发新产品；81.4%的企业认为，配合全球新产品同步开发；75.3%的企业认为，协助母公司全球技术研究；53.6%的企业认为，自主开发全球新产品；20.6%的企业认为，是直接从母公司移植技术而不做实质性的研发（见图2-26）。

（三）研发机构对企业发展举足轻重

“研发中心的产品在公司中居主要地位”得4.3分，“研发中心产品销售对公司成败起关键作用”得4.1分，“研发中心产品比其他产品重要”得4.1分。反映了这些企业属于创新驱动型，研发部门发挥着无可替代的作用。

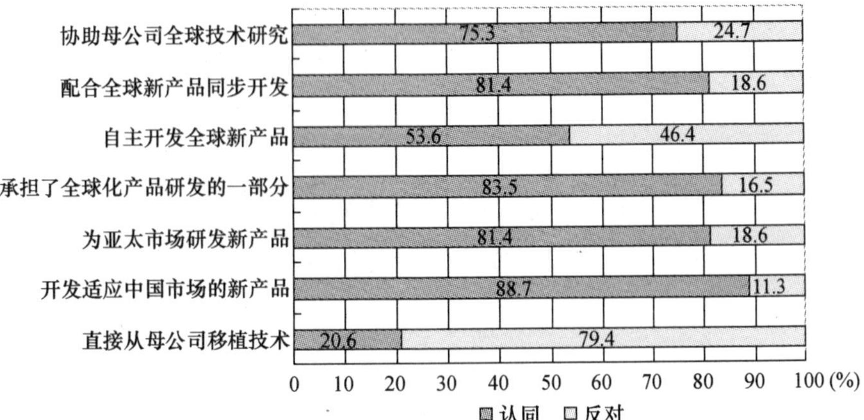

图 2－26　欧资企业研发机构功能定位

（四）欧资企业研发机构新技术应用卓有成效

关于样本企业新技术应用程度，“在本行业中开发和引入全新技术”得分最高，为 4.04 分；“在产品研制方面引入全新的理念”得 3.95 分；“公司是新工艺新技术的创造者”得 3.94 分；“公司对主要产品和服务做重大创新、研发全新性能的产品”得 3.85 分。说明在华研发机构并不是照搬母公司现有技术，而是开展实质性的科技创新。

（五）母公司对在华研发机构的管控以分权式为主

28% 的在华研发机构接受母公司集权化管理，72% 采取了分权式管理，研发机构在执行层面具有较高的自主性。对比发现，德资企业总部对在华子公司的集权控制更普遍。

四　研发机构的营商环境

（一）欧资企业研发机构所需资源

在华设立研发机构必须拥有一些资源，68 个有效样本中，24% 的研发机构认为，首要资源是获得技术许可；21% 的研发机构认为是合作伙伴的创新能力；18% 的研发机构认为是拥有商业关系网络；13% 的研发机构认为首要因素是专利。政府关系、机器与设备、获得贷款对一些企业也很重要，三者合计占 24%。

（二）企业对外部科技创新环境的判断

认为竞争非常激烈的受访者占比最多，“行业竞争行为层出不穷”得4.05分，导致“行业中技术变革程度很大”。但是，企业对市场需求有一定程度的预测和掌控，客户需求变化不是很剧烈。“产品和服务需求每周都在变化”“很难预测顾客偏好的变化”和“很难预测市场需求的变化”得分较低，这在一定程度上降低了新产品开发的风险（见图2－27）。

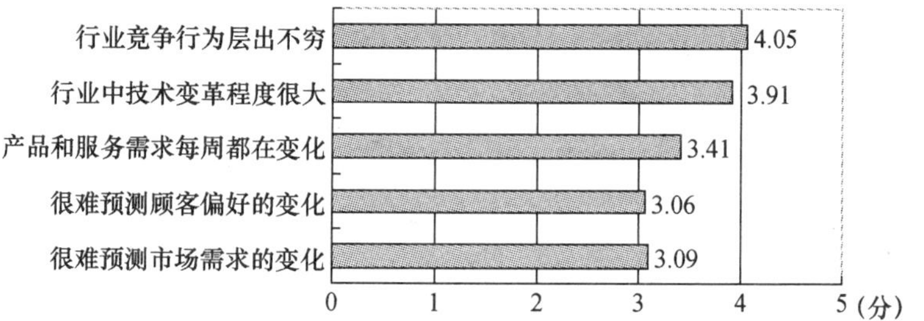

图2－27　欧资企业研发机构所面临的外部环境

（三）研发机构绩效管理

欧资企业科技创新工作管理严谨，94个有效问卷中，“工作有明确的任务和目标”得4.52分，“对新产品的质量和数量有明确要求”得4.13分，表明非常重视研发工作的计划和过程控制。对员工奖励不依赖于财务指标，该选项得3.61分。这使员工可以大胆地进行技术探索，而不是疲于应对短期业绩。

（四）研发项目风险水平

研发项目风险水平的调查得分普遍不高，反映了风险总体是可控的。“政策环境变动引起较高的研发风险”得3.63分，“研发计划容易受到政策环境干扰”得3.39分，说明政策对外资企业研发活动存在较大的影响。“客户需求具有高风险特征”得3.53分，即市场需求相对是稳定和可判断的；“政策变动导致内部流程有风险”得3.43分。整体风险水平不高的原因可能在于项目可行性研究的严谨、技术储备和研发投入充足。

（五）企业注重研发项目的风险评估

外资企业普遍强调通过内部研发和科技创新成为领先企业，该选

项得 4. 13 分；“高管团队鼓励实施有风险的新市场开发策略”，得 3. 94 分；“经常对产品和服务做很大的调整”得 3. 72 分。在项目选择方面较为谨慎，“更青睐高风险高回报的项目”得 3. 43 分，公司不太鼓励高风险的项目。

（六）容忍失败的氛围

欧资企业比美资企业更容忍创新失败，鼓励员工大胆尝试，项目失败时公司会承担责任。“公司鼓励员工从失败中学习”得 4. 23 分，“重视从失败中探索新机会”得 4. 15 分。如果项目失败，项目经理和员工的职业发展不会受到负面影响。

五　技术转移与扩散

（一）技术成果转移途径

欧资企业在华研发技术成果主要用于母子公司，说明中国在全球创新网络中地位越来越重要。技术成果为母公司及全球市场服务的 56 家，占 58%；为中国区兄弟单位共享的占 20%；仅在华公司使用的占 13%；对外出售技术成果的仅占 9%。

（二）技术转让的主要途径

对外转让科技成果有多种渠道，通过技术中介组织实现转移的占 33. 4%，技术需求者主动联系技术持有者的占 30. 1%，销售部门对外转让技术的占 15. 1%，通过当地技术市场成交的占 20. 4%，其他渠道实现转移的占 1%。

（三）技术扩散渠道

技术扩散渠道主要是竞争效应，“竞争者对本公司产品的模仿”得 3. 8 分；其次是产品发布会、展览会或研讨会上公布的信息扩散，此选项得 3. 53 分；“与外部科研单位合作中技术流失”得 2. 94 分，“与上下游厂商合作中技术流失”得 2. 93 分，这两种方式扩散的技术有限。离职人员只了解局部的技术，跳槽到竞争对手后不一定能派上用场，也不是主要的技术扩散渠道。

（四）合作研发和学术研讨会是技术扩散的重要方式

对外开展技术交流不仅提升研发人员能力，也是技术扩散的重要途径。欧资企业研发人员对外交流的主要途径是参加合作研发，占 37%；

参加学术研讨会的形式也占 37%；参加技术培训实现交流的占 16%；参加委托研发活动的占 6%；以非正式人际关系对外交流的仅占 4%。

（五）研发机构与大学合作层次有待深化

93 份样本中，36% 的校企合作形式是成立联合研发团队；31% 是企业委托大学/科研单位完成研发任务；委托大学培养人才的合作为 16%；企业在大学成立实验室并提供部分经费支持的占 12%；4% 的外资企业从大学/科研院所购买了专利技术；只有 1 家企业与大学合资成立了企业。

（六）欧资企业以自主研发为主

94 个研发项目中，欧资企业自主完成了 64%，与外部机构合作完成了 31%，其他占 5%。欧资企业对外合作研发的首要目的是利用外部创新资源，确保研发项目成功，“通过合作开发新技术和新服务”得 4. 08 分，“利用外部的新知识新技术”得 3. 95 分，“通过合作克服高新技术的不确定性”得 3. 98 分。很少投资成立一个新企业，“我们的合作可能创建新的企业”得分最低，为 3. 57 分。

（七）合作研发的效果

本土企业在合作创新中受益多于外资企业，“合作研发促进了本土同行企业技术提升”得 4. 08 分。“本土同行企业依赖于我们而丧失技术优势”得分最低，为 3. 28 分。调查结果否定了外资企业对本土研发投资的挤出效应。“与科研单位合作提高了我们的绩效”得 3. 89 分，略高于与大学或本土企业合作的影响，表明外资企业青睐与科研单位的合作。

（八）合作研发的制约因素

制约欧资企业与本土企业开展合作的诸因素中，对知识产权分享机制的评价最差，得 3. 9 分；其次是双方研发管理制度差异，得分 3. 79；中外资企业业技术实力差距较大得 3. 66 分；争夺项目控制权的得分最低，为 3. 52 分。为促进内外资企业合作创新，必须完善知识产权制度，建立市场化的研发管理制度，提高本土企业技术水平。

（九）研发活动的开放性

在开放式创新条件下，外部利益相关者对企业创新活动的贡献日益增加，“顾客、竞争者、研究机构、咨询方、供应商、政府和大学

对创新产出的贡献很重要”。“创新依赖利益相关者的贡献”得3.92分。欧资企业研发机构很少出售技术或外部购买技术，它们很少争取知识产权在外部使用，如专利、版权、知识产权等，此三项得分均很低（见图2－28）。

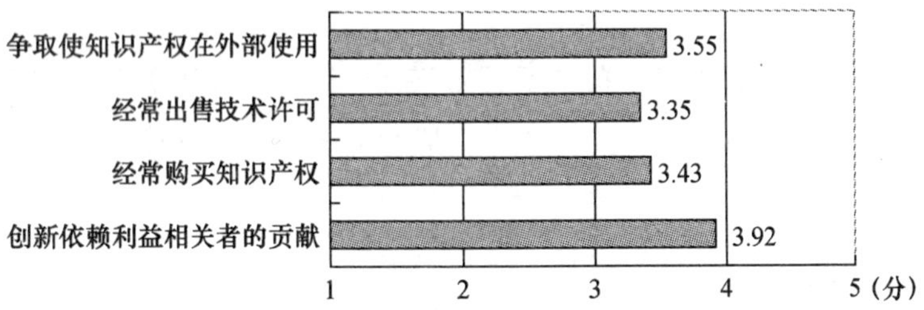

图2－28 欧资企业研发活动的开放性

第四节 亚资企业研发机构调查分析

收到的日本韩国等亚洲国家资金来源的企业问卷56份。这些企业分布于15个省和直辖市，各地的数量如下：上海8份，广东14份，北京7份，山东6份，江苏5份，安徽、四川、陕西、沈阳、浙江和河北各2份、湖南、湖北、广西和重庆各1份。

一 亚资企业基本情况

（一）企业规模

从企业人员数量来看，规模普遍大于美资、欧资企业，600人以上的企业占46%，400—600人的企业占25%，200—400人的企业占17%，200名以下员工的企业占12%。

（二）亚资企业研发机构规模

从人员数量来看，亚资企业研发机构的规模普遍小于欧资企业和美资企业，50人以下的研发机构占31%，50—100人的研发机构占44%，101—200人的研发机构占10%，200人以上的研发机构占15%。访谈中发现，日韩等企业表现为以产品生产为主、以研发为辅的特点，研发工作主要在日韩国家的母公司完成。

（三）亚资企业研究机构的空间布局

调查显示，40 家研发机构设立了分支，14 家企业未设立分支，5 家企业未披露此信息。其中，2 家企业分别设立了 5 个分支，3 家企业分别设立了 3 个分支，6 家企业各设立了 2 个分支，29 家企业各设立 1 个分支。

从分支机构的空间分布来看，上海 16 个，北京 9 个，广州 7 个，青岛 4 个，秦皇岛 2 个，武汉 2 个，成都 2 个，深圳 3 个，天津 1 个。以下城市各有一个分支机构：合肥、南宁、长春、大连、西安、哈尔滨、东莞、苏州、盐城、日照、无锡和常熟等。

（四）研发活动以新产品新技术开发为主

从研发机构首要职能来看，36 家主要从事新产品和新工艺的开发，占样本企业总量的 66%；10 家首要任务是对现有产品和工艺进行改进，占总量的 19%；6 家将基础研究放在首位；2 家首要职能是技术咨询与技术服务。

二　企业研发投入与产出情况

（一）企业研发项目分布

从研发项目的类型来看，38.3% 为基础性研究，61.7% 为新产品新工艺的改进与开发。

（二）研发投入占销售收入比例较低

亚资企业研发投入占销售收入的 6.9%，经费用于基础性研究的比例为 30%，上述两个比率明显低于欧资企业和美资企业，表明亚资企业对研发活动重视程度不足。日语和韩语不如英语普及，懂日语、韩语的研发人才数量不足，加上国家距离较近和技术保密目的，亚资企业的研发活动更多地依赖母公司，在华开展的研发活动更注重短期内产生效益的项目，基础性研发投入明显低于欧美企业。

（三）研发经费的来源依赖在华筹措

在 58 家提供了研发资金来源信息的样本中，在华公司当地筹集资金占 100%，母公司拨款为 0。

（四）新产品销售收入占销售收入比例差距悬殊

57 家企业回答了此问题，新产品销售收入占销售收入比例是

45.67%，表明科技创新对企业发展极为重要。

（五）研发项目数量低于欧资企业和美资企业研发机构

根据59家样本数据，近三年来，项目数量略低于欧资企业和美资企业研发机构。24%的研发机构实施项目数量为1—5个，36%的研发机构实施项目数量为6—10个，25%的研发机构实施项目11—20个，实施21个以上项目的研发机构占15%。

三　研发机构进入的动机

（一）亚资企业研发机构进入中国市场的多重目的

91.1%的企业认为，在华设立研发机构能够快速做出反应，促进中国市场的销售。89.3%的企业认为，在华设立研发机构是母公司全球化战略的组成部分。87.5%的企业认为在华设立研发机构可以充分利用中国高素质人员。80.4%的企业认为是市场竞争的需要，为了在中国市场上生存与发展，需要不断推出适应本地消费者的产品，设立研发机构是服务于市场战略。80.4%的企业认为鼓励外资研发的优惠政策引起了亚资企业的关注。80.4%的受调查者认为，中国自主研发能力迅速提升，具备某些技术优势，吸引了日韩企业研发中心。80.4%的企业认为降低了运作成本。48.2%的企业认为当地政府要求外资企业设立研发部门，51.8%的企业则认为没有受到政府的督促。

（二）研发机构成为全球创新网络的重要节点

关于在华研发机构功能定位，96.4%的企业认为研发机构的任务是开发适应中国市场的新产品，89.3%的企业认为承担了母公司全球化产品研发的一部分，83.9%的企业认为研发机构在为亚太市场研发新产品，83.9%的企业认为是在配合全球产品同步开发，87.5%的企业认为是协助母公司开展全球技术研究，62.5%的企业认为在华研发机构在独立开发或主持开发全球新产品，14.3%的企业认为是直接从母公司移植技术而未做实质性的研发。

（三）研发机构对企业发展举足轻重

“研发中心产品销售对公司成败起关键作用”得4.11分，“研发中心产品比其他产品重要”得4.0分，“研发中心产品在公司中居主要地位”得3.89分，反映了研发中心对这些企业的重要性。

（四）亚资企业研发机构新技术应用卓有成效

关于样本企业新技术应用程度的调查中，“在本行业中开发和引入全新技术”得分最高，为4.16分；“在产品研制方面引入全新的理念”得4.04分；“公司是新工艺新技术的创造者”得4.07分；“公司对主要产品和服务做重大创新、研发全新性能的产品”得3.93分。说明日韩资企业研发机构不是照搬母公司现有技术，而是开展了实质性的科技创新。

（五）亚资企业对研发机构的管控以分权式为主

33.9%的亚资企业对在华研发机构实施集权化管理，67.1%采取了授权较多的分权式管理。

四 亚资企业研发机构的营商环境

（一）亚资企业研发机构所需资源

在华设立研发机构必须占有一些资源，56个有效样本中，25%的研发机构认为首要资源是获得技术许可，25%的研发机构选择合作伙伴的创新能力，7%的研发机构认为是拥有商业关系网络，16%的研发机构认为是获得贷款，11%的研发机构认为是政府关系，12%的研发机构认为首要因素是专利。4%的研发机构认为是机器与设备。

（二）企业对外部科技创新环境的判断

认为市场竞争激烈程度不高，“行业竞争行为层出不穷”得3.89分，行业中技术变革程度很大，客户需求变化不很明显，“很难预测顾客偏好的变化”和“很难预测市场需求的变化”得分最低（见图2－29）。

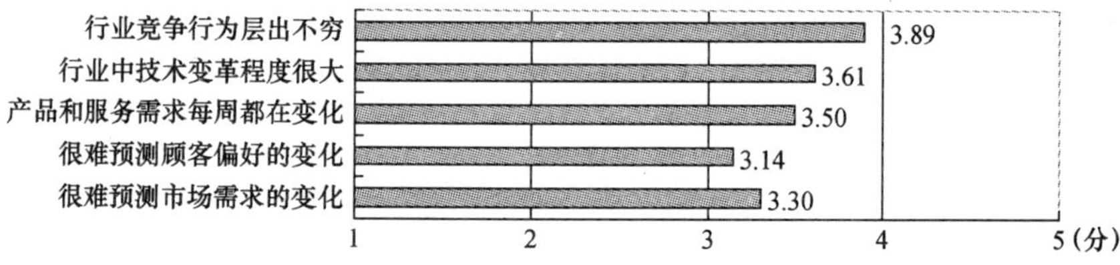

图2－29 研发机构所面临的外部环境

（三）研发机构绩效管理

日韩资企业科技创新工作管理严谨，56 个有效问卷中“工作有明确的任务和目标”得 4.34 分，“对新产品的质量和数量有明确要求”得 4.45 分，说明非常重视研发工作的绩效。员工奖励看重客观指标及财务指标，这两个选项得分均高于欧资企业和美资企业（见图 2－30），意味着亚资企业员工承受的研发工作压力高于欧资企业和美资企业。

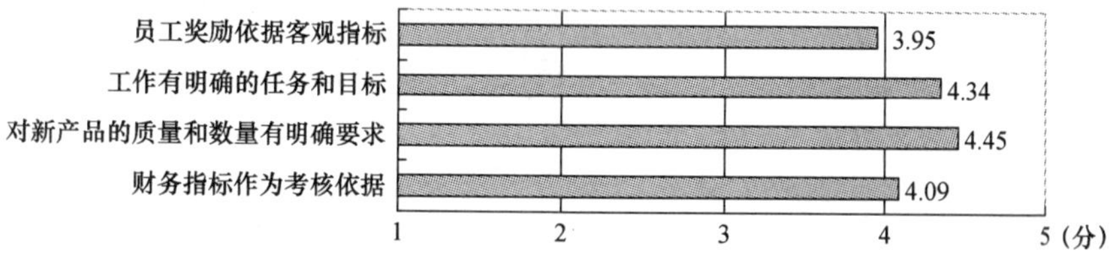

图 2－30 研发项目对人员的要求

（四）研发项目风险水平

研发项目风险水平的调查得分普遍不高，“政策环境变动引起较高的研发风险”得 3.51 分，“研发计划容易受到政策环境干扰”得 3.4 分，说明政策对亚资企业研发活动的影响不大。“客户需求具有高风险特征”得 3.45 分，“政策变动导致内部流程有风险”得 3.4 分，客户需求没有高风险，企业内部流程相对稳定，不需要因为外部政策变化而做出大的修改。

（五）研发项目的风险评估

企业鼓励技术创新活动，“通过内部研发活动和科技创新成为领先企业”得 4.11 分；“高管团队鼓励实施有风险的新市场开发策略”得 3.98 分。在项目选择方面倾向于低风险项目，“更青睐高风险高回报的项目”得 3.55 分。亚资企业较为循规蹈矩，“经常对产品和服务做很大的调整”得 3.68 分。

（六）对项目失败容忍程度

亚资企业重视从失败项目中吸取教训，“公司鼓励员工从失败中学习”得 4.29 分，“重视从失败中探索新机会”得 4.21 分，“开发

过程中鼓励员工大胆尝试”得4.07分。但是，项目失败后，公司不是主动承担责任，个人职业生涯也可能受到影响，这体现出亚资企业容忍失败的文化不如欧美企业浓厚。

五　技术转移与扩散

（一）技术成果以内部应用为主

亚资企业在华研发技术成果主要用于母公司及全球市场，占66%；23%为中国区兄弟单位共享；仅9%供在华公司独家使用；只有一家样本企业对外出售了技术成果。这反映了亚资企业研发机构角色的全球化水平高于欧资企业和美资企业研发机构。

（二）对外技术转让的主要途径

对外转让科技成果有多种渠道，通过当地技术市场成交的占30%，需求方直接联系研发机构的占29%，通过技术中介组织实现转移的占23%，销售部门对外转让技术的占18%。

（三）技术扩散的渠道

从技术扩散的方式来看，最主要的是竞争效应，“竞争者对本公司产品的模仿”得3.86分；其次是产品发布会、展览会或研讨会上信息扩散较快，此选项得3.55分；与外部科研单位合作中技术流失，与上下游厂商合作中技术流失，离职人员带走部分技术，这三种方式得分均为3.1分，不是主要的扩散渠道。

（四）合作研发和学术研讨会是技术扩散的重要方式

对外开展技术交流不仅提升研发人员能力，也是技术扩散的重要途径。研发人员对外交流的主要途径是参加合作研发，占42%；参加学术研讨会的形式占27%；参加技术培训的占12%；参加委托研发活动的占12%。非正式人际关系对外交流的扩散方式被排除。

（五）研发机构与大学合作层次有待深化

56份样本问卷中29%是成立联合研发团队，共同完成研发项目；25%是企业委托大学/科研单位完成研发任务；16%是委托大学培养人才；16%在大学成立实验室并提供部分经费支持；9%从大学/科研院所购买了专利技术；3家企业与大学合资成立了企业，占5%，该比率高于欧美研发机构。

（六）企业以自主研发为主

94 家企业的研发项目中，自主完成的项目占 63.8%，与外部机构合作完成的占 36.2%，合作伙伴大多是供应链中的外资企业，研发机构的技术没有扩散到本地企业的机会。

（七）企业对外合作研发的动机

合作研发目的是获得外部创新资源，促使本公司的项目成功，而不是为了建立一个合资企业。“通过合作开发新技术和新服务”得 4.16 分，“利用外部的新知识新技术”得 4.04 分，“通过合作克服高新技术的不确定性”得 3.88 分，“我们的合作可能创建新的企业”得 3.73 分。

（八）合作研发的效果

“合作研发促进了本土同行企业技术提升”得 4.23 分，“本土同行企业依赖我们而丧失技术优势”得 3.32 分，本土企业并未在合作中丧失技术。日资企业和韩资企业在合作研发中取得了较好的效果，“与科研单位合作提高了我们的绩效”得 4.05 分，合作效果略高于与大学和企业合作的效果。

（九）合作研发的制约因素

制约双方开展合作的诸因素中，得分最高的是双方研发管理制度差异，得 3.91 分；其次是双方技术实力差距及知识产权分享机制不健全；合作过程中争夺项目控制权的得分最低。

（十）研发活动的开放性

日韩资企业外部利益相关者对创新活动的贡献不高，“创新依赖利益相关者的贡献”选项得 3.55 分。研发中心很少出售技术或外部购买技术，他们很少争取知识产权在外部使用（见图 2－31）。

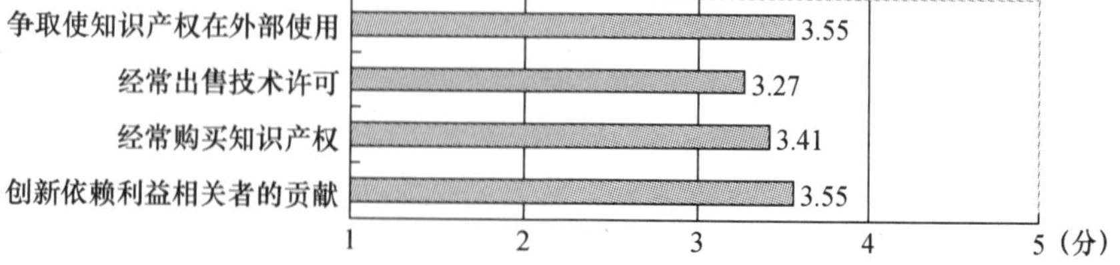

图 2－31　亚资企业研发活动的开放性

第三章　重点省份美资企业研发机构调研分析

第一节　北京市

对北京外资企业及其研发机构的调查中，共获得 62 份有效问卷，其中，13 份问卷为课题组直接邀请企业填写，45 份通过问卷星样本服务完成。包括美资企业 44 家，欧资企业 11 家，亚资企业 7 家。为了深度了解企业研发机构的定位、作用、技术转移及政策环境等方面情况，课题组对 IBM 中国研究院、IBM 中国开发中心、高通公司、微软、甲骨文、施耐德等企业的管理人员进行了面谈，就相关问题进行了深度交流，以验证和补充问卷反馈的信息。

从美资企业研发机构的行业分布来看，软件和信息技术服务 15 家，专用设备制造业 5 家，医药制造业 4 家，电气机械和器材制造 3 家，计算机通信和电子设备 4 家，石油天然气开采企业 3 家，食品制造业和贸易零售业各 2 家，金属矿产研究、互联网服务、汽车制造、家用电器、零售业、化学原料和化学制品业等各 1 家。美资企业在京研发机构具有以下特点：

关于在北京设立研发机构的动机，八成以上的美资企业调查者认为，是为了降低运作成本、促进当地市场的销售及实现母公司全球化研发战略。多数设立研发机构的企业员工规模超过 600 人，六成多的研发机构超过 100 人。八成以上的研发机构是企业的内设部门，少数研发中心是独立的法人。九成以上的研发机构在其他城市设立了分支，多地合作创新成为主流。研发机构以新产品和新工艺的开发为

主，其次是对现有产品和工艺的改进。半数以上研发机构每年完成的新项目为6—20个。研发经费的来源多样化，主要渠道是母公司拨款及在华筹集，少部分来自客户委托资金，研发资金多数用于应用性研究，少部分用于基础性研究。

在京美资企业研发机构的定位是开发适应中国市场或亚太市场的产品，并承担母公司下达的研发任务。它们在本行业开发了新技术，而非简单地引进与应用母公司技术。在对研发机构管理方面，母公司在多数情况下负责制定研发战略、投资方案、高层人员任命等，研发机构具有执行层面的自主性。多数企业认为所处的行业竞争激烈，但市场需求较为明确，研发风险可控。企业普遍强调通过内部研发活动和科技创新成为领先的企业，具有容忍研发项目失败的文化。但规模越大的企业在项目选择时越趋于保守，风险高的项目有可能被淘汰。

从科技成果的应用来看，主要提供给母公司体系内的全球市场使用，它们对技术成果严格保密，很少对外有偿转让专利技术。技术扩散的主要方式是竞争对手的模仿。研发中心与当地大学和科研院所的合作不深入，校企合作在挂牌仪式之后缺乏项目支撑，对企业研发业务起不到实质性的帮助。制约合作研发的关键因素是高校的研究以理论探索为主，距离产业化要求太远，双方缺乏合作的共同点。

北京吸引外资研发机构的优势是多方面的，众多高水平大学和研究院提供了丰富的人力资源；北京具有进出口的便利条件，国际化程度很高。另外，知识产权保护环境也优于其他地区，被调查者认为北京的局限性是公共技术平台不足、政府对企业的干预较多。关于转移研发业务的目标城市，排名前三位的是上海、广州和深圳。

一　企业基本情况

（一）在京美资企业规模

从研发机构所在企业的人员规模来看，600 人以上的企业占 21 家，401—600 人的企业有 6 家，200—400 人的企业占 12 家，200 人以下的企业仅 3 家。

（二）在京美资企业研发机构的规模

北京市关于企业研发中心认定标准中，要求最少达到 20 人，外

资研发机构实际人员数量均大大超过此标准。从研发机构人员规模分布来看，呈现出“两端小、中间大”的橄榄形结构。研发人员50人以下的研发机构有9家，占21%；50—100人的研发机构有11家，占27%；101—200人的研发机构有10家，占24%；201—300人的研发机构为6家，占14%；300人以上的研发机构有6家，占14%。

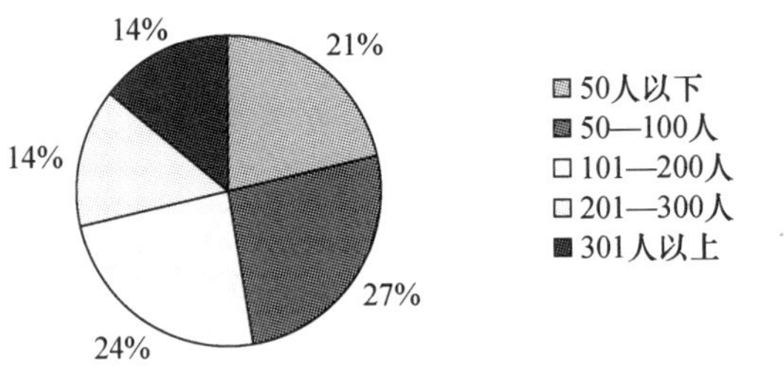

图3－1　在京美资企业研发机构规模

（三）研发机构的组织设计

81.8%的研发机构是企业内设部门，18.2%是独立注册的企业法人，如IBM中国研究院、微软中国研究院。

（四）研究机构的分支情况

42家研发机构在包括北京在内的城市设立了分支机构。18家外资研发机构各设立了1个分支机构，8家研发机构各设立了2个分支机构，2家企业各设立了3个分支机构，其余14家研发机构未设立分支机构。从分支机构空间分布来看，上海是美资企业研发机构最佳的目的地，在上海设有15个分支，北京和广州各6个，西安、武汉和成都各1个。内地尚不具备上海和广州等地的竞争优势。

（五）研发活动内容的重要性排序

从被调查研发机构的首要职能来看，21家研发机构主要从事新产品和新工艺的开发；10家机构首要任务是对现有产品和工艺的改进，同时，也开发新产品；6家将基础研究放在首位，其次承担新产品研发和技术咨询任务；只有5家机构首要职能是技术咨询与服务。

（六）外资研发机构所需资源

外资企业要建设一个研发中心需要具备不同的资源，27%的被调

查者认为必须获得技术许可，18.9%认为企业要拥有商业关系联盟，16.2%强调合作伙伴的创新能力，10.8%认为管理能力最重要。少数被调查者认为贷款与资本、机器与设备、政府关系等不可忽视。IBM人士在座谈时强调商业关系网络和政府关系，对政府以信息安全为由限制外资产品和服务（如ORACLE、IBM、EMC）等表示担忧。

二　研发投入与产出情况

（一）企业研发项目分布

从研发项目的类型来看，46%为探索性的基础性研究，54%为新产品新工艺的改进与开发。

（二）研发投入占销售收入比例

研发投入占销售收入比例平均值为29%。在软件和制药产业的研发投入占销售收入比例最高，制造业研发投入比例相对较低。从座谈反馈的信息来看，软件产品更新换代较快，企业为了持续推出新产品，必须保持足够的研发投入。

（三）研发经费支出结构

企业研发经费支出中，用于基础性研究的比例最大值为95%，最低值为19%，均值为47.6%；用于新产品新工艺的经费占比均值是53.4%。经费支出比例与项目类型比例基本吻合。基础性研究属于长线投入，短期内很难获得经济收益，针对市场需求的新产品研发投入容易获得商业回报。调查结果反映接近半数企业对基础性研究相当重视。

（四）研发经费的来源

研发机构所需的资金，9.3%的企业完全由母公司拨款，12.5%的企业完全本地化解决。全部样本企业中，母公司拨款占研发支出的31.4%，公司在华筹集资金占36.8%，外部机构委托项目研发而支付的资金占14.8%，其他渠道来源占7.5%。从座谈反馈信息来看，受访的大型跨国公司在华研发机构均没有资金压力，不需要银行信贷，金融环境对他们没有影响。

（五）新产品销售收入占销售收入比例

新产品销售收入占销售收入比例，最低值是香港安利有限公司

5%，最大值是北京邦永科技有限公司60%，均值是34.38%。该比率反映了产品创新对企业发展的贡献程度，也说明科技创新对企业的重要性。

（六）研发项目数量

从近三年来实施的项目数量来看，14%的企业每年实施1—5个项目，每年实施项目数量为6—10个的企业占26%，每年实施11—20个项目的企业占32%，每年实施21个以上项目的企业也占21%，7%的企业未回答。从企业座谈情况来看，很多项目进行了一段时间的探索后，因为技术障碍或市场原因终止，有些项目是对产品售后过程中出现的缺陷进行微小的技术改进，如果把诸如此类的项目统计在内，则研发项目数量将成倍增加。

三　研发机构进入北京的动机

（一）在京设立研发机构的动机

88.1%的企业认为，在京设立研发机构是为了促进销售业绩；85.7%的企业认为，根据母公司全球化研发战略，在北京设立研发中心是其中的一个重要节点；73.8%的受访者认为，在京设立研发机构可以充分利用当地高素质研发人员；73.8%的企业认为，在华设立研发机构是满足市场发展的需要；69%的企业认为，当地鼓励外资研发的优惠政策发挥了促进作用；52.4%的企业认为，研发投资是当地政府的要求。

（二）研发机构的功能定位

85.7%的企业认为研发机构在为亚太市场的客户研发新产品，69%的企业认为研发机构在协助母公司开展全球技术研究，88.1%的企业认为研发中心承担了母公司全球化产品研发项目的一部分任务，73.8%的企业认为在华研发机构在独立开发新产品，73.8%的企业认为配合全球产品同步开发，23.8%企业认为是直接从母公司移植技术，没有做实质性的研发。

（三）研发机构对外资企业的作用

“研发中心产品在公司中居主要地位”评价最高，“研发中心产品销售对公司成败起关键作用”得3.97分（见图3－2）。反映了这些

企业属于创新驱动型，研发部门发挥着无可替代的作用。

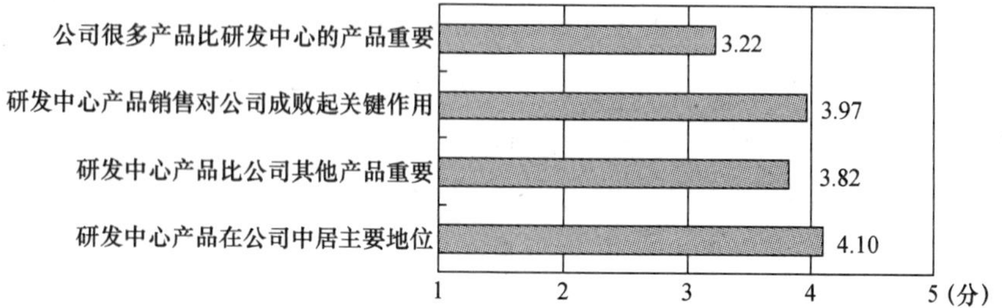

图3-2　在京美资企业研发机构对企业经营的重要性

（四）研发机构在新技术开发方面的贡献

在京美资企业研发机构是以开发新技术新产品为主，还是以引进母公司的现有技术为主呢？“在本行业中开发全新技术”得分最高，为4.11分；“在产品研制方面引入全新的理念”得4.02分；“公司是新工艺新技术的创造者”得3.97分；“对产品和服务做重大创新、研发全新性能的产品”得3.78分。说明它们不是照搬母公司技术，而是开展真正的科技创新。

（五）母公司对在华研发机构的管控模式

26.2%的研发机构接受母公司集权化管理，73.8%采取了分权式管理，母公司向研发机构下达目标和战略，研发机构自主决定项目立项和实施。有的企业实行矩阵式管理模式，当地公司为各个研发项目提供工作平台，研发项目投资和过程监控均由垂直部门负责，行政、后勤事务由本地公司负责。

四　研发机构的营商环境

（一）研发机构需要的资源

为了设立研发机构，外资企业需要获得一些必要的资源。对于首要资源的认识分歧较大：27%的被调查者认为是获得技术许可，18.9%的被调查者认为是拥有商业关系联盟，16.2%的被调查者认为是合作伙伴的创新能力，13.5%的被调查者认为是市场能力，10.8%的被调查者认为管理能力最重要。少数被调查者认为贷款与资本、机

器与设备、政府关系等最主要。

（二）对外部环境的判断

受访者普遍认为竞争压力很大，但市场需求较为清晰，变化不是很剧烈，基本上可以预测和把握。“行业竞争行为层出不穷”得4.03分；“行业中技术发生变革的程度很大”得3.66分；“产品和服务的需求每周都会变化”得3.44分；“很难预测顾客偏好的变化”和“很难预测市场需求的变化”得分略高于3.4分。

（三）对研发项目和员工的要求

“对新产品的质量和数量有明确要求”得4.29分，“工作有明确的任务目标”得4.12分，“财务指标作为考核依据”得3.90分（见图3－3）。如IBM开发中心的员工考核并不看财务指标，赋予员工较多自主权，包括时间自由支配，不设置详细指标强制完成。这种宽松的环境有利于创新，每年推出约100项专利技术。

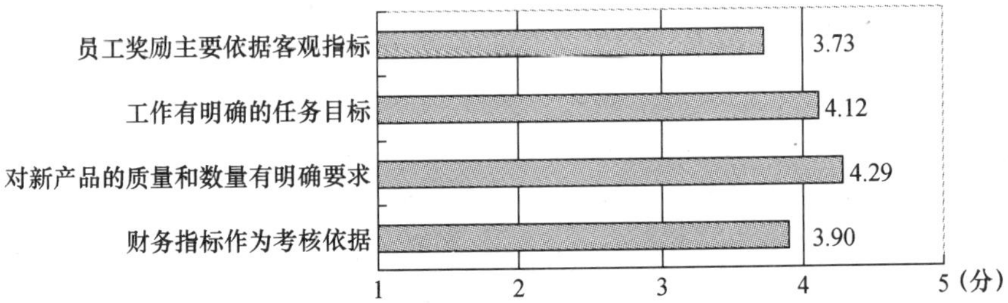

项目	得分（分）
员工奖励主要依据客观指标	3.73
工作有明确的任务目标	4.12
对新产品的质量和数量有明确要求	4.29
财务指标作为考核依据	3.90

图3－3　在京美资企业研发机构项目管理要求

（四）研发项目风险水平

被调查者认为市场需求相对是稳定和可判断的，但政策环境引起的研发风险明显较高一些，对企业内部运营流程也产生一定冲击。当然，外资企业的管理水平普遍较高，适应政策环境变化的能力较强，研发计划不容易被干扰。

（五）谨慎对待高风险创新项目

“通过内部研发活动和科技创新成为领先的企业”得4.27分；“高管团队鼓励实施有风险的新市场开发策略”得4.0分；“更青睐高

风险高回报的项目”得3.43分，表明高风险的项目不受欢迎。

在与IBM的沟通中获悉，他们更追求运营的稳健性，强调按照流程操作，不鼓励员工大胆尝试及冒险行为。企业将资源投入成熟的技术中来提高生产率，多数项目是对现有技术和产品的升级，对于全新的研发项目，公司组织全面评估，不倾向高风险项目，高风险高回报项目难以立项。公司常常通过收购小公司获得先进技术，这种谨慎导致对外部变革反应迟钝，如一些前瞻性的判断因为“大企业病”而难以实施，错失了一些良机。层层审核的机制对员工的创新积极性会有一定影响，员工也会有所抱怨，但仍会在现有情况下尽可能加快研发速度，想法不会被流程困住，且公司有相应的激励机制鼓励创新。

（六）公司容忍研发项目失败

企业对研发项目失败的容忍度较高，重视从失败中探索新机会和从失败中学习。对于规模大的公司如IBM等来说，对失败教训的总结限于本部门，经验很难对其他部门产生影响。对于失败的研发项目，员工的绩效会造成影响，拿不到相应的奖金，但不会进行职位调整或被开除，经理可能失去升职机会。

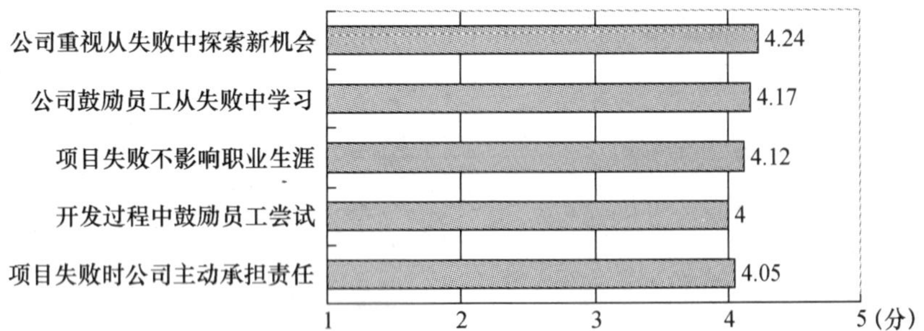

图3－4　在京美资企业研发机构对项目失败的态度

五　技术转移与扩散

（一）技术成果应用范围广泛

技术成果为母公司及全球市场服务的34家，为中国区兄弟单位共享的7家，仅本公司使用的2家。在华研发机构的技术成果使用范

围广泛，能够充分发挥技术成果的商业价值，也有助于提高它们在全球创新网络中的地位。

IBM 开发中心的技术成果为中国区各单位共享，也为母公司和全球市场服务。公司对外合作关系比较稳定，如 DVD 专利给飞利浦使用，移动通信专利给爱立信使用。它们往往采取专利授权使用方式，很少对外转让专利。

（二）对外技术转让的主要途径

企业的业务部门实现技术转让或授权的占 38%，需求方与技术持有企业联系实现转让的占 32%，通过技术中介组织实现转移的占 27%，其他渠道实现转移的占 3%。值得注意的是，无任何外资研发机构利用政府科技部门主办的技术市场，地方技术市场服务功能有待加强。

（三）技术扩散的渠道

多数受访者认为，竞争者对本公司产品的模仿，是企业技术扩散的主要形式。离职技术人员掌握的技术有限，离职不是技术扩散的主要途径，但高层研发人士离职将会造成重大的技术流失。IBM 人士认为，技术扩散的主要渠道是离职员工带走部分技术，而非上下游企业合作或外部单位合作中流失。

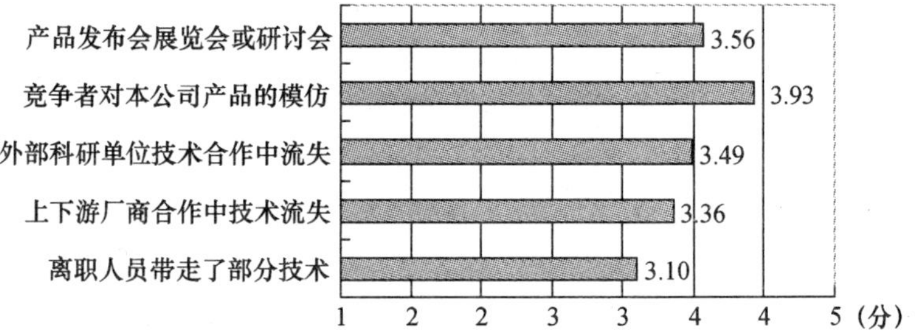

图 3-5 在京美资研发机构技术扩散渠道

（四）研发人员对外交流方式

对外开展技术交流是提升研发人员能力和技术扩散的重要途径。

在华研发机构人员对外交流的主要途径是合作研发和学术研讨会，分别占34%和14%，委托研发占14%。较少参加外部技术培训，大部分技术依靠本企业的自主创新。

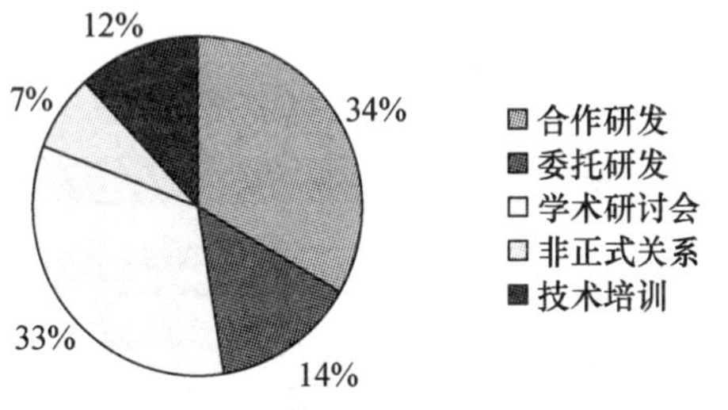

图3－6　在京美资企业研发机构人员交流渠道

（五）研发机构与大学合作深度

与大学的多种合作模式中，31%是委托大学培养人才；38%的企业与大学成立联合研发团队，共同完成研发项目；23%的企业委托大学完成研发任务；3%的企业选择资助大学成立实验室；5%的企业购买大学或科研院所的专利技术。调研对象均没有与大学联合投资成立企业。

从企业访谈来看，IBM中国研究院与高校和企业都有合作，与高校合作最为紧密，且多为长期合作。有些外资企业对大学的投资是为了改变企业形象，取得政府社会的认同，缺乏实质性的研发合作内容，外资企业对大学的投资数量有限。有些外资企业与大学开展合作创新项目，研发成果专利权基本属于外资企业，教师可以据此写出论文或者获得某些奖项，这是一个“双赢”的结局。

（六）合作研发项目情况

在全部研发项目中，公司独立完成的项目占62%，与大学/科研院所/企业等外部机构联合完成的占38%。

（七）对外合作的动机

合作研发的主要目的是开发新技术和新服务，双方就某个项目以虚拟组织的形式开展合作，以契约确定权利和义务，而非投资成立一个新企业。实地调研发现，外资企业和大学合作目的是与学术界保持

紧密联系，为企业储备人才，招聘到更多合格的毕业生，树立良好的社会形象，保持良性的政府关系。同本地企业合作主要目的是避免政府在招标中对外资企业的限制，属于“借壳上市”的做法。

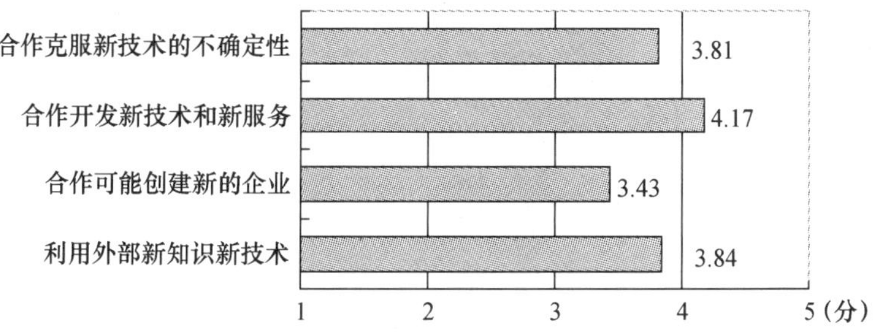

图 3－7　在京美资企业研发机构合作的动机

（八）合作研发的成效

在合作研发中获益最大的是本土企业，它们学习到了外资先进的技术，外资企业没有提高研发绩效，这种非“双赢”的研发合作行为不具有可持续性。

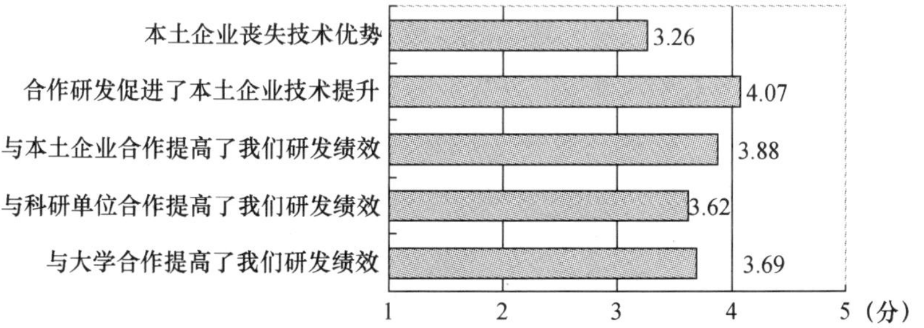

图 3－8　在京美资企业研发机构合作的效果

（九）合作研发的制约因素

制约研发合作的主要因素是“双方研发管理制度差异”“知识产权分享机制不健全”以及“中外资企业技术实力差距较大”。由于合作项目中明确了双方股权，不会出现争夺项目控制权的现象。

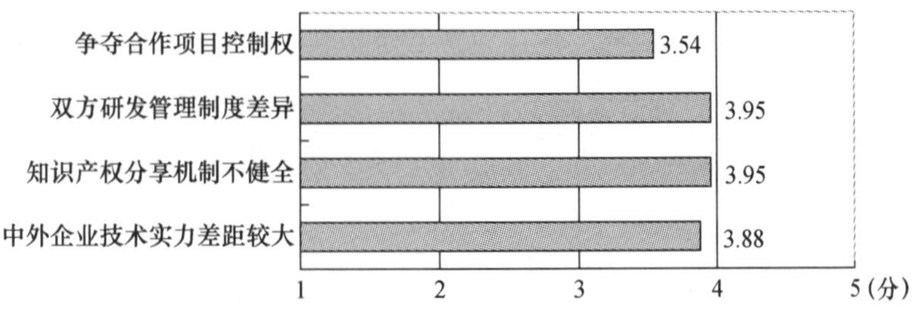

图3－9　在京美资企业研发机构合作的制约因素

（十）研发活动的开放性

科技创新活动离不开外部利益相关者的贡献，此选项得分最高。如IBM的创新思路或方案来源受学术文献和会议影响很大，同行业的新产品也提供了学习机会。在创新活动中给予影响最大的是客户反馈与竞争者行为。外资企业很少购买外部的知识产权，也很少对外出售技术专利，此两项评价得分很低。

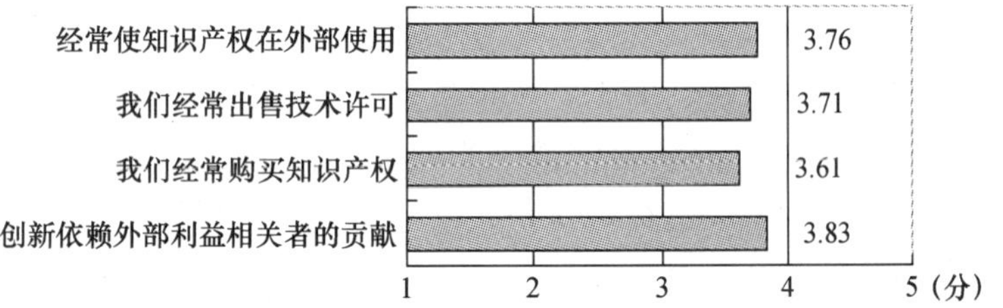

图3－10　在京美资企业研发机构创新的来源

六　政策环境

（一）北京吸引外资研发机构的优势

外资企业评价最高的是“北京具有雄厚的科技人才资源”，能够方便地招聘到合格的研发员工；北京是北方最大的经济中心，“地区经济发达，接近目标市场”。此两项得分均为4.14分；“高层次外资研发机构聚集”，得4.07分（见图3－11）。

IBM强调北京人才的劣势也是明显的，如本土员工英语表达能力

障碍导致的沟通能力较低。母公司和全球化项目团队的沟通语言采用英语，口头表达能力至关重要，中国员工英语水平普遍弱于印度工程师，职业发展上很难向上流动，中国区高管通常是美籍华人、中国台湾人和中国香港人。

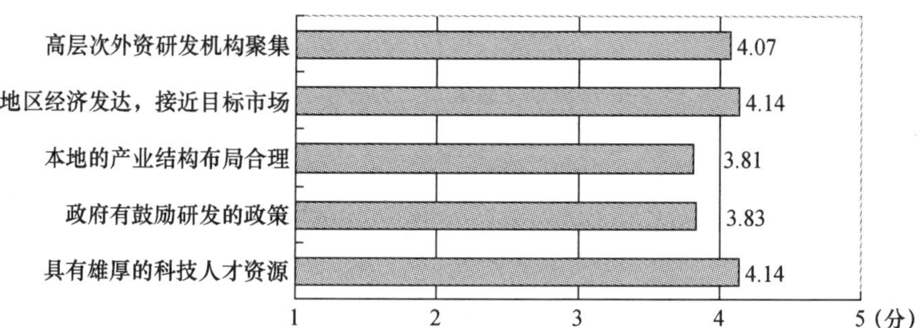

图 3－11 北京吸引美资企业研发机构的优势

（二）北京为研发机构提供的政策和便利

据某些企业反馈，早期享受的税收优惠政策已经停止，现在没有得到政府特殊政策支持，是在平等的竞争环境中运营，希望政府增加政策的透明度。27%的认为“放宽市场准入条件”，15%认为北京“提供知识产权保护”，32%认为提供了“进出口优惠政策”，18%认为政府“建立配套的技术平台”。

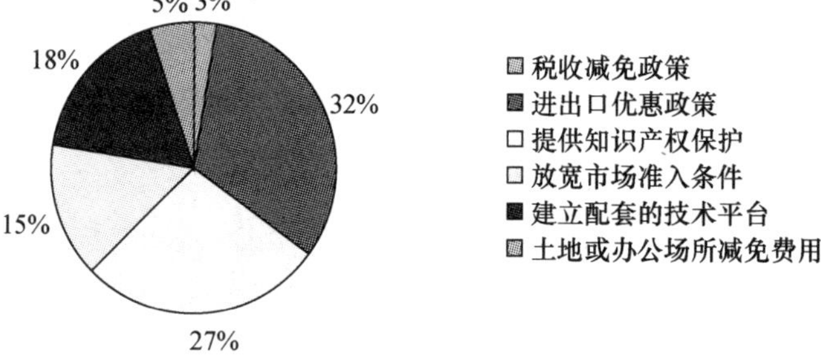

图 3－12 北京为美资企业研发机构提供的支持

（三）需要改进的外部环境

呼声最高的是“公共技术平台配套不足”，占36%；其次是“知识产权保护不力”，占29%；“政府对企业干预较多”占16%。其他几项的要求合计占19%，包括“地区研发人才储备不足”“与国外交流不便”及“生活环境较差”等。

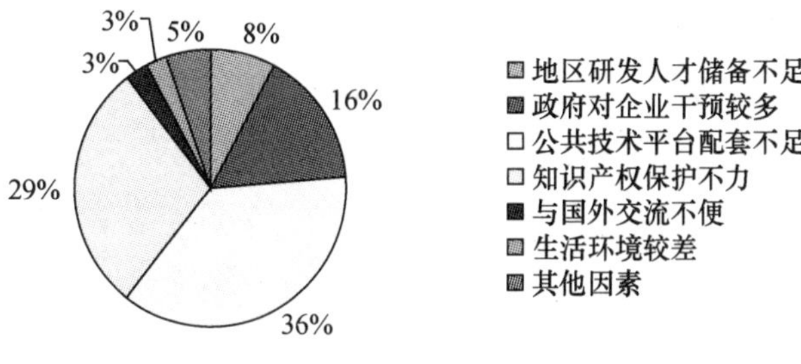

图 3－13 北京需要改进的外部环境

（四）有潜力的转移城市

随着外资企业薪资优势被正在崛起的互联网企业（如阿里巴巴、腾讯）赶超，北京外资企业对优秀人才的吸引力下降，招聘难度明显上升，人才流失较多。具有人才相对优势的西安、成都和武汉都有较大的潜力，扩大分支机构规模是可能的。28 家企业可能在其他城市设立研发分支机构。被调查者列出了 34 个目标城市，其中，10 家企业选择上海，5 家选择广州，5 家选择深圳，4 家选择重庆，3 家选择成都，各有 1 家选择大连、武汉、西安、东莞、杭州和南京。上海、广州和深圳经济发达，开发程度高，获取国际化人才较为容易。相比而言，内地城市只剩下人工成本优势。

第二节 上海市

上海是长江三角洲经济圈的核心城市，是外资企业入驻中国的首选目标城市，无论是外资企业数量还是实际利用资金规模均在全国领

先。截至2014年6月，在沪的跨国公司地区总部累计69家，在国内仅次于香港特区；在沪的投资额在200万美元以上的外资研发机构有118家，在国内仅次于北京。上海被认定外资研发机构共378家，其中来自世界500强企业的研发中心有120家，名列全国第一，研究机构主要集中在信息技术、医药、汽车及其零部件和化工等高新技术行业。从事医药行业的占24.8%，全球最大的15家制药企业中有8家在上海设立研发中心，包括辉瑞、葛兰素史克、阿斯利康、罗氏、诺华、礼来、勃林格殷格翰、默克；从事信息技术的占24.2%；从事汽车及其零部件的占11.9%；从事化工行业的占11.1%；新材料、新能源领域的占6.8%。从资金来源国来看，美资企业占22.8%，欧洲企业占17.1%，日本企业占12.5%，中国香港企业占21.4%，其他国家和地区的占26.2%。

课题组共获得上海外资企业研发机构的调查问卷79份，涉及73家外资企业。其中，美资企业50家，欧资企业21家，日韩等亚资企业8家。课题组对陶氏化学公司、上海胜略软件公司、eBay、勃林格殷格翰药业公司、SAP、瑞阳（上海）新药研发公司等企业的研发管理人士进行了面谈。

50家美资企业研发机构所在行业分布：软件和信息技术服务、计算机通信和电子设备各8家，专用设备制造7家，汽车制造5家，化学原料和化学制品、电气机械和器材制造各4家，个人保养品及护肤品、服饰、家用电力器具制造各2家，金融信息服务、医药制造、内装建材、医疗设备、消费品、动物保健、零售业各1家。

总体来看，在沪美资企业规模通常比较大，超过半数在600人以上，而其研发机构的人数规模呈均衡分布。其中50%的研发机构是生产经营性企业的内设部门之一。42%的美资企业研发机构主要从事新产品新工艺的开发，而且研发项目数量还在日益增加，说明美资企业研发机构正在发挥科技创新的重要作用。当谈及外资研发机构入驻国内所需资源时，获得认可度最高的是技术许可、与政府的关系、拥有的商业关系联盟和专利。

研发机构的研发投入占销售收入比例较高，平均在40%左右，研

发费用的支出以新产品新工艺研究为主。研发经费的来源有多样化的渠道，母公司拨付和在华筹集是两种最重要的方式。外资企业在沪投资发展动机复杂，但响应当地政府要求的说法并不准确。研发机构的功能定位表现为复合型，只有很少一部分人认为其功能定位是直接从母公司移植技术。调查数据表明，研发机构在新技术引进方面卓有成效，并对外资经营成败起着举足轻重的作用。母公司对华研发机构的管控以混合模式为主。

受访者认为，行业竞争层出不穷，行业中技术发生变革的程度也很大。在研发机构内部管理方面，对产品的质量和数量有明确的要求，对员工奖励的依据并不主要是客观性指标。研发项目风险水平总体而言在可控的范围内，企业青睐有风险的科技创新项目，并且在很大程度上容忍研发项目的失败。

研发机构的技术成果应用范围广泛，技术转让的主要途径有两种，即需求者主动与技术持有者联系，或者通过技术中介交易。关于技术扩散的渠道，大多数受访者认为是竞争者对本公司产品的模仿。研发人员对外交流的主要方式是合作研发和学术研讨会，对外合作的动机主要是为了合作开发新技术和新工艺。从数据来看，研发机构与大学合作的深度不足。在合作研发成效方面，大多数被调查者认为，与科研单位合作提高了其创新绩效。双方研发管理制度的差异被认为是影响合作的制约因素之一。

上海市地区经济发达，接近目标市场，有丰富的优秀科技人才，政府提供优良配套环境，产业布局合理等是吸引外资研发机构的优势条件。上海市为研发机构提供的政策和便利主要有进出口优惠政策，税收减免政策和提供知识产权保护。

一　企业基本情况

（一）美资企业在沪企业规模以大中型为主

从外资研发机构所在企业的人员规模来看，600 人以上的企业占 23 家，401—600 人的企业占 9 家，有 201—400 人的企业占 12 家，而 200 人以下的企业仅 5 家。这说明在沪设立研发中心的美资企业多是实力雄厚的大中型企业，在中国的市场有较大的影响力。

（二）在沪研发机构的规模

从调查结果来看，美资企业研发机构的人员规模分布较为均衡，表现为大型、中型和小型研发机构数量基本相同。50 人以下的研发机构占 24%，50—100 人的研发机构占 24%，101—200 人的研发机构占 28%，200 人以上的研发机构占 24%。行业之间存在一些变化，调查显示，制药和软件等企业研发人员较多，制造行业研发人员通常较少。

（三）研发机构的组织定位

18% 的研发机构是母公司在华设立的独立研发机构，它们的任务就是与生产企业相配套，以便及时应对市场，因此绝大多数的跨国公司还是将上海研发中心定位为技术和产品开发，主要以“D”（development）为主，如通用电气中国研发中心、上海贝尔—阿尔卡特技术中心、汽巴精化中国研发中心、联合利华研发中心。50% 的研发机构是生产经营性企业的内设部门之一，研发机构与职能部门、业务部门地位同等重要，为生产发挥支持作用，如苹果公司、上海通用汽车有限公司等。从事基础研发和产品本地化的企业较少。

（四）研发机构的分支机构

18 家在沪外资研发机构开办了 1 个分支机构，13 家研发机构设立有 2 个分支机构，其余 19 家研发机构未设立分支机构。从分支机构空间分布来看，北京有 16 家，上海有 10 家，深圳有 4 家，四川 2 家，香港、大连、福建、江西、天津和浙江各 1 家。上海研发机构转移业务的最佳的目的地是北京，双方创新合作更为密切。如上海默沙东制药公司研发中心负责发现市场需求及组织开发，北京的 R&D 中心负责临床实验，在杭州的工厂负责生产。

（五）研发活动内容的重要性排序

调查发现，42% 的美资企业研发机构主要从事新产品和新工艺的开发，38% 定位于现有产品和工艺的改进，14% 将基础研究放在首位，只有 6% 从事技术咨询与服务。新产品新工艺研发加上基础研究的企业占 3/5，说明美资企业研发机构正在发挥科技创新的重要作用。

企业要在激烈的市场竞争中立于不败之地，获取长期可持续的竞

争优势，就必须在产品上不断推陈出新，加之产品生命周期越来越短，这就不难理解美资企业研发机构从事新产品和新工艺创新的占比最高。

（六）外资研发机构所需资源

18%的外资企业认为是获得技术许可，20%的外资企业认为是拥有商业关系联盟，10%的外资企业认为是合作伙伴的创新能力，10%的外资企业认为是贷款与资本，14%的外资企业认为是与政府的关系，18%的外资企业认为是专利，4%的外资企业认为机器与设备最为重要。少数被调查者认为市场能力、管理能力等最重要。

二　研发投入与产出情况

（一）企业研发项目分布

从研发项目的类型来看，62.5%为探索性的基础性研究，37.5%为新产品新工艺的改进与开发。基础性研究比例高于应用性研究，说明美资企业在上海的研发投资具有长期性和战略性，也可能是美资企业为了防止技术转移和扩散而做的安排。在知识产权保护不力的环境中，应用性研究成果容易被窃取或模仿，基础性研究距离商业化还比较远，一般不是离职员工带走或竞争对手侵权的重点。

（二）研发投入占销售收入比例

研发投入占销售收入比例通常为10%—20%。从调研的一手数据来看，外资企业研发中心在上海的研发投入占销售收入比例平均在40%左右，而这一比例则相对较高。在软件和制药产业的研发投入占销售收入比例最高，制造业研发投入比例相对比较低。从座谈反馈的信息来看，制药产业的研发周期长、风险高，新药品的研发耗时10—13年，投入数亿美元。默沙东受调查者说，他们每年利润的17%用于研发，每年高达440亿美元。

（三）研发经费支出以新产品新工艺研究为主

企业研发经费支出中，用于基础性研究的比例最高值为96%，最低值为10%，均值为48.7%；用于新产品新工艺的经费占比均值为51.3%。经费支出比例与项目大致吻合。

（四）研发经费的来源多样化

研发机构所需的资金，8.5%的企业完全由母公司拨款，而只有

2%的企业完全由本地化解决，在全部企业样本中，母公司拨款占研发支出的33.2%，公司在华筹集资金占37.5%，外部机构委托项目研发而支付的资金占10%，其他渠道来源占19.3%。

（五）新产品销售收入占销售收入比例差距悬殊

新产品销售收入占销售收入比例，最低值是VMware和Sungard公司的2%，最高值是格科微电子公司的80%，均值是32.75%。该比例反映了产品创新对企业发展的贡献程度，也说明科技创新对企业的重要性。VMware和Sungard公司均属于600人以上的大公司，VMware主营各类计算机虚拟化软件研发与销售，Sungard是世界领先的软件和IT服务企业。软件行业销售更多的产品是原有软件的升级版，新产品销售收入占比较低。格科微电子公司主营电子技术、半导体、集成电路，产品更新速度快，导致新产品收入所占比例较高。

（六）研发项目数量日益增加

从近三年实施的项目数量来看，8%的企业每年实施1—5个项目（指全新立项的研发项目），每年实施项目数量为6—10个的企业占44%，每年实施11—20个项目的企业占24%，每年实施21个以上项目的企业占24%。

三 研发机构进入上海的动机

（一）美资企业研发投资的动机

88%的受调查者认为，是上海自主研发能力迅速提升。78%的受调查者认为，上海具有大批高素质人才，设立研发机构可以充分利用高素质人员。74%的受调查者认为，政府出台了一系列鼓励外资研发的优惠政策，引起了跨国公司的关注。82%的受调查者认为，中国区研发机构成为全球研发网络的一个重要节点。88%的受调查者认为，在华设立研发机构降低了运作成本。柏林格殷格翰公司受调查者谈到，在中国的研发投资中人工成本占1/3，美国则高达60%。72%的受调查者认为，在上海设立研发机构是应对市场竞争的需要。90%的受调查者认为促进产品在中国市场的销售。42%的受调查者认为，研发投资是响应当地政府的要求。地方政府要求外资企业改善投资结构，从一般的加工和贸易升级到技术研发，外资企业在政府推动下设

立研发部门。

（二）研发机构的功能定位

90%的受调查者认为，研发机构在为亚太市场研发新的产品；88%的受调查者认为，研发机构在开发适应中国市场的新产品；92%的受调查者认为，协助母公司开展全球技术研究；90%的受调查者认为，承担了母公司全球化产品研发的一部分；56%的受调查者认为，在华研发机构在独立开发或主持开发全球新产品；16%的受调查者认为，是直接从母公司移植技术，不做实质性的研发；85.4%的受调查者认为是协助公司开展技术研究。跨国公司正在不断发展提升上海研发中心在其全球战略体系中的层级，如通用电气上海研发中心是其全球三大研发机构之一；杜邦上海研发中心是该公司在美国本土化以外的第三大研发机构；联合利华（中国）研究院是该公司全球三大研发中心之一；德尔福上海研发中心是其全球第五大研发中心；可口可乐产品研发检测中心是该公司在亚太地区的研发总部。

（三）研发机构对美资企业经营成败举足轻重

受访者普遍认为，研发中心产品在公司中居主要地位，研发中心产品销售对公司成败起关键作用，反映了这些企业属于创新驱动型，科技创新是企业发展的关键因素，研发部门发挥着无可替代的作用。

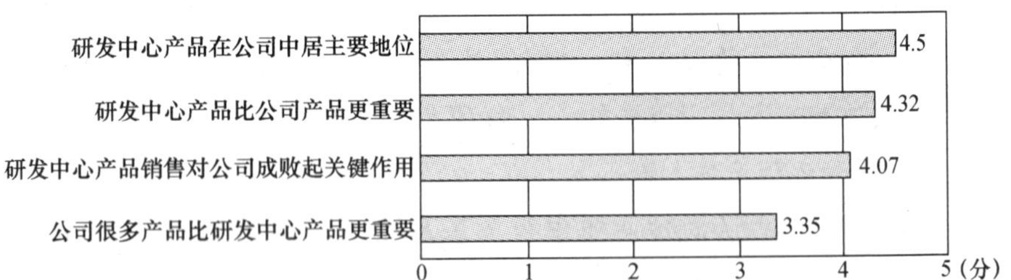

图 3－14　在上海美资企业研发机构新产品重要性

（四）研发机构的新技术引进

关于样本企业新技术应用程度，“在本行业中开发和引入全新技术”得 4.3 分；在产品研制方面引入全新的理念，得 4.09 分；公司是新工艺新技术的创造者，得 4.07 分；公司对产品和服务做重大创

新、研发全新性能的产品，得 3.82 分；说明在华研发机构不是照搬母公司现有技术，而是开展真正的科技创新。这一结论在研发机构功能定位问题中得到验证，大多数外资研发机构是在开发新技术、引用新理念，而不是在原有的产品上做改进与完善。

（五）母公司对研发机构的管控以混合式为主

36.2%的研发机构接受母公司集权化管理，母公司掌握研发项目立项、资金预算、干部任免、员工招录等全部决策权，研发机构仅负责执行。比较发现，德资企业对在华研发机构集权控制更普遍，这可能与德国严谨的文化传统有关。44.7%采取了分权式管理，母公司向研发机构下达目标和战略，研发机构自主决定项目立项和实施。70.2%采取了混合式管理，母公司掌握研发战略、高层人事安排、投资方案等，研发机构在执行层面具有较高的自主性。默沙东认为，集权式管理可以避免项目重复投资，有利于全球化配置研发资源。

四 研发机构的经营环境

（一）研发机构需要的资源

为了设立研发机构，外资企业对于首要资源的认识分歧较大：18%的外资企业认为是获得技术许可，20%的外资企业认为是拥有商业关系联盟，10%的外资企业认为是合作伙伴的创新能力，10%的外资企业认为是贷款与资本，14%的外资企业认为是与政府的关系，18%的外资企业认为是专利，4%的外资企业认为机器与设备最为重要。少数被调查者认为市场能力、管理能力等最主要。

（二）外部环境的判断

最多的受访者认为行业竞争行为层出不穷，得 3.81 分；行业中技术发生变革的程度很大，得 3.54 分；产品和服务的需求每周都会变化，得 3.43 分，意味着受访者对该命题不太认同。“很难预测顾客偏好的变化”和“很难预测市场需求的变化”的得分均低于以上三项，分别为 3.02 分和 3.09 分，市场需求的变化和顾客偏好的变化方向并不那么确定，是因为随时都有可能会出现颠覆式的技术或者事件，以改变现有的市场需求与顾客需求格局。大家一致认同行业竞争层出不穷，创新显得尤为重要。

（三）对研发项目和员工的要求

研发机构内部管理方面，“对产品的质量和数量有明确要求”评分最高，为4.22分，反映美资企业重视研发工作的效率和结果。这与美国的文化相匹配，也值得本土企业学习。“对任何工作有明确的任务目标”也得到较多赞同。美资企业在华研发机构对员工的奖励、晋升依据客观指标，增加了公平性，员工更有积极性来完成自己的本职工作。

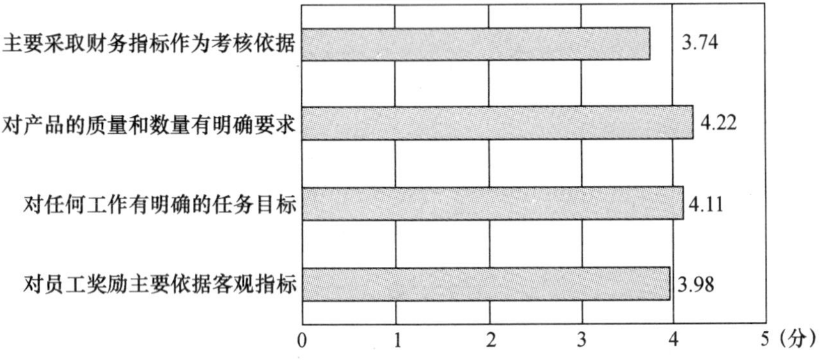

图3－15 在上海美资企业研发机构项目考核要求

（四）研发项目风险水平总体可控

被调查者普遍认为，客户需求具有高风险的特征，该选项得3.42分，即市场需求不太稳定，具有不可判断性。政策环境变化使内部流程有风险这一选项得3.37分。政策环境变动导致较高研发风险、研发技术容易受政策环境干扰这两项得分也偏低，分别为3.36分和3.33分，而研发技术不容易受政策环境干扰的原因可能是外资企业的管理水平普遍较高，适应政策环境变化的能力较强，研发计划被干扰也不会很严重。也可能是关于外商投资的政策长期以来保持了稳定，所以，受政策环境影响较小。

（五）企业青睐有风险的科技创新项目

外资企业通常把高新技术优势作为核心的竞争优势，更加重视通过内部研发活动和科技创新成为领先的企业“高管团队鼓励实施有风

险的新市场开发策略”，得 3. 96 分。但在项目选择方面得分略低，“更青睐高风险高回报的项目”得 3. 48 分，“经常对产品和服务做很大调整”得 3. 6 分。表示公司在项目决策时重视风险评估，不鼓励高风险的项目。对通过立项决策的项目，持续地坚持做下去，而不会轻易改变初衷。

（六）公司容忍研发项目失败

由此题的数据来看，“公司重视从失败项目中探索新机会”，该项得 4. 15 分。如新药研发项目的成功率非常低，在失败项目中善于探索新机会，才可能走出失败。较少公司在研发项目失败时会主动承担责任，一般将其归咎为技术障碍或市场因素等。

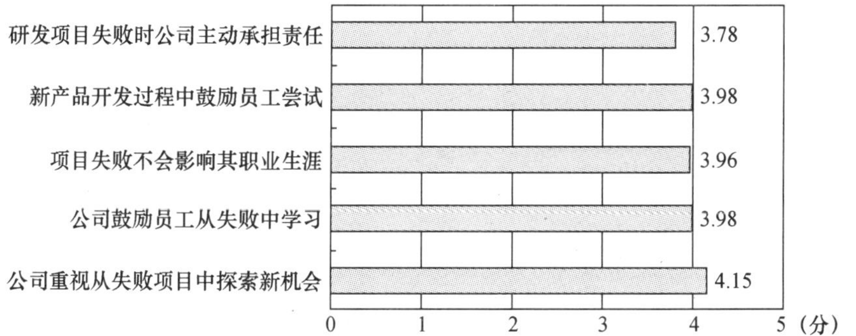

图 3－16　在上海美资企业对研发项目失败的态度

五　技术转移与扩散

（一）技术成果应用范围广泛

大部分技术成果是在母子公司范围内流通使用。技术成果仅供本公司使用的有 2 家，为中国区兄弟单位共享的有 12 家，为母公司及全球市场服务的有 34 家。这与研发机构的功能定位相吻合，大多数研发机构都是协助母公司开展技术研究，配合进行全球新产品同步开发，为亚太市场开发新产品等。技术成果的广泛应用，使在华研发机构的作用凸显。默沙东在中国研发的技术就应用到新加坡等东南亚分支机构。

（二）对外技术转让的主要途径

通过企业的市场部门实现对外转让的占28%，需求者主动与技术持有企业联系实现转让的占19%，通过技术中介组织实现转移的占23%，通过行业组织的占26%，通过其他途径的占4%。没有任何外资研发机构利用政府科技部门主办的技术市场，地方技术市场应大力拓展和发挥服务功能。柏林格殷格翰的专利全部自己使用，即使某些专利不能实现转化，公司也不会将其卖掉。默沙东则采取了向中国政府无偿转让乙肝疫苗、宫颈癌疫苗技术等做法。

（三）技术扩散的渠道

在技术扩散渠道的调查中，更多的被调查者认为竞争者对本公司产品的模仿是主要扩散渠道。与上下游厂商合作中技术流失不多。如默沙东会对合作生产厂家的员工进行培训，提高产品合格率，也加速了技术扩散。离职人员带走的技术知识有限，一名普通研发人员所掌握的技术知识是碎片化的，但是，掌握技术全貌的高级技术经理的离职，将会对企业造成巨大损失。

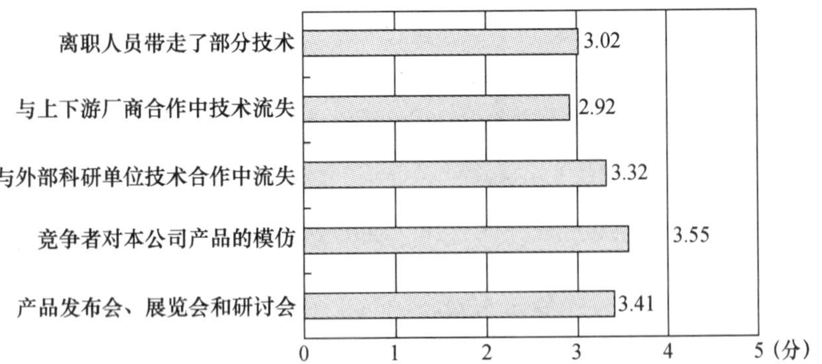

图3-17　在上海美资企业研发机构技术扩散渠道

（四）研发人员对外交流的主要方式和渠道

研发人员对外交流的主要途径是合作研发和学术研讨会，分别占43%和26%，通过委托研发对外交流的占15%，参加技术培训的占12%，通过非正式的人际关系实现对外交流的仅占4%。

（五）研发机构与大学合作深度不足

外资企业研发机构与大学有多种合作模式，28%是委托大学完成研发任务，15%是在大学设立实验室，30%是成立联合研发团队，23%是委托人才培养，购买大学的专利技术或合资成立一个企业分别占2%。有些外资企业与大学和本土企业开展合作创新项目，大学负责新技术开发，外资企业提供中式平台，本土企业负责规模化生产。由于大学开发的新技术需要借助企业平台来验证，因此，这种合作中外资企业不需向大学提供资助，大学也乐意参与合作。默沙东在某些大学设立了博士后流动站但资金提供量并不大。

（六）合作研发项目情况

在全部研发项目中，公司独立研发的项目占64.1%，与大学/科研院所/企业等外部机构联合完成的占35.9%，两个比例与全国均值接近。默沙东认为，与大学合作在申请专利时会存在很多问题，它们更多地与企业合作，默沙东提供资金，多数研发项目由外包公司完成，少量项目由默沙东研发部门承担。对技术参差不齐的合作伙伴，默沙东提供技术支持。

（七）对外合作的动机

大多数被调查者认为，企业对外合作的动机是开发新技术和新服务，这种合作符合开放式创新范式的要求，能够使不同企业的创新资源优势相结合，形成最大的创新产出。认为合作创建新企业的意见较少，即各个合作方认同要素资源的合作，而非在股权投资方面进行合作。

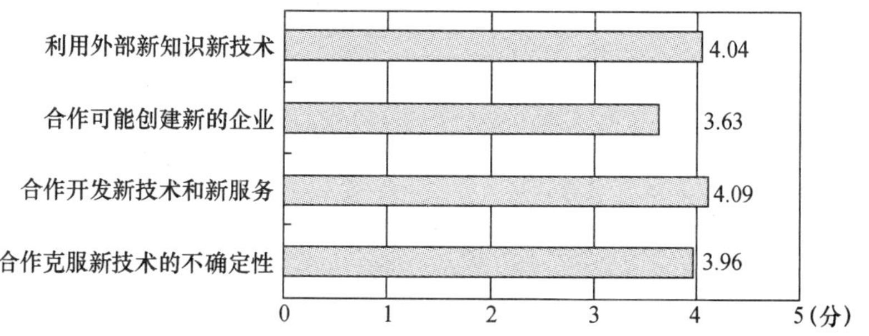

图3-18 在上海美资企业研发机构对外合作的动机

（八）合作研发的成效

大多数被调查者认为，企业与科研单位合作研发提高了自身研发绩效。“本土同行企业依赖我们而丧失技术优势”这一项得分较低，为3.3分（见图3－19）。有两种可能的解释：第一，外资企业很少与本土企业有合作；第二，外资企业即使与本土企业有合作，本土企业也不会对其造成威胁，因为合作的内容可能不涉及核心技术部分。

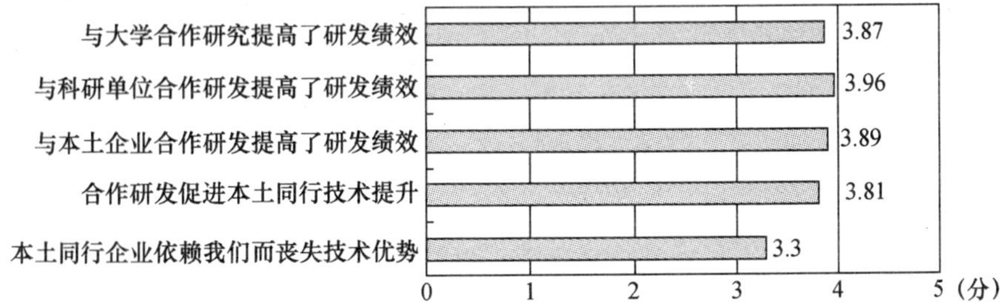

图3－19　在上海美资企业研发机构合作研发的绩效

（九）合作研发的制约因素

对于合作研发的制约因素，调查研究发现相对重要的因素为“双方研发管理制度差异”（见图3－20），中美企业在文化和管理水平方面的差异巨大，企业管理制度存在很多不同，对合作研发产生负面影响。其他三个因素的影响程度大体相当。

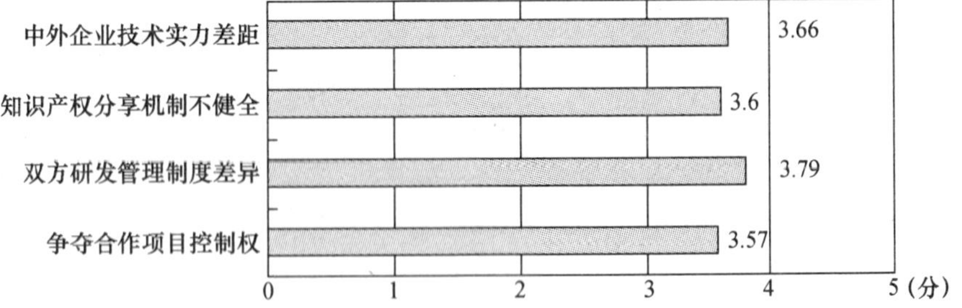

图3－20　合作研发的制约因素

（十）研发活动的开放性

在这项调查中发现，“创新依赖外部利益相关者的贡献”得分最

高，为4分（见图3－21），说明企业创新方式正在转变为开放式创新，企业必须重视市场反馈的信息，根据市场需求确定研发项目。

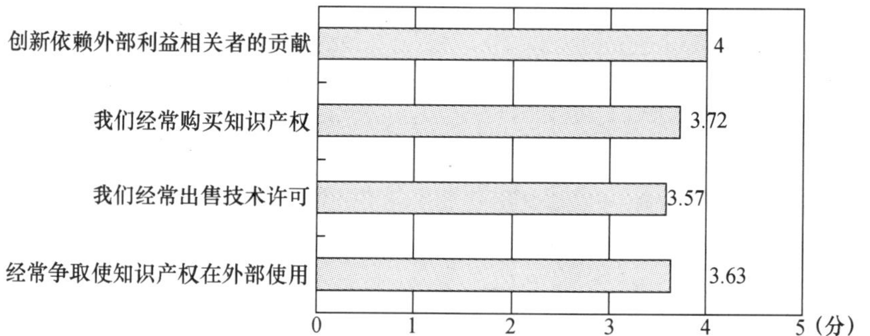

图3－21　在上海美资企业研发机构的开放性

六　政策环境

（一）上海吸引外资研发机构的优势

外资企业评价最高的是当地具有丰富的科技人才资源，便于招聘到合适的研发员工；上海地区经济发达，接近目标市场，便于服务客户，这两项的得分最高，均为4.21分（见图3－22）。接下来的优势为，“高层次外资研发机构聚集”“政府提供优良的配套环境”。总体来说，这五种因素作为外资企业入驻上海的吸引条件，重要程度差别不大。

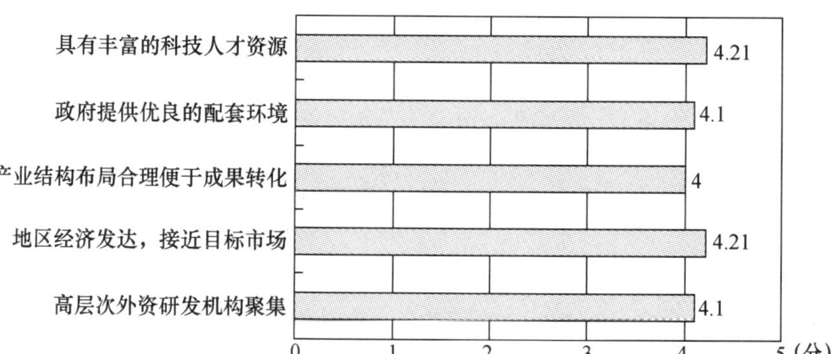

图3－22　上海市吸引外资研发机构的优势

（二）上海为研发机构提供的政策和便利

大多数被调查者认为，上海市在进出口方面为外资企业提供了政策支持和便利。只有2%的被调查者认为，上海市在土地或办公场所费用上为外资企业提供了便利和优惠条件（见图3－23）。

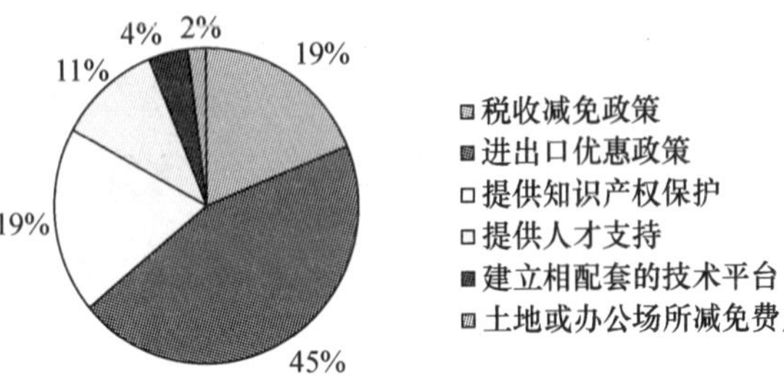

图3－23　上海市为研发机构提供的优惠政策

（三）需要改进的外部环境

当谈到上海市在外部环境方面有哪些需要改进时，有28%的被调查者认为“地区研发人员储备不足”。他们谈到，要找一个研发能力及外语水平同时很强的应聘者，是比较困难的。28%的被调查者认为“公共技术平台配套不足”。也有28%的被调查者认为是“知识产权保护不力”（见图3－24）。上海市并不是知识产权保护差的个例，而是整个中国的通病。少量被调查者认为，上海市与国外交流不便，没有被调查者认为上海市的生活环境差。

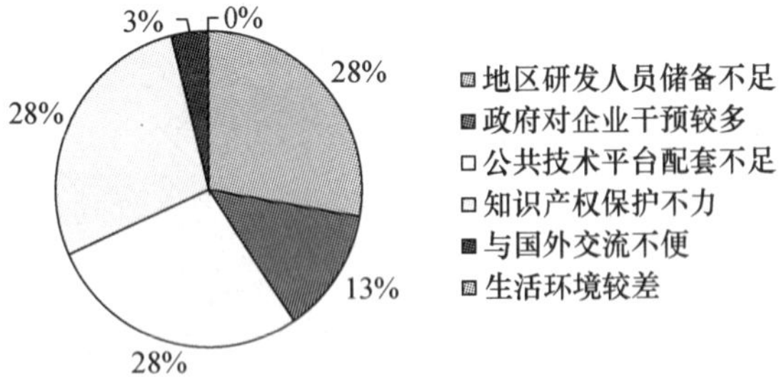

3%
0%
28%
28%
13%
28%
地区研发人员储备不足
政府对企业干预较多
公共技术平台配套不足
知识产权保护不力
与国外交流不便
生活环境较差

图3－24　上海市需要改进的外部环境

（四）应该出台哪些政策

62 家上海企业做了回答。其中，16 家企业建议实施税收优惠政策，办公场地租金减免。10 家企业提出完善知识产权保护措施，高度保护与尊重知识产权。9 家企业提出，制定高层次人才社会福利政策，对高新技术人才退税，推动国外培训与交流，给新技术和新产品研发团队以实质性的奖励。其余政策建议较为分散，包括进出口优惠政策、提供经费支持、减少政府对企业的行政干预、促进校企合作研发、技术成果转化扶持等。也有企业认为，政策已经差不多健全了，主要是执行力度不够，需要严格实施。

第三节　广东省

课题组共获得广东省外资企业研发机构的 56 份有效问卷，涉及 53 家外资企业。课题组还查阅了大量相关资料，并与部分企业管理人士进行了交流。从企业投资资金的来源国看，美资企业 24 家，欧资企业 15 家，日韩等亚资企业 14 家。另外，美资企业研发机构所在行业的分布为：机械工业 5 家，电子信息 5 家，金融业、服装服饰、商业零售业、房地产业各 2 家，轻工业、化妆品及洗涤用品、食品和农产品精加工、印刷与包装、仪器仪表各 1 家。

在广东省设立研发机构的美资企业规模通常比较大，超过半数企业是 600 人以上，74% 的研发机构是企业的内设部门。研发机构的功能定位表现为复合型，很少定位于直接从母公司移植技术。研发机构在新技术引进方面卓有成效，对外资经营成败起着举足轻重的作用。67% 的美资企业研发机构主要从事新产品新工艺的开发，研发项目呈现增加趋势。关于外资研发机构所需资源，获得较高认同的是技术许可、合作伙伴的创新、拥有的商业关系联盟和专利。研发经费的来源有母公司拨付和在华筹集两种方式，研发费用支出以应用性研究为主。新产品销售收入占企业销售总收入的比重差距比较悬殊。

受访者认为，行业竞争层出不穷，行业中技术发生变革的程度很

大。在研发机构内部管理方面，对产品的质量和数量有明确的要求，对员工奖励的依据并不主要是客观性指标。企业青睐有风险的科技创新项目，并且在很大程度上容忍研发项目的失败。

研发机构的技术成果应用范围广泛。关于技术扩散的渠道，大多数受访者认为，是竞争者对本公司产品的模仿。研发人员对外交流的主要方式是合作研发和学术研讨会，对外合作的动机主要是合作开发新技术及核心服务。广东省地区经济发达，接近目标市场，有充足的优秀科技人才，政府提供优良配套环境，产业布局合理等被认为是吸引外资研发机构的优势。广东省为研发机构提供的政策和便利主要有进出口优惠政策和知识产权保护较好。

一　企业基本情况

（一）美资企业规模

从外资研发机构所在企业的人员规模来看，600 人以上的企业占 15 家，401—600 人的企业占 8 家，有 200—400 人的企业占 3 家，而 200 人以下的企业仅有 1 家。这说明在广东省设立研发机构的美资企业规模通常比较大。

（二）研发机构的规模

研发人员是核心的创新资源，研发人员数量是企业创新能力的主要指标。从调查结果来看，研发人员 50 人以下的机构有 5 家，50—100 人的研发机构有 8 家，101—200 人的研发机构有 6 家，200 人以上的研发机构有 8 家。

（三）研发机构的组织定位

13% 的研发机构是母公司在华设立的独立研发机构，它们的任务是开展应用性研究、新产品和新工艺的开发，如创机电业、雅达电子有限公司、晨星资讯等公司。74% 的研发机构是生产经营性企业的内设部门之一，研发机构与职能部门、业务部门的地位同等重要，为生产发挥支持作用，如广东宝洁公司、德丰、汤姆逊电子、NIKE 等公司。

（四）研发机构的分支机构

部分广东省研发机构在内地设立了分支机构，有 6 家广东省外资

研发机构设立了1个分支机构，7家研发机构设立了2个分支机构，2家研发中心设立3个分支机构，1家研发机构设立了5个分支机构，1家研发机构设立了6个分支机构，1家研发中心设立了12家分支机构，8家研发机构未设立分支机构。从分支机构空间分布来看，上海市就有11家，广东省有9家，北京市有4家，成都有3家。这说明了上海市、广东省、北京市是外资企业研发中心的最佳或最理想目的地，在这几座城市，双方的创新合作更加密切，环境更加有利，条件更加便利。

（五）研发活动内容的重要性排序

调查发现，67%的美资企业研发机构主要从事新产品和新工艺的开发，26%定位于现有产品和工艺的改进，7%将基础研究放在首位，而几乎没有把从事技术咨询与服务放在首位的研发机构。新产品新工艺加上基础研究的企业占74%，说明美资企业研发机构正在发挥科技创新的重要作用。

（六）美资企业研发机构所需资源

26%的被调查者认为是获得技术许可，14.8%的被调查者认为是拥有商业关系联盟，18.5%的被调查者认为合作伙伴的创新能力是非常重要的所需资源，3.7%的被调查者认为是贷款与资本，7.4%的被调查者认为是与政府的关系，14.8%的被调查者认为是专利，11%的被调查者认为机器与设备最为重要，3.7%的被调查者认为是市场能力。几乎没有受访者认为管理能力是最为重要的资源。

二　研发投入与产出情况

（一）企业研发项目分布

从研发项目的类型来看，37.9%为探索性的基础性研究，62.1%为新产品新工艺的改进与开发。基础性研究比例低于上海市、北京市，可能广东省外资企业更侧重于开发满足当前市场需求的产品。

（二）研发投入占销售收入比例较高

研发投入占销售收入比例通常为10%—20%。从调研的一手数据来看，外资企业研发中心在广东省的研发投入占销售收入比例平均在39.4%左右，这一比例相对较高。据东莞乐迪卡游戏机制造厂有限公

司所填报，公司研发投入占销售收入比例为83%。当然，此数据的可靠性值得怀疑。与此同时，霍尼韦尔称其公司研发投入占销售收入比例仅为9%。总体来说，在软件和制药产业的研发投入占销售收入比例最高，制造业研发投入比例相对较低。

（三）研发经费支出以应用性研究为主

企业研发经费支出中，用于基础性研究的比例最高值为97%，最低值为5%，均值为43.2%；用于新产品新工艺的经费占比均值为56.8%。经费支出比例与项目大致相吻合。

（四）研发经费的来源多样化

研发机构所需的资金，并不存在经费来源完全由母公司拨款或完全由本地化解决，这与其他地区有所差异。在全部样本企业中，母公司拨款占研发支出的31.1%，企业在华筹集资金占研发支出的34.4%，外部机构委托项目研发而支付的资金占研发支出的14.8%，其他渠道来源占研发支出的14.5%。受访的大型跨国公司在华研发机构均没有银行信贷，金融环境对它们没有影响。

（五）新产品销售收入占销售收入比例差距悬殊

新产品销售收入占销售收入比例中，最低值是创机电业的10%，最高值达到80%，均值是45.3%。该比例反映了产品创新对企业发展的贡献程度，也说明科技创新对企业的重要性。

（六）研发项目数量日益增加

从近三年实施的项目数量来看，18.5%的企业每年实施1—5个项目，每年实施项目数量为6—10个的企业占33.3%，每年实施11—20个项目的企业占22.2%，每年实施21个以上项目的企业占25.9%。

三 研发机构进入广东省的动机

（一）美资企业研发投资的动机

88.9%的受调查者认为，广东自主研发能力迅速提升，具备某些技术优势，促使外资研发中心进入广东。88.9%的受调查者认为，中国具有大批高素质人才，在华设立研发机构可以充分利用国内高素质人员。92.6%的受调查者认为，中央及地方政府出台了一系列鼓励外

资研发的优惠政策，对于外资入驻本地区很有吸引力。92.6%的受调查者认为，研发机构入驻中国是母公司全球化战略的组成部分，74.1%的受调查者认为，在华设立研发机构降低了运作成本。88.9%的受调查者认为，在华设立研发机构是应对市场竞争的需要。92.6%的受调查者认为，动机是为了促进中国市场的销售。50%的受调查者认为，研发投资是响应当地政府的要求，认同此观点的人明显较少。

（二）研发机构的功能定位

关于在华研发机构功能定位，88.9%的被调查者认为，研发机构为亚太市场研发新产品；88.9%的被调查者认为，研发机构在开发适应中国市场的新产品；92.6%的被调查者认为，协助母公司开展全球技术研究；88.9%的被调查者认为，承担了母公司全球化产品研发的一部分；55.6%的被调查者认为，在华研发机构在独立开发或主持开发全球新产品；22.2%的被调查者认为是直接从母公司移植技术；不做实质性的研发，92.6%的被调查者认为是协助公司开展技术研究。这一情况与北京、上海等地区呈现出的情况相吻合。

（三）研发机构对美资企业经营成败举足轻重

“研发中心产品在公司中居主要地位”评价最高，得4.33分；“公司很多产品比研发中心的产品更重要”评价最低，得2.93分；“研发中心产品销售对公司成败起关键作用”得4.3分（见图3－25）。这反映了这些企业属于创新驱动型，研发部门发挥着无可替代的作用。

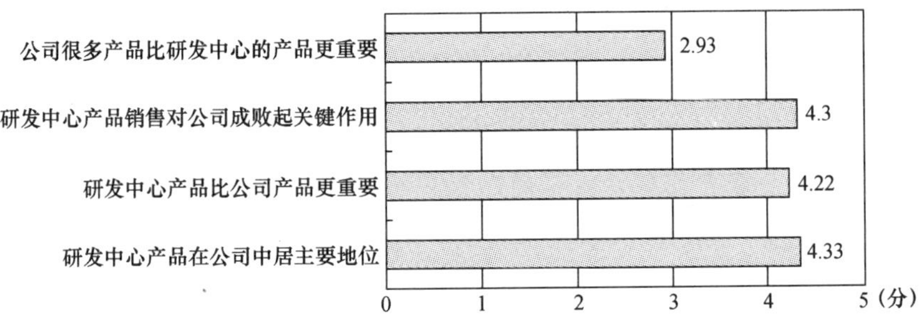

图3－25　研发机构新产品对企业经营的重要性

（四）研发机构的新技术引进

关于样本企业新技术应用程度，“对主产品或服务做重大创新”与“在产品研制方面引入全新的理念”这两项得分最高，得4.37分；而“公司是新工艺新技术的创造者”得分最低，得4.11分；另外，“在本行业中开发和引入全新技术”这一项的得分为4.2分。此结果与其他地区得出的结论相比较，说明在广东省的外资研发中心比较重视科技创新，真正开展了科技创新活动，而非照搬母公司现有的技术。

（五）母公司对研发机构的管控

33.3%的研发机构接受母公司集权化管理，母公司掌握研发项目立项、资金预算、干部任免、员工招录等全部决策权，研发机构仅负责执行。比较发现，德资企业对在华研发机构集权控制更普遍。37%采取了分权式管理，母公司向研发机构下达目标和战略，研发机构自主决定项目立项和实施。85.2%采取了混合式管理，母公司掌握研发战略及高层人事和投资方案等，研发机构在执行层面具有较高的自主性。

四　研发机构的经营环境

（一）研发机构需要的资源

26%的被调查者认为是获得技术许可，14.8%的被调查者认为是拥有商业关系联盟，18.5%的被调查者认为合作伙伴的创新能力是非常重要的所需资源，3.7%的被调查者认为是贷款与资本，7.4%的被调查者认为是与政府的关系，14.8%的被调查者认为是专利，11%的被调查者认为机器与设备最为重要，3.7%的被调查者认为是市场能力，而几乎没有研发机构管理人员认为管理能力是最为重要的资源。

（二）外部环境的判断

最多的受访者认为“行业竞争行为层出不穷”，得分为4.07；“行业中技术发生变革的程度很大”，得分为3.96；“产品和服务的需求每周都会变化”，得分为3.46；意味着受访者对该命题不太认同。“很难预测顾客偏好的变化”和“很难预测市场需求的变化”的得分均低于以上三项，分别是2.41分和2.67分，说明大家对市场需求的

把控能力不是很强，需求变化很剧烈。

（三）对研发项目和员工的要求

研发机构内部管理方面，“对产品的质量和数量有明确要求”评分最高，为4.59分，反映了美资企业重视研发工作的效率和结果。“对员工奖励主要依据客观指标”的得分最低，为3.85分（见图3-26）。

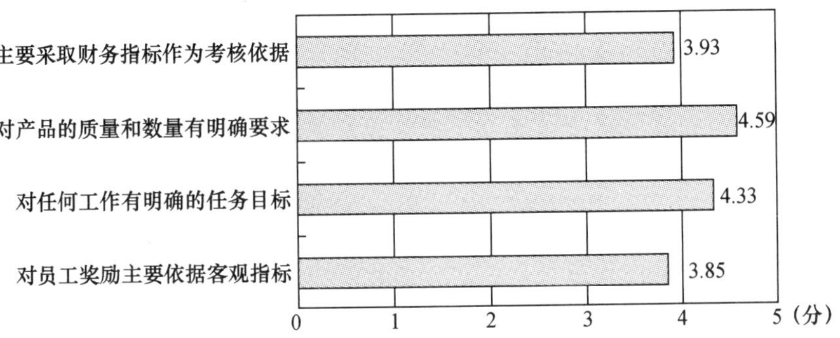

图3-26 企业对研发项目和员工的要求

（四）研发项目风险水平总体可控

“客户需求具有高风险的特征”，该选项得3.33分，即市场需求不太稳定，具有不可判断性。政策环境变化使内部流程有风险这一选项得3.44分。“政策环境变动导致较高研发风险”“研发技术容易受政策环境干扰”这两项得分也偏低，分别为3.48分和3.63分，研发技术不容易受政策环境干扰的原因可能是外资企业的管理水平普遍较高，适应政策环境变化的能力较强，研发计划被干扰也不会很严重。

（五）企业青睐有风险的科技创新项目

“外资企业普遍强调通过内部研发活动和科技创新成为领先的企业”，该选项得4.33分；“高管团队鼓励实施有风险的新市场开发策略”得3.85分；“更青睐高风险高回报的项目”得3.48分；“经常对产品和服务做很大的调整”得3.96分；表示公司不是很鼓励高风险的项目。访谈发现，越是规模大的外资企业，在科技创新方面越趋

于保守，大企业官僚机构臃肿、反应迟缓，为了避免风险对企业的负面影响，往往通过收购小型创新企业的方式来增加业务范围。

（六）公司容忍研发项目失败

由此题的数据来看，大多数公司更加注重从失败项目中探索新机会；相反，比较少的公司在研发项目失败时会主动承担责任（见图3－27）。

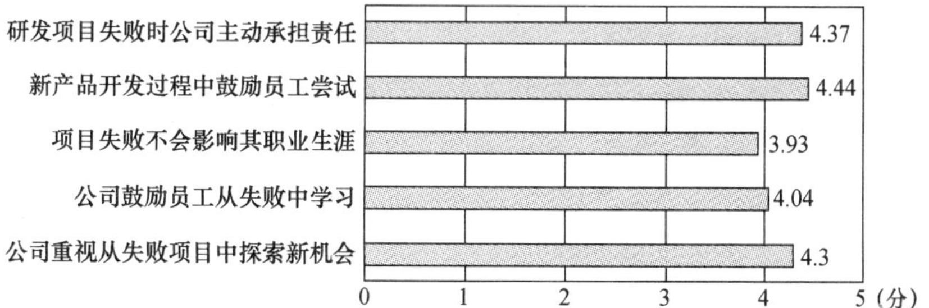

图3－27　公司对研发项目失败的态度

五　技术转移与扩散

（一）技术成果应用范围广泛

技术成果仅供本公司内部使用的有3家，为中国区兄弟单位共享的有2家，为母公司及全球市场服务的有21家，部分技术成果对外转让交易的有1家。在华研发机构的技术成果适用范围广泛，能够充分发挥技术成果的价值，也说明在华研发机构在母公司创新网络中扮演着重要角色。

（二）对外技术转让的主要途径

通过企业的市场部门实现对外转让的占4%，需求企业主动找上门来实现转让的占48%，通过当地技术市场实现转移的占11%，通过行业组织的占33%，而通过其他途径的占4%。值得注意的是，没有任何外资研发机构利用政府科技部门主办的技术市场，这需要地方技术市场拓展和发挥服务功能。

（三）技术扩散的渠道

在技术扩散渠道的调查中，更多的被调查者认为是“竞争者对本

公司产品的模仿”为主要的扩散渠道，得4.22分；而“与上下游厂商合作中技术流失”和“离职人员带走了部分技术”这两个途径得到较少的认可，分别为2.96分和2.93分（见图3－28）。这一结果与其他地区所得相吻合。

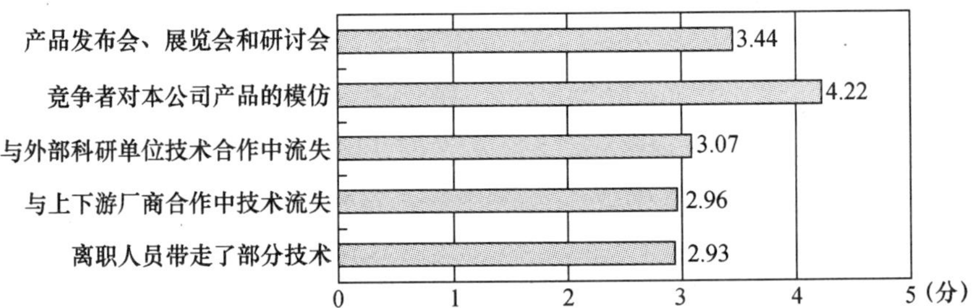

图3－28　美资企业技术扩散渠道

（四）研发人员对外交流的主要方式和渠道

对外开展技术交流是提升研发人员能力和技术扩散的重要途径，他们实现对外交流的主要途径中，参与合作研发的占41%，参加学术研讨会的占33%，参与委托研发的占8%，参加技术培训的占11%，7%的企业表示非正式人际关系也很重要。

（五）研发机构与大学合作深度不足

在华研发机构与大学有多种合作模式，30%是委托大学完成研发任务，8%是在大学设立实验室，33%是成立联合研发团队，15%是委托人才培养，购买大学的专利技术或合资成立一个企业均占7%。

（六）合作研发项目情况

在全部研发项目中，公司独立研发的项目占68.9%，与大学/科研院所/企业等外部机构联合完成的占31.1%。

（七）对外合作的动机

大多数被调查者认为，企业对外合作动机是“合作开发新技术和新服务”，得4.22分。认为“合作可能创建新企业”和“利用外部新知识新技术”者较少，得分分别为3.78分和3.74分（见图3－29）。

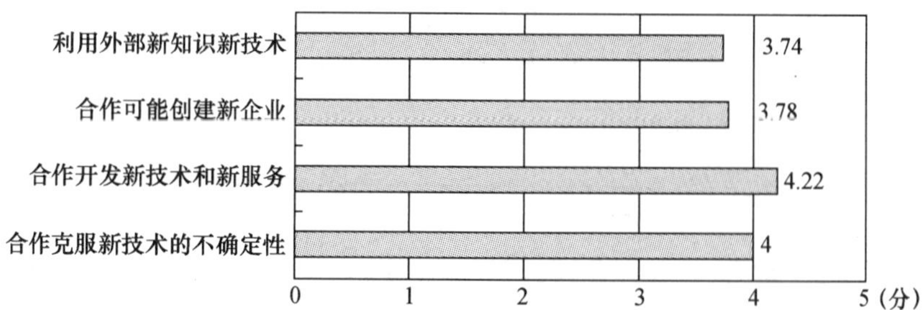

图 3－29　对外合作的动机

（八）合作研发的绩效

多数被调查者认为，合作研发行为促使企业研发绩效提高。本土同行企业没有因为合作而丧失技术优势，可能外资企业与本土企业合作范围有限，对本土企业多个领域的技术没有产生大的影响，本土企业并没有对外资技术产生依赖（见图 3－30）。

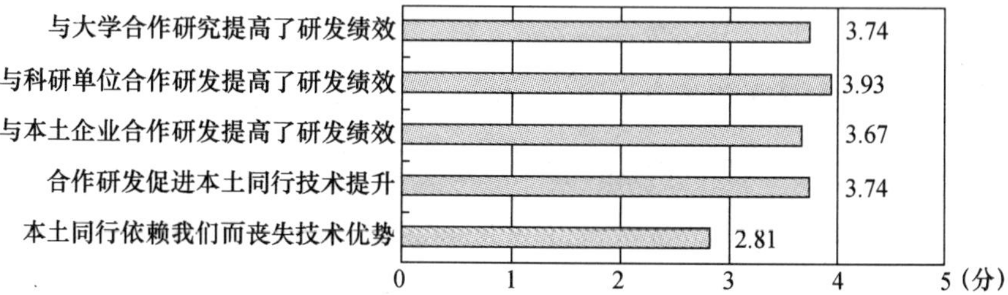

图 3－30　合作研发的绩效

（九）合作研发的制约因素

合作研发的制约因素中最重要的是“双方研发管理制度差异”，得 3.96 分。其他三个因素，如“中外资企业技术实力差距”“知识产权分享机制不健全”和“争夺合作项目控制权”，重要程度略低一些，得分分别为 3.89 分、3.63 分和 3.70 分（见图 3－31）。

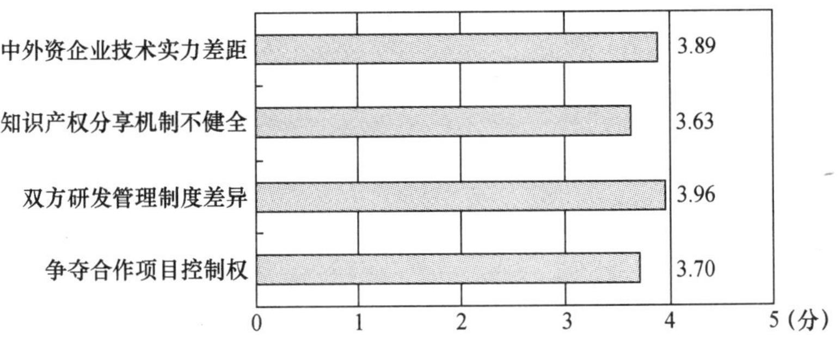

图 3－31　合作研发的制约因素

（十）研发活动的开放性

在这项调查中发现，“创新依赖外部利益相关者的贡献”的得分最高，为 4. 22 分。而“我们经常出售技术许可”这一项得分最低，为 3. 07 分（见图 3－12）。

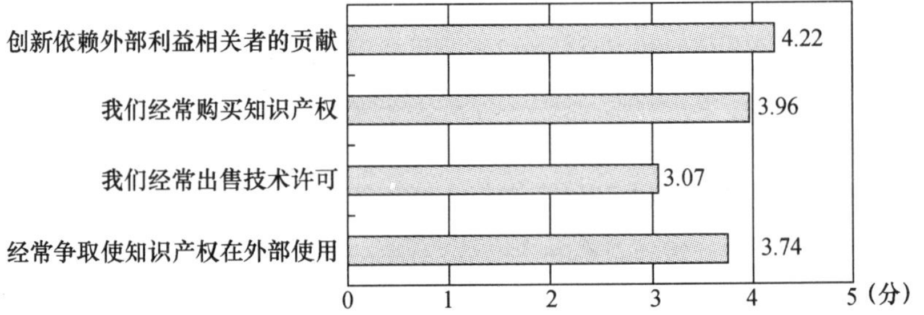

图 3－32　研发活动的开放性

六　政策环境

（一）广东省吸引外资研发机构的优势

评价最高的是“地区经济发达，接近目标市场”，得 4. 41 分；“当地具有雄厚的科技人才资源”“政府提供优良配套环境”和“产业结构布局合理便于成果转化”这三项得分均为 4. 19 分。评价相对较低的是“高层次外资研发机构聚集”（见图 3－33）。

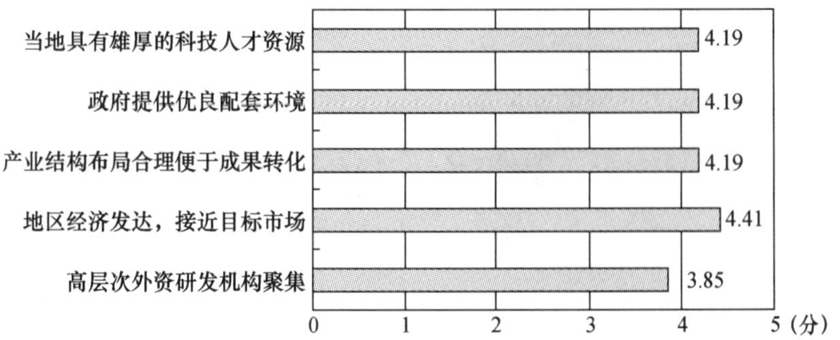

图3－33　广东省吸引外资研发机构的优势

（二）广东省为研发机构提供的政策和便利

大多数被调查者认为，广东省在“进出口优惠政策”和“提供知识产权保护”方面做得很满意。只有4%的被调查者认为，广东省在“土地或办公场所减免费用”上为外资企业提供了便利和优惠条件。4%的被调查者认为“建立相配套的技术平台”方面做得较好（见图3－34）。

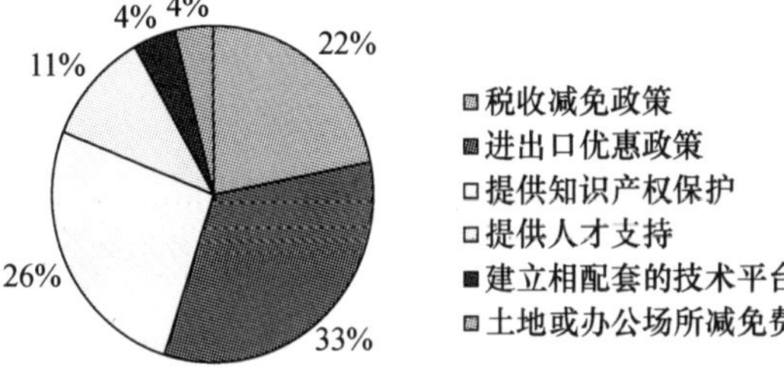

图3－34　广东省为研发机构提供的优惠政策

（三）需要改进的外部环境

27%认为“地区研发人才储备不足”，应改善人才吸引政策，增加优秀研发人员储备。15%认为“政府对企业干预较多”，应减少政府对微观经济生活的干预。27%认为“公共技术平台配套不足”，要增加公共技术平台建设投资。19%认为“知识产权保护力度不够”，应完善知识产权保护措施。12%认为“与国外交流不便”，提出增加国际交流机会，被调查者对广东环境比较满意，没有提出该方面的要求（见图3－35）。

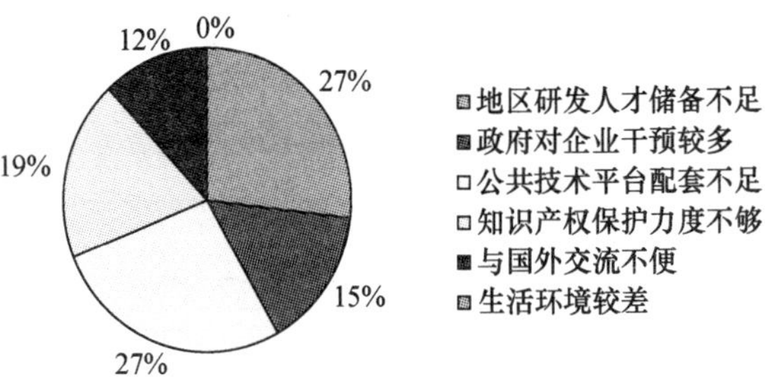

图 3－35 广东省需要改进的外部环境

（四）应该出台哪些政策

39 家广东省企业提出了政策建议。其中，10 家企业强调更严格地保护知识产权政策。9 家企业呼吁实施税收优惠政策，对在国内申请到专利并投入中国使用的外资企业，给予一定年限的税收减免激励。7 家企业提出加强高技术人才的培养，提高人才引进待遇，多储备研发人才。其他建议较为分散，如建设一流的技术平台、实行自贸区、开放市场、厂房租金减免、放宽对外资的限制、给予资金扶持等。也有 5 家企业明确表示不需要新政策。

第四节 江苏省

课题组得到了江苏省科技厅和苏州高新区科技局的大力支持，科技厅提供了备案的外资研发机构名单，苏州高新区科技局为课题组召开了 10 家外资企业代表参加的座谈会。课题组访谈了雅富顿化工（苏州）有限公司研发经理，参观了实验室，以验证和补充问卷反馈的信息。课题组共获得 31 份有效问卷。为弥补数据缺陷，课题组通过网上资料查找的方法，对所获得的问卷数据进行补充。

在苏外资研发机构里美资企业居多，其次是欧资企业，日韩等亚资企业较少。多数外资企业在苏规模中等，大型研发机构较少。多数外资研发机构为公司内设研发部门，从事新产品和新工艺的开发与改进，几乎没有企业定位于从事技术咨询。

研发投入与产出情况：研发投入占销售收入比例较高，基础研究项目支出占研发总支出比例较高，研发经费以在华自筹为主。关于研发机构进入江苏的动机，多数被调查者认为是为了扩大市场销售业绩及江苏自主研发能力迅速提升，江苏具备一定的技术优势，少数企业表示是在当地政府推动下设立的研发部门。

从研发机构的竞争环境来看，被访者认为变化速度很快，企业经营面临诸多挑战，研发风险较大。企业强调通过内部研发和创新成为领先的企业，即使有风险，高管团队也鼓励开发实施新市场战略，公司容忍研发项目失败，鼓励员工大胆尝试。

从技术转移与扩散方面来看，多数企业技术成果为母公司和全球市场共享。对外技术转让途径和技术扩散渠道多元化。研发机构与大学通过设立实验室、委托完成科研任务、委托人才培养、成立联合研发团队等方式开展合作，为获取新知识和新技术，被访者表示乐意与大学等科研机构合作。由于知识产权分享机制和管理制度等制约，研发合作的深度不足。

从政策环境方面来看，江苏省、地市层面均制定了吸引外资研发机构的政策，被调查者对当地的鼓励政策、产业结构、市场、人才资源等多个选项的评价很高。与其他省份相比，江苏省的政策覆盖面较大，江苏省投资环境优势明显。在需要改进的外部环境中，很多企业认为，江苏省的人才资源与北京、上海存在较大差距，难以招收到高质量的研发人才。

一　企业基本资料

（一）资金来源国以美国为主

从投资资金来源国来看，在江苏省设立研发机构的企业主要来源于美国、日本、韩国、欧洲国家等。从目前所掌握的31家外资研发机构的资料来看，投资方为美国的占52%，欧资企业占29%，亚资企业占19%。

（二）公司规模通常较大

从外资研发机构所在企业人员规模来看，200人以下的企业占13%；200—400人的企业占29%；401—600人的企业占29%；600

人以上的企业占29%。可以看出小型外资企业较少，多数在苏外资企业规模较大。

（三）研发机构规模以中小型为主

江苏省外资研发机构以中小型为主，大型研发机构较少。所调查的企业中，研发人员数量在200人以上的企业仅有1家，101—200人的企业占19%，51—100人的企业占49%，50人以下的企业占29%。

（四）研发机构多数为公司内设部门

在关于研发机构性质的调查中，82%的研发机构为在公司内设立的一级多数部门，各有9%的研发机构为独立法人或在公司业务部门内设立的下属部门。

（五）研发机构的分支机构

29%的企业表示仅在苏州设有研发机构，并未扩展到国内其他地区；42%的外资企业在中国还有一家分支机构，集中分布在北京、上海、重庆、西安等地；另有约13%的企业表示除苏州外，还设有2—5家研发分支机构。考虑到经济、科技、人才等各方面的因素，上海和北京是研发机构的首选目的地，由于发达城市经营成本逐步提高，越来越多的外资企业把目光瞄准了人才资源相对丰富的二线城市。

（六）从事的研发活动重要性排序

调查结果表明，有45%的在苏外资研发机构从事新产品和新工艺的开发；36%的研发机构从事应用性质的基础研究；有13%的研发机构从事现有产品和工艺的改进；6%的研发机构从事探索性质的基础研究，几乎没有企业从事技术咨询。

（七）外资研发机构所需资源

在外资研发机构所需资源的调查中，23%的研发机构认为合作伙伴的创新能力很关键；29%的研发机构将技术许可放在首位；有19%的研发机构认为专利十分重要；16%的研发机构认为商业关系网络最为重要；有7%的研发机构认为机器与设备是他们当下最需要的；各有3%的研发机构则认为与政府的关系和贷款与资本对它们来说十分重要。多数外资研发机构直接受母公司管辖，其资金多由母公司解决，故在中国很少存在融资方面的问题。

二　研发投入与产出情况

（一）新产品和新工艺改进项目占比

从研发项目类型来看，前瞻性研究项目占37.68%，新产品和新工艺改进项目占62.32%。

（二）研发投入占销售收入比例

调查结果显示，研发投入占销售收入比例平均值为25.41%，远高于我国企业当前平均水平。《国家高新企业认定办法》对企业研发投入占销售收入比例进行了适度调整：销售收入为5000万元以下的企业，比例为6%；销售收入为5000万—2亿元的企业，比例为4%；销售收入为2亿元以上的企业，比例为3%。

（三）研发经费的来源

在调查中，有13.3%的企业研发经费完全由母公司拨付；20%的企业完全依靠在华自筹。在全部样本企业中，母公司拨款占研发支出的39.6%，在华自筹占研发经费的41.2%，外部企业或机构委托研发而支付的研发资金占11.9%，另有7.3%的研发资金来源于其他渠道。

（四）研发经费支出结构

在研发经费支出调查中，基础研究占总研发经费平均值的32.7%，新产品新工艺研究占研发经费平均值的67.3%。

（五）新产品销售收入

新产品销售收入占销售收入比例反映企业的研发绩效和商业化能力，良好的研发绩效能够增强企业进行科技创新的积极性。在所调查的企业中，新产品销售收入占销售收入比例的最大值为80%，最小值为7%。可见，外资企业产品更新换代能力存在较大的差异。

（六）研发项目数量

在近三年实施的研发项目数量调查中，有36%的企业实施研发项目数量为11—20个；有32%的企业实施研发项目数量为6—10个；有18%的企业实施研发项目数量在21个以上；有14%的企业实施了1—5个研发项目。加上一些夭折的研发项目，外资企业在江苏的研发投资保持了较高的水平。

三 研发机构进入江苏省的动机

（一）美资企业在江苏研发投资的动机多元化

了解外资研发机构的进驻动机，可以分析所在区域的优势和劣势以及外资研发机构的需求，帮助当地相关部门为外资研发机构进驻提供更好的资源和服务。对江苏省美资企业的调查结果显示，政策优惠仍是外资研发机构进驻的重要动机。江苏省对于外资企业的扶持力度很大，实际利用外资规模连续 12 年位居全国第一，对外资的吸引力十分强大。

87% 的被调查者认为，当地自主研发能力迅速提升，具备一定的技术优势是在江苏设立研发机构的动机之一；70% 的受访者认为，吸引和利用当地高素质的研发人才是主要原因之一；63% 的受访者认为，政府所提供的优惠政策在一定程度上驱使其在苏设立研发机构；80% 的受访者表示，在江苏州设立研发机构是其全球化战略的重要组成部分；83% 的受访者认为降低研发成本是设立研发机构的动机之一；77% 的受访者表示，在江苏设立研发机构是为了获取更大的竞争优势；90% 的企业表示，扩大在中国市场上的销售是其在苏设立研发机构的动机之一；23% 的受访者认为有政府驱使的因素，企业是在当地政府的推动下设立的研发部门。

（二）研发机构的功能定位

江苏美资企业研发机构在母公司全球研发网络中肩负着重要使命。84% 认为其定位是协助母公司开展全球技术研究；77% 认为是配合进行全球新产品同步开发；有 55% 的研发机构独立开发或主持开发全球化新产品；74% 的研发机构承担母公司全球化产品研发的一部分；81% 的研发机构为亚太市场研发新产品；97% 的研发机构开发适应中国市场的新产品；仅有 16% 的研发机构直接从母公司移植技术，不做实质性的研发工作。

（三）研发机构新产品对企业经营贡献很大

“与公司其他产品相比，研发中心的产品重要性最高”得分最高，为 4.32 分；“研发中心的产品对公司起关键作用”得分次之，为 4.29 分；“在公司的产品目录中，研发中心的产品居主要地位”得

4.26 分；而“公司的很多其他产品都比研发中心的产品更重要”得 3.97 分。各项得分普遍较高，表明研发中心在整个企业运营中颇受重视。

（四）研发机构注重新技术引进

在新技术应用程度的调查中，各选项得分均在 3.5 分以上，其中，“主产品或服务做重大创新、研发全新性能的新产品”得 4.1 分；“在产品研制方面引入全新的理念”和“在本行业中开发和引入全新技术”得分均为 4.13 分；“公司是新工艺新技术的创造者”得 3.9 分。表明研发机构注重新技术引进，积极开展科技创新。

（五）母公司对研发机构的管控以集权式为主

调查显示，有 26% 的研发机构母公司对其管控模式为混合式，即母公司掌握战略及高层人事、研发和投资方案；52% 为分权式，即母公司仅负责研发机构战略，不干预经营自主权；另有 81% 为集权式，即母公司掌握全部决策权，研发机构仅负责执行。由此可见，母公司对在华研发机构的管控以集权式为主。

四　研发机构的经营环境

（一）外部环境判断

在对外环境的调查中，“行业中新的竞争行为层出不穷”得分最高，为 4.25 分；“行业中技术发生变革程度很大”得 3.81 分；“产品和服务的需求每周都会变化”得 3.22 分；“很难预测顾客偏好的变化”得 3.1 分；“很难预测市场需求的变化”得 2.87 分。表明虽然外部环境变化性很强，但美资企业一定程度上可以掌控研发方向，风险是可以控制的。

（二）对研发项目和员工的要求

在研发机构内部管理的调查中，“我们主要采用财务指标作为考核依据”得 3.81 分，“我们对新产品的质量和数量有明确要求”得 4.39 分，“我们对任何工作都有明确的指标任务”得 3.97 分，“对员工奖励主要依据客观指标的完成情况”得 3.68 分。说明研发机构内部管理制度明确，研发管理水平较高。

（三）研发项目风险总体可控

认识风险是风险管理的基础，在研发项目风险的调查中，得分集中分布在3.6分左右。“客户需求具有高风险特征”得3.64分，表明研发机构认为客户需求变动较大；“由于政策环境变动，我们面临较高研发风险”得3.64分，表明研发机构认为政策环境的变动对研发影响显著；“研发计划容易受到外界政策环境干扰”得3.55分；“由于政策环境变动，内部流程运转有风险”得3.74分。上述结果表明，江苏美资企业研发机构认为研发风险为中等水平。

（四）企业强调通过内部研发和创新成为领先的企业

“企业强调通过内部研发和创新成为领先的企业”得4.4分，表明企业重视内部创新；“即使有风险，高管团队也鼓励开发实施新市场战略”得3.77分；“经常对产品和服务做很大的调整”得3.53分；“更青睐高风险高回报的项目”得3.4分，表明企业并非盲目追求“高风险”，在项目选择方面较为谨慎。

（五）公司具有较高的容忍失败氛围

“公司重视从以往失败的项目中探索新的机会”得4.87分，表明研发机构善于从失败中吸取教训。调研中就有不少公司表示研发失败是一个试错的过程，并非没有价值。“只要项目经理努力，项目失败不会影响其职业生涯”得3.87分，表明公司管理人性化，不完全以成败论英雄，更加注重过程；“我们在新产品研发过程中鼓励员工大胆尝试”得4.27分；“当研发项目失败时，公司会主动承担责任”得4.17分；“公司鼓励员工从失败中学习”得4.27分。

五 技术转移与扩散

（一）企业技术成果很少对外转让

调查发现，52%的企业的技术成果为母公司和全球市场服务；26%的企业的技术为中国区兄弟单位共享；有22%的企业技术成果仅供公司内部使用；几乎没有企业对外转让技术，这一点在访谈中也得到了验证。

（二）对外技术转让途径

尽管很少有企业对外转让技术，但是，有需求就会有供给，企业

对外转让的多是一些非关键技术，往往通过多种渠道进行。在对外技术转让途径的调查中，通过需求方与本企业直接联系方式转让技术的企业最多，占总数的35%；通过当地技术市场转让技术的占总数的27%；通过企业的技术推广部门转让技术的有15%；通过行业组织，如协会、技术中介等转让技术的有23%。

（三）技术扩散的渠道

在技术扩散的渠道的调查中，“离职人员带走了部分技术”得3分；“与上下游厂商合作中技术流失”得3.1分；“与外部科研单位技术合作中技术流失”得3.19分；“产品发布会、展览会或研讨会”得4.39分；“竞争者对本公司产品的模仿”得3.87分。虽然企业有严格的技术保护措施，但由于专利保护执法不力，仍存在技术外泄或恶意扩散，很多企业表示对这些困扰“防不胜防”。

（四）研发人员对外交流的主要方式和渠道

研发人员对外交流的主要形式是合作研发，占39%；参加学术研讨会，占23%；参与委托研发活动占19%；参加技术培训占16%；3%的研发人员是通过非正式的人际关系进行技术交流的。

（五）研发机构与大学合作

调查结果显示，“在大学设立实验室，提供部分经费支持”占22%；“委托大学/科研院所完成研发任务”占26%；“双方成立联合研发团队，共同完成研发项目”占41%；“委托人才培养”占7%；“购买大学/科研院所的专利技术”占4%。在访谈中，不少企业向我们表示，产学研相结合极为重要且具有发展潜力，对于高校、企业都有重要意义，但是，实施起来较为困难，与大学进行深层次合作存在很大障碍。大学的基础研究成果很难转化成实际产品，教师对研发工期重视不够，所以合作多停留在基础层面。购买大学的专利比较少，是因为大学侧重于基础研究，可供商业转化的应用性技术成果很少。

（六）合作研发项目情况

合作研发是开放式创新环境下的企业开展科技创新的重要途径，成功的研发合作对于双方来说都能取得“1+1>2”的效果。调查结果显示，外资研发机构与大学、科研院所或本土企业等，合作完成的

研发项目所占比例为35.12%，该比例与全国均值相吻合。

（七）对外合作的动机

在对外合作动机的调查中，赞成程度最高的是“通过合作开发新技术和新服务”，得4.18分；“利用外部的新知识新技术”得4分；“通过合作克服高新技术的不确定性”得3.82分；“我们的合作可能创建新的企业”选项得分最低，为3.64分。表明对新知识和新技术的追求是研发机构与外部机构合作的主要动机。

（八）合作研发的成效

在合作研发的成效调查中，赞成程度最高的是“本土同行企业依赖我们而丧失技术优势”，得4.33分，表明外资企业普遍认为自身对本土同行企业的研发起到带动作用；“与大学合作研究提高了我们研发绩效”得分次之，为3.97分，表明大学在一定程度上为企业提供了技术支持；“合作研发促进了本土同行企业技术提升”得3.93分；“与科研单位合作研发提高了我们研发绩效”得3.78分；“与本土企业合作研发提高了我们研发绩效”得3.85分。总体来看，得分普遍较高，外资企业与外部机构合作能够提高企业的研发绩效。

（九）合作研发的制约因素

在合作研发制约因素的调查中，赞同程度最高的是“中外资企业业技术实力差距影响研发活动开展”，得3.96分；“知识产权分享机制不健全影响合作积极性”得3.62分；“双方研发管理制度差异影响组织运作”得3.58分；“争夺合作项目控制权，影响项目决策”得3.77分。总体而言，合作研发仍然存在较大障碍。

由此可见，技术实力、知识产权分享机制、管理制度等方面的差异都是合作研发的障碍。调研中有企业表示，虽然与本土企业的技术差距不断缩小，但外资机构并不能从本土同行中学到什么，双方进行合作的可能性微乎其微。

（十）研发活动的开放性

在研发活动的开放性调查中，“经常争取使知识产权在外部使用”得分最高，为4.03分；“创新活动依赖外部利益相关者的贡献”得3.04分；“我们经常购买知识产权，如专利、版权、商标等”得2.89

分；“我们经常出售技术许可”得 2. 96 分。研发机构虽然肯定外部利益相关者如顾客、研究机构等的积极性，但是研发活动对外开放程度仍然很低，研发成果并不开放，既不会在外购买专利，也不会出售专利技术。访谈中有部分企业表示，在产品研发的过程中会有部分顾客参与其中，但也仅仅是少数关键顾客，更多时候市场部门就代表了顾客的声音。

六　政策环境

（一）江苏吸引外资研发机构的优势

采用量表的形式对江苏省吸引外资研发机构的优势进行了调查，用“1—5”对各选项赋值。结果如下：“具有雄厚的人才资源，强大的市场辐射力”得 4. 06 分；“政府有鼓励研发的政策，提供优良的配套环境”得 4. 32 分；“本地的产业结构布局合理，便于成果转化”得 4. 13 分；“地区经济发达，接近目标市场”得 3. 87 分；“高层次的外资研发机构较为聚集”得 4. 29 分。整体来看，各项得分普遍较高，表明江苏省投资优势较为明显。

（二）江苏为研发机构提供的政策和便利

关于所在地政府为研发机构提供的政策便利的调查中，有 76. 7% 的企业表示享受到了政府的税收减免政策；46. 7% 的企业表示享受到了土地或办公场所减免费用；进出口优惠政策覆盖的比例为 50%；提供知识产权保护的比例为 46. 7%；提供人才支持的比例为 30%；建立相配套的技术平台的比例为 50%。与其他省份相比，江苏省政策的覆盖面较大。

（三）江苏省需要改进的外部环境

在需要改进的外部环境调查中，“政府对企业干预较多”占 63. 3%；“知识产权保护不力”占 56. 7%；“与国外交流不便”占 70. 0%；“生活环境较差”占 53. 3%；有 80. 0% 的受访者认为江苏省研发人才储备不足，在访谈过程中，我们对这一问题进行了深入研究，企业方表示，江苏省的人才资源与北京、上海、广东等地仍有较大差距。

第五节　陕西省

在陕西设立研发机构的企业主要来源于美国、日本、韩国、欧洲国家等。从行业分布方面来看，陕西外资企业从事机械机电和信息产业的较多，陕西外资企业规模偏中小型，大型外资企业较少。

陕西的外资企业较集中分布于西安高新技术产业开发区，课题组得到了管委会的大力支持，提供了自建区以来的外资企业登记注册资料，课题组对全部名单做了梳理与排查。锁定了开展研发活动的企业名单，并对公司官网信息进行了查询。为深入掌握外资企业研发机构的定位、研发投入与产出、进陕动机、技术转移与扩散、政策环境等方面的情况，课题组对西门子信号有限公司、康龙化成（西安）新药技术有限公司、新蛋信息技术（西安）有限公司、西安 ABB 电力电容器有限公司、艾默生科技资源公司、西部云谷等外资企业进行了访谈，参观了他们的实验室。

从研发投入与产出来看，新产品和新工艺改进项目所占比例较高，研发经费的来源以母公司拨付为主；研发投入占销售收入比例平均值高于一般水平；在研发经费支出调查中，前沿性基础研究经费支出低于新产品新工艺研发经费。外资企业在陕西研发投资的动机多元化，新产品研发对外资企业发展的作用巨大。他们认为，研发机构善于从失败中吸取教训，研发是一个试错的过程，失败的项目也具有一定的价值。

多数在陕西外资企业的技术成果为母公司和全球市场共享，几乎没有企业对外转让技术，这一点在访谈中也得到了验证。不少企业表示，新产品很容易被竞争对手复制，稍加改动后推向市场，当地在知识产权保护方面做得远远不够。

陕西并未颁布鼓励外资研发机构的专门文件，相关政策分散在鼓励外商投资及区域发展文件中。陕西吸引外资研发机构的优势在于具有雄厚的人才资源，政府提供了优良的配套环境。与沿海地区相比，陕西经济欠发达、产业结构不合理、成果转化困难、缺乏高层次的外资研发机

构聚集等。要想进一步获得沿海地区外资研发业务转移，陕西仍需做出巨大的努力。

一　企业基本资料

（一）资金来源国

最早进入陕西的外资企业是一家日资企业，从事通信设备及光纤行业。根据目前所掌握的46家外资研发机构的资料来看，投资方为美国的最多，占总体的58%，欧资企业占32%，日韩等亚资企业占10%。

（二）行业分布

从行业分布方面来看，在陕西外资企业从事机械机电和信息产业的较多。被调查的45家外资研发机构中，14家为机械机电行业，12家从事信息产业领域，在航空航天、生物科技、冶金矿产等领域各有3家，在建筑建材、医药卫生、石油化工、电子电工等领域各有2家，另有两家企业分布于网络能源行业和办公文教行业。

（三）公司规模

从外资研发机构所在企业人员规模来看，所调查的19家企业中，200人以下的企业有2家，占11%；201—400人的企业有8家，占42%；401—600人的企业有5家，占26%；600人以上的企业有4家，占21%。可以看出，陕西的外资企业规模偏中小型，大型外资企业较少。

（四）研发机构规模

课题组所调查的19家企业中，研发人员数量200人以上的企业有9家企业，101—200人的企业有2家，50—100人的企业有2家，50人以下的企业有6家。总体来看，陕西的外资研发机构人员规模远远小于北京和上海地区。

（五）研发机构的性质

在关于研发机构性质的调查中，68%的研发机构为在公司内设立的一级研发部门，32%的研发机构为独立法人。

（六）研发机构的分支机构

76.5%的外资企业在陕西之外设立了两个以上分支机构，分布在北京、上海、广州、武汉等地。在调研中了解到，各分支机构之间有良好

的沟通机制和互动关系，可以实现技术共享与人才流动，有利于企业整体的技术创新事业发展。

（七）从事的研发活动重要性排序

35%的研发机构从事现有产品和工艺的改进，35%的研发机构从事新产品和新工艺的开发，24%的研发机构从事应用性研究，6%的研发机构从事探索性质的基础研究，很少有企业从事技术咨询。

（八）外资研发机构所需资源

35%的被调查者强调合作伙伴的创新能力，29%的将“技术许可”放在首位，各有12%的人认为“交易合同”和“商业关系网络”十分重要，也有6%的被调查者认为“专利”和“管理能力”不可或缺。ABB研发总监在访谈时强调，设备制造企业的研发部门最需要两方面资源：内部人才要有专业背景支撑；外部要有大学、研究院等机构的协助。

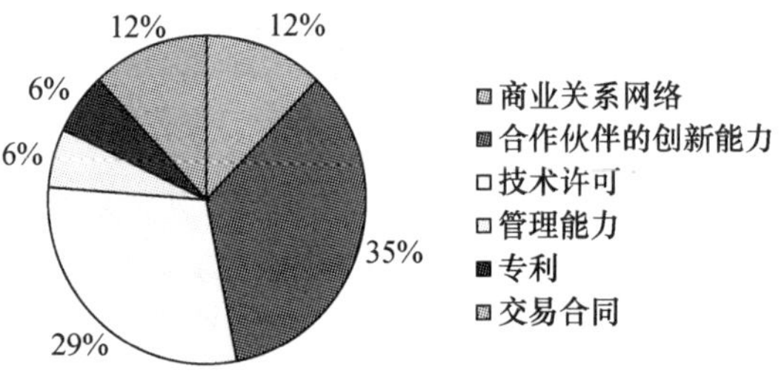

图3-36　外资研发机构所需资源首位选择

二　研发投入与产出情况

（一）研发项目类型

从研发项目类型来看，前瞻性基础研究项目占30.57%，新产品新工艺改进项目占69.43%。

（二）研发投入占销售收入比例

调查结果显示，研发投入占销售收入比例平均值为43.92%，远高于一般水平。由于研发管理人员通常不掌握公司财务数据，问卷中获得的此数据可能存在较大误差。《国家高新企业认定办法》对企业研发费用占销售收入的比例进行了适度调整，将销售收入为5000万元以下的

企业，比例定为6%；销售收入为5000万—2亿元的企业，比例定为4%；销售收入为2亿元以上的企业，比例定为3%。

（三）研发经费的来源

研发经费的来源以母公司拨付为主，呈现多样化趋势。16.7%的企业研发经费完全由各分支机构提交申请，母公司统一批准拨付，各有8.3%的企业完全依靠在华自筹或客户委托获得经费。在全部样本企业中，母公司拨款占研发支出的36.88%，自筹研发经费占31.8%，客户委托研发支付的研发资金占25.4%，另有5.92%的研发资金来源于其他渠道。

（四）研发经费支出结构

基础研究支出占研发经费总额的46.75%，用于新产品新工艺开发的经费占53.25%。

（五）新产品销售收入占销售收入比例

新产品销售收入占销售收入比例超过全国平均值。在所调查的企业中，新产品销售收入占销售收入比例的平均值为31%，最大值为60%，最小值为25%。

（六）研发项目数量

在近三年实施的研发项目数量调查中，37.5%的企业实施的研发项目数量在21个以上，12.5%的企业实施了1—5个研发项目，各有25%的企业实施的研发项目数量为6—10个和11—20个。

三　研发机构进入陕西的动机

（一）美资企业在陕西研发投资的动机

93.8%的被调查者认为，当地自主研发能力迅速提升，具备一定的技术优势。陕西是教育大省，高校众多，随着近些年的发展科技实力迅速增强。68.8%的受访者认为，吸引和利用当地高素质的研发人才是主要原因之一。陕西每年的毕业生基本满足企业基础研究的需要，且薪资相对较低，在陕西设立研发机构可以充分利用本地的人才。本土人才了解本地顾客需求，在为外资企业实现原有产品及技术本地化方面更具优势。在调查中发现绝大多数企业聘用本土研发人才，有企业表示，在中国聘用2—3位工作能力强的研发人才的成本，在外资企业母公司所在

地只能雇用一位普通职员，成本优势十分明显。81.2%的企业认为，政府所提供的优惠政策在一定程度上驱使其在陕西设立研发机构。政府已经认识到吸引外资在陕西投资的重要性，为获得外资先进技术，进一步提高科技创新能力，政府出台了相关政策支持其发展。相较于普通的制造或销售类企业，对于研发性企业的政策奖励更多一些，如出口退税、人才引进政策、房租减免等。调查显示，大多外资研发机构都享受了各式各样的政策优惠，也有不少企业设立研发部门的最大动机就是获取更多政策优惠。87.5%的企业表示，在陕西设立研发机构是其全球化战略的重要组成部分。研发机构的设立主要是考虑到与生产和销售相配套，以满足中国市场的需求。以西安西门子有限公司为例，该公司于1996年1月成立，刚开始时仅有生产、技术和销售三大核心部门，外方不希望将研发性质的机构设在中国，但是，这样的组织设置效率差、难以响应市场需求，在中国设立研发机构是必然选择。与生产和销售相配套，现在本地化已经成为西门子的全球化战略之一，87.5%的企业表示降低研发成本是在陕西设立研发机构的动机之一。相对于北京、上海、广东等发达地区，陕西的各项花费较低，发达地区的人工成本约为陕西的1.5倍。62.5%的企业表示在陕西设立研发机构是为了获取更大的竞争优势。近年来，陕西的经济、科技实力不断增强，市场潜力与本地企业实力不容小觑，外资企业在陕西设立研发机构，可以更加贴近目标市场，也能较容易获得竞争对手的动向。87.5%的企业表示扩大在陕市场的销售是设立研发机构的动机之一。25%的企业认为有政府驱使的因素。

（二）研发机构的功能定位

在研发机构的功能定位调查中，64.7%的研发机构认为是协助母公司开展全球技术研究；76.5%的研发机构认为是配合进行全球新产品同步开发；有52.9%的研发机构独立开发或主持开发全球化新产品；88.2%的研发机构承担母公司全球化产品研发的一部分；64.7%的研发机构为亚太市场研发新产品；70.6%的研发机构开发适应中国市场的新产品；仅有17.7%的研发机构直接从母公司移植技术，并不做实质性的研发工作。

（三）研发机构新产品对企业的贡献

“在公司的产品目录中，研发中心产品居主要地位”得分最高，为4.20分；“与公司其他产品相比，研发中心产品重要性最高”得分次之，为4.07分；“公司的很多其他产品都比研发中心的产品更重要”得3.33分。表明研发中心在整个企业运营中颇受重视，研发机构的新产品对经营绩效贡献很大。

（四）研发机构注重技术创新

陕西的外资企业研发中心在从事实质意义上的新技术与新产品开发。“在产品研制方面引入全新的理念”得4.13分；“在本行业中开发和引入全新技术”得4.3分；“公司是新工艺新技术的创造者”得4.2分。

（五）母公司对在华研发机构的管控以混合式为主

76.47%的母公司对研发机构采取分权式管理，23.53%的母公司采取集权式管理。对艾默生科技资源公司调查发现，该公司创新项目由美国总部进行全球规划，交给各个国家的分支机构实施，中国公司的项目大多由美方决策。

四　研发机构的经营环境

（一）外部环境判断

被调查者普遍认为，陕西区域市场的竞争不大，可能是它们具有独特的技术优势，本地企业还不构成威胁。“行业中新的竞争行为层出不穷”得3.1分；“行业中技术发生变革程度很大”得2.4分；“产品和服务的需求每周都会变化”得2.375分；“很难预测顾客偏好的变化”得2.8分；“很难预测市场需求的变化”得3分。

（二）对研发项目和员工的要求

在研发机构内部管理的调查中，“我们主要采用财务指标作为考核依据”得4分；“我们对新产品的质量和数量有明确要求”得4.33分；“我们对任何工作都有明确的指标任务”得分最高，为4.6分；“对员工奖励主要依据客观指标的完成情况”得分最低，为3.27分。说明研发机构内部考核管理制度明确、具体，追求创新工作的效率。

（三）研发项目风险总体可控

在研发项目风险的调查中，“客户需求具有高风险特征”得分最低，为2.93分，表明研发机构认为客户需求变动不大；“由于政策环境变动我们面临较高研发风险”得分最高，为3.60分，表明政策环境的变动对研发影响显著；“研发计划容易受到外界政策环境干扰”得3.33分；“由于政策环境变动，内部流程的运转有风险”得3.07分。

（四）企业强调通过内部研发和创新成为领先的企业

“企业强调通过内部研发和创新成为领先的企业”得分最高，为4.13分，表明企业有较强的研发积极性；然后是“即使有风险，高管团队也鼓励开发实施新市场战略”和“经常对产品和服务做很大的调整”得分均为3.13分；“更青睐高风险高回报的项目”得分最低，为3分，表明企业并非盲目追求“高风险”，在项目选择方面较为谨慎。

（五）公司容忍研发项目失败，鼓励员工大胆尝试

在公司对失败的容忍程度调查中，5个指标得分均高于4.0分，表明总体来说，公司对失败的容忍程度较高。其中“公司重视从以往失败中探索新机会”得分最高，为4.67分，表明研发机构善于从失败中吸取教训，调研中就有不少公司表示研发失败是一个试错的过程，并非没有价值；“只要项目经理努力，项目失败不会影响其职业生涯”得4.33分，表明公司管理人性化，不完全“以成败论英雄”，更加注重过程；“我们在新产品研发过程中鼓励员工大胆尝试”得4.13分；“当研发项目失败时，公司会主动承担责任”得4.07分；“公司鼓励员工从失败中学习”得4分。

五　技术转移与扩散

（一）多数企业的技术成果为母公司和全球市场共享

在技术成果应用范围调查中，70%的技术成果为母公司和全球市场服务；18%的技术成果为中国区兄弟单位共享；有12%的技术成果仅供公司内部使用；几乎没有企业对外转让技术，这一点在访谈中也得到了验证。

（二）对外技术转让途径多元化

在对外技术转让途径的调查中，通过需求方与本企业直接联系方式

转让技术的最多，占31%；通过当地技术市场和企业的技术推广部门转让技术的均为19%；通过行业组织，如协会、技术中介等转让技术的占19%；另有12%的通过其他方式转让技术。在对西安市科技大市场的调查中发现，该市场实现的技术交易额逐年快速上升，但是，几乎看不到外资企业借助该平台进行交易。

（三）技术扩散的渠道多元化

在技术扩散渠道的调查中，“离职人员带走了部分技术”得2.81分；“与上下游厂商合作中技术流失”得2.56分；“与外部科研单位技术合作中流失”得2.69分；“产品发布会、展览会或研讨会”得3.13分；“竞争者对本公司产品的模仿”得分最高，为3.31分。不少企业表示，新研发的产品很容易被竞争对手复制，然后稍加改动推向市场，某些跳槽人员带走新技术，并恶意模仿生产，对知识产权拥有者造成很大损失。

（四）研发人员对外交流的主要方式和渠道

研发人员对外交流的主要渠道是合作研发，占39%；其次是学术研讨会，占28%；委托研发占22%；技术培训占11%；几乎没有研发人员通过非正式的人际关系进行技术交流。

（五）研发机构与大学合作深度不足

调查结果显示，研发机构与大学合作多通过在大学设立实验室、委托大学完成科研任务、委托人才培养、成立联合研发团队等方式。在访谈中，很多企业向我们表示，与大学进行深层次合作仍存在很大障碍，大学的研发成果很难转化成实际产品，且对工期概念比较模糊，所以合

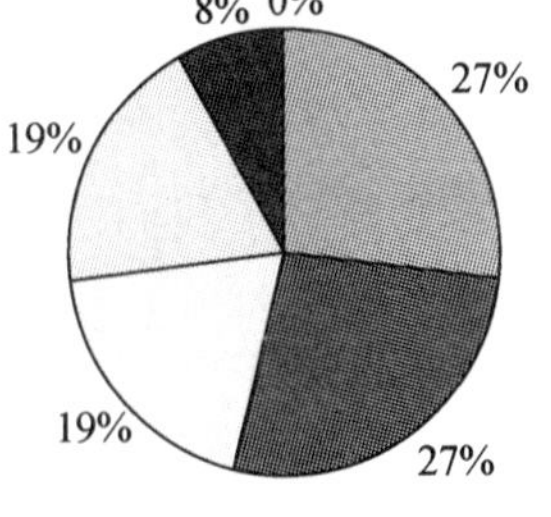

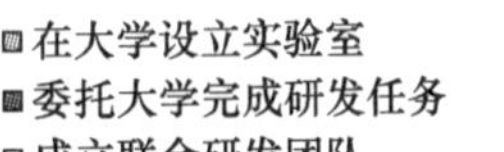

图3-37 研发机构与大学合作的方式

作多停留在基础研究层面。在谈到公司与高校或其他研发机构的合作项目时，艾默生科技资源公司与西安某大学开展了卓越工程师项目；ABB表示仅有的几次合作也是偶然性的，并非持续性的合作，以设立联合实验室的形式进行。与高校的合作领域多为探索性技术研究项目（偏向基础研究，为企业做长期的技术积累，满足未来需求），如与西安交通大学进行的无线网络项目合作。

（六）合作研发项目情况

在陕西的外资研发机构与大学、科研院所或其他企业等外部机构合作完成研发项目的比例为28.33%。尽管西安高校云集，但将合作潜力转化为合作研发行动，尚需很大的努力。ABB曾与某大学设立联合实验室进行产品研发，因涉及专利归属及技术保密问题及专利分享机制不完善，没有取得预期的合作成效。也有企业认为学校偏重理论研究，对企业的需求不清楚，预研项目可以委托大学，但新产品研发项目不可以合作。

（七）对外合作的动机

赞成程度最高的是“通过合作克服高新技术的不确定性”和“通过合作开发新技术和新服务”，得分都为3.81分；“利用外部的新知识新技术”，得3.63分。其中，“我们的合作可能创建新的企业”选项得分最低，仅为3.19分，表明对外合作动机主要是对新知识和新技术的诉求。多数受访企业认为，它们不会与同行企业开展合作研发。

（八）合作研发的成效

赞成程度最高的是“合作研发促进了本土同行企业技术提升”和“本土同行企业依赖我们而丧失技术优势”，得3.63分，表明外资企业普遍认为自身对本土同行企业的研发起到带动作用；“与大学合作研究提高了我们研发绩效”得分次之，为3.50分，表示大学在一定程度上为企业提供技术支持；“与科研单位合作研发提高了我们研发绩效”和“与本土企业合作研发提高了我们研发绩效”得分均为3.13分。总体来说，外资企业与外部机构合作利大于弊。

（九）合作研发的制约因素

在合作研发的制约因素的调查中，赞同比例最高的是“知识产权分

享机制不健全影响合作积极性”，得3.93分；“双方研发管理制度差异影响组织运作”得3.64分；“中外资企业业技术实力差距影响研发活动开展”得3.29分；“争夺合作项目控制权影响项目决策”得3.21分。总体而言，合作研发仍然存在较大障碍。

（十）研发活动的开放性

在研发活动的开放性调查中，“创新活动依赖外部利益相关者的贡献”得3.96分；“我们经常购买知识产权，如专利、版权、商标等”得2.56分；“我们经常出售技术许可”得2.75分；“经常争取使知识产权在外部使用”得2.50分。说明研发机构虽然肯定外部利益相关者的积极性，但是，研发活动对外开放程度仍然不够高。访谈中有部分企业表示，在产品研发的过程中会有少数关键顾客参与，更多的时候市场部门代表了顾客的声音。

六　政策环境

（一）陕西吸引外资研发机构的优势

“具有雄厚的人才资源，强大的市场辐射力”得4.06分；“政府有鼓励研发的政策，提供优良的配套环境”得3.81分；“本地的产业结构布局合理，便于成果转化”得3.13分；“地区经济发达，接近目标市场”得3.00分；“高层次外资研发机构聚集”得3.25分。表明陕西的人力资源及优惠政策具有一定优势，但在引进更多外资研发机构、形成良好研发氛围及产业结构等方面仍需努力。

（二）陕西的优惠政策

陕西省各级政府为研发机构提供了政策便利吗？68.75%的企业表示享受到了税收减免政策；62.5%的企业表示享受到了土地或办公场所减免费用；进出口优惠政策的比例为31.25%；提供知识产权保护的比例为37.50%；提供人才支持的比例为31.25%；建立相配套的技术平台的比例为43.75%。在调研中有企业表示，不清楚有哪些优惠政策，政府应主动宣传优惠政策。当然，也有企业充分利用了当地政策，如西门子信号公司，成立之初就享受了企业所得税两免三减半政策，期满后，申请到经济开发区企业延长三年税收减半的优惠。此项优惠政策结束后，又申请到了西部大开发和高新技术企业所得税15%的税率。同

时，西门子认为，经开区管理部门服务很及时很到位。

（三）需要改进的外部环境

47.1%的受访者认为政府对企业干预较多；41.2%的受访者认为知识产权保护不力；52.9%的受访者认为与国外交流不便；41.2%的受访者认为生活环境较差。值得注意的是，在以人才富集城市著称的西安，64.7%的受访者认为当地研发人才储备不足，尤其是缺乏熟练掌握英语的中高端人才，当地人才结构亟待优化。另外，西安的义务教育资源分布不均衡，学区房政策不健全，引进人才的子女入学困难等，也令被调查者十分苦恼，是制约高级人才移居西安的重要障碍。

第四章　美资企业研发机构的技术转移与技术扩散

第一节　外资企业研发机构对东道国科技创新能力的影响

跨国公司的研发投资对东道国的科技发展具有重要影响，许多学者以及政策制定者相信，跨国公司设立研发机构能够带来新的技术和研发人才，外资研发机构与东道国高校、科研机构以及本土企业进行互动交流，能够促进东道国企业技术能力的提升，从而促进经济社会的发展。我国很多城市制定了引进外资、鼓励外商在华设立研发机构的政策，期望通过“以市场换技术”等方式获得先进技术，带动本土企业提升科技创新能力，但效果如何呢？本土企业是否从外资企业研发机构的技术溢出中获得了先进技术呢？

蒂朗（Tilon，1971）、莱克（Lake，1979）、里德尔（Riedel，1975）、Chen（1983）、卡茨（Katz，1969，1987）等学者提出，跨国公司通过示范效应、人力资源培训、技术要求以及人员流动对东道国的技术水平起到了正面的影响。杨红丽等（2015）提出，外资企业的技术溢出在行业内的水平溢出，可以借助于行业间的联系效应而间接产生，外资企业的技术通过上游供应商传递给与外资企业处于同一行业的内资企业。朱承亮（2013）等在对我国汽车产业技术进步情况进行实证研究后提出，目前，技术引进和FDI溢出效应是中国汽车产业技术进步的主要来源，但不能依赖技术引进和FDI溢出效益。

通过对已有文献的梳理，我们归纳出，跨国公司在华设立研发机构，通过以下几种途径实现技术转移：（1）技术转让。通常情况下，在技术处于创新阶段和发展阶段，跨国公司不会考虑转让，而对于成熟技术或衰退技术，则会千方百计地转让。在选择转让方式时，对发达国家常常采用联合研发与技术互换等方式，而对发展中国家则以技术投资较多，转让的是成熟的或衰退的技术（何予平等，2009）。（2）联合研发。为了适应中国市场的发展，在华跨国公司研发机构与高校、科研院校和企业合作开展研发。基于企业的惯例，跨国公司在华研发机构也会秉承母公司在研发组织管理模式、新产品研发战略、雇用研发人才的习惯、研发项目筛选机制等特征，这一特征在合作中体现出来，不可避免地被本土企业觉察并学习（肖刚，2014）。（3）生产外包。跨国公司在华设立研发机构的主要任务是帮助在华业务的技术支持与技术本地化改造。在华业务较多或市场较为庞大的跨国公司通常会采取这一方式，一方面可获得东道国较多的税收等政策优惠，另一方面可保证在华业务的稳定性。生产全球化浪潮中，发展中国家以承接外包订单的角色进入全球价值链分配体系中，发达国家的买家或发包商为使发展中国家的代工企业能够提供价格更低、质量更优的产品，会将顾客对产品样式、质量、设计及性能等要求反馈给代工一方，并提供较为严格和细致的产品性能标准、质量标准等，甚至对代工企业的工程师、技术人员进行培训和技术指导，这样，作为代工一方的发展中国家就获得了产品设计、生产工艺过程的技术转移，以及人力资本介质的技术溢出。

然而，一些实证研究和实践表明，跨国公司在华设立研发机构对东道国科技创新能力的提升是不确定的，甚至可能造成负面影响。Kokko（1994）、拉尔（Lall，1989）、麦金图尔（McInture，1986）、Rrothgeb（1985）等学者通过实证研究指出，跨国公司的技术转移或者通过提高技术转让价格的行为可能提高东道国企业获得技术的成本，同时可导致当地企业对国外技术过度和长期的依赖，抑制当地企业自主创新；此外，跨国公司依靠其强大的技术优势和资金支持，能够排斥当地新兴技术性公司的出现，因此对当地企业的科技创新能力会产生负面的影响。沈坤荣、傅元海（2010）利用我国1999—2007年29个地区的面板数

据，系统地探讨FDI的不同溢出效应对经济增长质量的影响及其制约因素，研究结果显示，外资企业的技术转移与扩散对经济增长质量具有正面作用；外资企业的溢出效应（主要是竞争效应）对内资经济增长质量主要是负面作用，只有在外资聚集水平高的子样本中，外资的技术溢出效应与外资企业生产本地化反映的技术转移、扩散效应趋近时，才对内资经济增长质量具有正面作用。研究还发现，技术差距、外资聚集水平和增加值率差距是影响FDI企业的技术转移与扩散对内资经济增长质量效应的重要因素。徐晓娟等（2013）基于企业数据研究了FDI技术溢出，发现中国本土企业通过垂直产业关联获得技术溢出的表现并不理想。

也有一些研究结果发现，外资企业在华设立研发机构，因其设立的动机和组织战略的不同，导致在东道国的子公司所扮演的角色不同，进而影响其技术转移的方式和技术溢出的程度。首先，跨国公司为了能够享受东道国提供的各类优惠政策而在东道国设立研发机构，但研发机构却有名无实，只是做本地化的适应性研究，重要的基础研究不放在东道国。其次，为了防止因发展中国家掌握了独立的生产技术而丧失自身的企业竞争力，跨国公司也会尽量加强对技术的保护，或者严格控制技术溢出，或者只转让已过时的技术。与此同时，跨国公司凭借其强大的技术研发能力，争夺东道国市场和关键技术人才，甚至造成本土企业“引进依赖”的局面，抑制了本土企业科技创新的积极性。除此之外，为了适应中国市场的发展，在华跨国公司研发机构通过与高校、科研院所和企业合作，掌握中国最新技术研发动向，获得逆向技术溢出，吸收转化成在华研发机构的专有资源并增加其知识存量，从而提升其在中国市场的竞争力（肖刚，2014）。

以上文献表明，外商在华设立研发机构，未必一定能促进我国企业技术能力的可持续提高和经济的可持续增长。张杰等（2010）通过对外包条件下发达国家对发展中国家的技术转移的研究，发现在发展中国家为低模仿类型时，外包活动中发达国家对发展中国家的技术转移，有利于发达国家和发展中国家双方的福利增进；在发展中国家为高模仿类型时，技术转移有利于发达国家，而不利于发展中国家可持续发展能力

的培育；同时指出，发展中国家自身制度条件制约了外包与技术转移对发展中国家可持续发展能力的作用。

第二节 美资企业研发机构的战略动因与技术转移和技术扩散的关系

美资企业研发机构进行技术转移的动机是什么？影响其选择技术转移方式的关键因素是什么？影响技术溢出与技术扩散的关键因素又是什么？本节将从理论和实证两个方面对上述问题进行探索和研究。

一 研发机构的战略目标与技术转移、技术扩散的关系

由于海外研发机构在母公司全球研发体系中的战略地位不同，导致海外研发机构所扮演的角色各有不同，这就决定了前者在发展中所获得的资源、研发目标会有所不同。比如，它的角色是本地技术单位，那么它的研发目标就是将母公司的技术进行本地化的适应性开发，产品成果只针对中国市场，要完成这个目标，研发机构所采取的研发策略就会不同，比如与当地企业合作研发或者雇用当地技术人才，进而就会导致技术溢出、技术扩散的方式和程度也不同。

根据海外子公司理论，Gupta 和 Govindarajan（1991）提出以知识流动为基础的子公司战略角色框架，根据子公司知识资源由跨国公司流入的比例以及流出至跨国公司的比例，将跨国公司海外子公司划分为全球创新者、当地创新者、执行者与知识整合者四类不同的角色。Ronstadt（1997）通过对跨国公司海外研发机构角色的研究认为，跨国公司海外研发机构在长期发展过程中，由于东道国市场需求、人才资源、技术水平与市场竞争、国家政策等方面的变化，通常会经历技术转让单位、本地技术单位、全球技术单位、公司技术单位四个不同的角色演变。

在技术转让单位阶段，跨国公司海外研发机构在设立初期，通常首先以技术转让、合资或合作的方式将母公司已经成熟甚至落伍的技术转移到东道国（徐笑君等，2011；肖刚等，2014），进行生产和销售工

作，目的是占领东道国较大的消费者市场或者利用东道国较低廉的劳动力和资源，以降低生产成本。此阶段的研发机构充当技术转移单位，处于研发链条的末端，基本不参与研发的工作，在公司总体发展战略中处在较低的位置。在这一阶段，在华研发机构主要承担生产支持型的技术工作，如进行产品、工艺的改进与开发，对当地的销售工作提供技术支持，以及产品的售后技术支持工作。此时，技术溢出通常发生在三个环节：一是上游供应商在提供原材料和零配件时，会接触到跨国公司对原材料及零配件的质量、工艺等标准，为达到客户要求，上游供应商会在产品质量、工艺上做出改进，甚至能够得到跨国公司的亲自指导，从而获得技术溢出；二是在生产环节，本土合作企业或合资企业的技术人员、工人等在生产过程中会受到跨国公司严格的质量要求、工艺要求以及管理方式的熏陶等，因而得到技术溢出；三是在产品售出市场后，本土企业可通过“反向研发”的方式间接获取技术，进而提高本土企业的技术水平。前两种情况中，技术溢出会因东道国企业参与分工方式的不同而受到很大限制，而后一种情况则会因东道国企业自身技术实力而异。

在本地技术单位阶段，随着跨国公司的产品/服务在东道国的市场开拓，为了适应当地市场对产品/服务性能的特定需求，跨国公司会逐步在当地设立研发机构，主要进行本地化的适应性开发或者改进新产品，此阶段的研发机构充当本地技术单位，但研发工作仅限于对产品进行本地化的适应性开发，研发的新产品也仅面向东道国市场，而不是全球市场。这一阶段的在华研发机构的技术来源较多，有来自母公司的技术，也有自主研发的技术，其中包括通过合作研发或者购买的技术。因此，技术转移的渠道也较多，自主研发的技术申请专利后，进行技术转让或技术许可交易等；因合作研发而与东道国本土企业有较多的互动，在交流、研讨、产品展示的过程中会发生一定的技术溢出，但这时的技术溢出是双向的，外资企业研发机构也会因此而吸收本土企业的反向技术溢出。

在全球技术单位阶段，当海外市场达到一定规模，在跨国公司总体发展战略中占有较大份额时，会引起母公司的注意，此时或是母公司调

整战略提升海外研发机构的战略地位，或是海外研发机构主动提出机构升级，结果通常是，此阶段的研发机构开始承担起为母公司全球市场开发新技术的任务，逐渐成为母公司全球技术研发体系中的一个重要技术中心，Ronstadt 将此阶段的海外研发机构称为全球技术单位。这一阶段的在华研发机构，更多的是利用本地丰富的研发资源，提升母公司的研发实力，不仅向东道国本地提供产品研发，还向母公司在其他国家和地区的市场提供产品研发。同时因其丰富的研发资源，这一阶段的研发目标和重心也逐渐从应用研究转移到基础研究上。但此阶段中，外资企业会对技术进行严格控制和保密，同时也要求该研发机构具备较强的研发实力。从技术转移和技术扩散的角度来看，新产品的出现会加剧市场竞争，迫使东道国企业加强研发投入。对于东道国企业而言，不论是模仿新产品还是自主开发，无疑都会提高其创新积极性。此外，从人才流动的角度来看，也会产生技术溢出，有利于东道国科技创新。

在公司技术单位阶段，当海外研发机构作为全球技术单位，在承担母公司研发任务过程中，研发效率较高，且人才、资源等丰富，则有机会成为公司技术单位，开始为母公司做长期的开发研究，成为跨国公司全球学习与创新网络体系的一部分。

海外子公司角色理论学派认为，跨国公司在东道国设立的子公司，彼此间的职能及所发挥的作用因公司发展战略以及东道国实际情况而异，每一个海外子公司都扮演着不同的角色，承担着不同的战略任务，在全球的价值链中处于不同的战略地位。

但研究表明，海外子公司在华设立研发机构的角色是动态的。随着东道国市场发展以及海外子公司自身成长能力，母公司会根据全球业务情况适当调整海外子公司的战略地位，如 IBM、三星、微软等诸多公司，在华研究机构成立开始之际，主要以产品本地化研究以及在华业务的技术支持为主；但随着在东道国市场的逐渐扩大和稳定，海外子公司开始承担为东道国市场研发新产品的功能；当发现海外子公司研发能力达到一定水平，或者海外子公司向母公司申请时，母公司会针对子公司研发能力适当为其升级，开始令其承担面向全球的研发任务，支持全球业务的研发工作。因此，跨国公司在华设立的研发机构究竟承担什么任

务、东道国能否从中获得理想的技术溢出，取决于该研发机构在母公司全球化战略中的地位。徐笑君等（2011）、薛求知等（2007）提出研发机构自身的成长能力也反过来影响着其在母公司全球研发战略中的地位。

杜群阳（2007）对47家外资研发机构实施调研，发现外资研发机构的职能定位因R&D投资动机不同而存在差异，并提出，全球技术型研发机构倾向于与本土机构开展研发合作，而技术转移型研发机构的技术交流意愿较低，市场导向型研发机构对研发成本不敏感。李平等（2008）基于利润最大化的数理分析，发现跨国公司实施R&D投资国际化战略，与把R&D仅限于国内相比，能获得更大的收益。达尔顿和塞拉皮奥（Dalton and Serapio，1999）、蒂斯（Teece，1976）、Ronstadt（1978）、曼斯菲尔德（Mansfield，1979）、拉尔（1979）、梁正（2008）提出，跨国公司设立海外研发机构的动因大致可归纳为市场（需求）因素和技术（供给）因素两类。其中，市场因素的动因包括为当地市场开发新产品和产品适应性研究、母公司在东道国业务的技术支持等；而技术因素的动因包括挖掘人才、为东道国及以外的市场开发设计新产品、参与合资或合作研究等。

二　研发机构战略动因的描述性统计分析

在本次问卷调研和访谈中发现，超过85%的美资企业表示，其研发中心进驻中国的主要原因有“入驻中国是母公司全球化战略的组成部分”“能够降低R&D成本”以及“与对手竞争的需要”；另有超过80%的美资企业表示，“中国自主研发能力迅速提升、具备某些竞争优势”“为了吸引和利用国内高素质研发人员”也是其研发中心入驻中国的主要原因；有超过70%的美资企业表示，在华设立研发机构是考虑到“政府出台一系列优惠政策，引起母公司关注”“扩大在中国市场的销售”的需要。从本次调研结果来看，美资企业之所以在华设立研发机构，有出于母公司全球化战略发展的考虑，也有东道国市场与环境的原因。

此外，从本次调研结果来看，在美资企业研发机构的管控模式方面，采用混合式的超过30%，即母公司掌握战略及高层人事、研发和

投资方案，研发机构可自行搜寻项目，但要向母公司申报项目研究计划等，经批准才能执行；集权式的管控占 8.22%，即母公司掌握全部的决策权，研发机构仅负责执行。这一现象也在访谈中得到证实：微软本地研发决策需要通过总部审核，在此过程中效率与速度会极大地降低，从而有可能错失有价值的创新机会；西门子（西安）也表示很多项目投资决策需要向总部汇报，经批准后才能执行，其中需要长时间的沟通，甚至有时因沟通不畅造成诸多问题，极大地影响研发效率。研发自主权的缺失，使决策流程变长，流程中又涉及多个部门、人员的协调、讨论、决策，信息的多层次传递与长时间的协调，降低了研发效率，可能导致错失市场机会，也在更大程度上折损了研发人员的创新积极性，削弱了团队的整体创新能力。

大约 16% 的研发机构采取分权式的管控模式，母公司仅负责研发机构战略，不干预经营自主权；另有 16.44% 的美资企业对研发公司采取分权式与混合式相结合的方式，也即母公司掌握研发机构战略、研发机构最高负责人的人事安排、研发机构较重大的研发项目投资等。研发机构基层员工的安排、研发计划由子公司自行处理。

国内咨询机构赛迪顾问发布的《IT 跨国公司研发创新竞争力报告》显示，尽管大多数 IT 跨国公司设置了各自的研发流程以保证其研发有效性，但自主权的缺失却降低了创新能力。

从文献研究与调研结果来看，美资企业在华设立研发机构已经开始从技术支持、本地化适应性开发，逐渐向支持亚太地区甚至全球的技术开发转变，在华研发机构已经成为母公司研发全球化战略中不可缺失的重要阵地。

三　美资企业研发机构战略动机的因子分析

为鉴别美资企业研发机构的战略定位，本书设计了调查问卷，收回 380 份，其中美资企业 224 份，剔除明显的填写不规范的问卷 8 份，有效问卷 216 份。下面依据问卷调研数据，利用因子分析方法归纳整理不同战略目标。

问卷调查结果显示，超过 75% 的美资企业表示研发机构的战略定位主要是为“开发适应中国市场或者亚太市场的新产品”、“协助母公

司开展全球技术研究和产品开发”；58%的美资企业表示其研发机构定位于“独立开发或主持开发全球新产品”；另有23%的美资企业表示它们直接从母公司移植技术，而不做研发。

从美资企业研发机构的组织方式来看，超过73%的研发机构是在公司内设立的一级研发部门，14%的研发机构为独立法人，9.5%的研发机构是在华合作研发机构，不超过2.6%的研发机构为在业务部门内设立的研发部门。这一现象与美资在华研发机构在母公司全球化战略中的地位及自身战略目标不无关系。

从研发机构从事的主要研发活动来看，75%的美资企业研发机构表示它们从事最主要的活动是“技术服务与支持活动”、“现有产品和工艺改进”。70%的美资企业表示，它们已经开始涉及一部分“新产品和新工艺开发”以及“应用性基础研究”。而“探索性基础研究”活动仅有少数企业涉及。

对美资企业研发机构战略定位的调查结果表明，企业在华设立研发机构的动机各有不同，且存在一定的相关性，研发机构自身的战略目标与定位又进一步影响其技术转移与扩散的渠道和效果。

对上述调查结果进行统计降维，采取因子分析法提取主要因子，寻找外资企业研发投资的主要动机。按照数据处理要求，首先对样本进行KMO检验和Bartlett球形检验，判断样本数据是否适合做因子分析，结果如表4－1所示，Bartlett球形检验是显著的，说明存在因子结构，另外，KMO＝0.813，适宜因子分析。

从表4－2及图4－1碎石图可看出，17个因子中有4个特征根大于1的因子，能够解释51.827%的方差。其中，第一个因子主要反映人才资源、政府政策、本地产业结构、地区经济、地区资本市场的情况，可以称为“整合及利用东道国优势资源”战略动机；第二个因子主要反映发现新机会、新技术与新市场，通过合作建立新企业、新技术和新服务的情况，可以称为“机会及技术探寻”战略动机；第三个因子主要反映产品研制和开发中引入全新理念和技术，在母公司中占有较高地位的情况，可以命名为“产品改进与技术支持”战略动机；第四个因子主要反映对产品或服务做重大创新、研发全新性能的产品

等情况，可以命名为“全球产品开发”战略动机。

表 4-1　KMO 与 Bartlett 球形检验

Kaiser - Meyer - Olkin 测量取样适当性		0.813
Bartlett 球形检验	近似卡方	846.838
	df	1.36
	Sig.	0.000

表 4-2　美资企业研发机构战略目标因子分析（旋转后因子负荷矩阵）

因子	因子		主成分方差累加的方差	
	载荷量	特征值	贡献率	贡献率
因子 1		4.481	26.357	26.357
具有雄厚的人才资源，强大的市场辐射力	0.759			
政府对研发的优惠政策	0.673			
本地产业结构布局便于成果转化	0.668			
地区经济发达，接近目标市场	0.534			
本地区资本市场发达，融资便利	0.473			
因子 2		1.859	10.937	37.294
发现新的机会	0.768			
学习新技术和发现新市场	0.667			
合作可能创建新的企业	0.650			
通过合作开发新技术和新服务	0.556			
因子 3		1.287	7.570	44.863
在产品研制方面引入全新的理念	0.673			
在本行业中开发和引入全新技术	0.662			
公司是新工艺新技术的创造者	0.629			
研发中心产品优先级较公司其他产品更高	0.500			
研发中心产品的销售对公司运营起关键作用	0.411			
因子 4		1.184	6.964	51.827
对主产品或服务做重大创新、研发全新性能的产品	0.773			
研发中心产品在公司中居主要地位	0.703			
研发中心产品的重要性较公司其他产品更高	0.415			

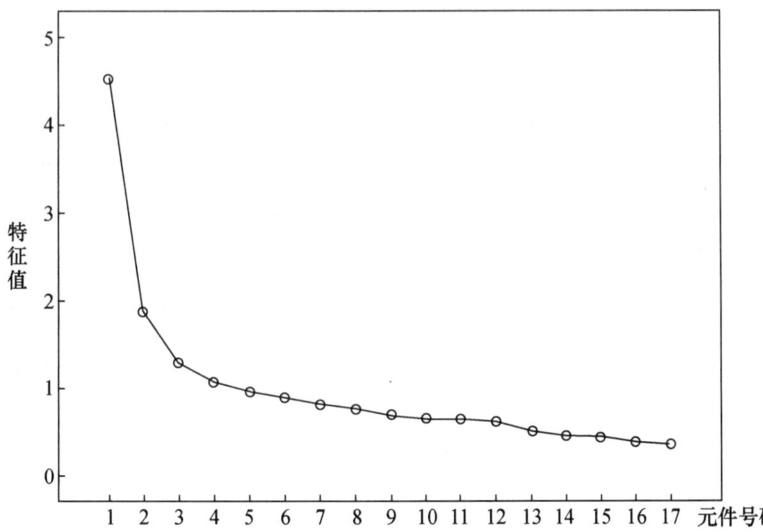

图4－1　碎石图

根据因子分析的结果，我们运用K均值聚类分析方法，对216个有效样本进行聚类分析。分析结果显示，216个样本被分为4组（见表4－3），分组结果的显著性水平较好（见表4－4）。

表4－3　最终聚类中心

	1 （N＝27）	2 （N＝11）	3 （N＝89）	4 （N＝89）
第一类战略动因T1	3.00（－）	3.70（＋）	4.00（＋）	4.40（＋）
第二类战略动因T2	3.37（＋）	2.11（－）	3.86（＋）	4.35（＋）
第三类战略动因T3	3.00（－）	2.80（－）	3.50（＋）	4.00（＋）
第四类战略动因T4	3.00（－）	4.00（＋）	3.00（－）	4.00（＋）
分类	市场拓展型	资源利用型	资源整合与技术支持型	综合型

注：“＋”表示该因素得分较高且显著不同于其他因素，“－”表示该因素得分低且显著不同于其他因素。

表 4-4 聚类结果方差分析

	聚类		误差		F	Sig.
	均方	自由度	均方	自由度		
第一类战略动因 T1	14.307	3	0.158	212	90.375	0.000
第二类战略动因 T2	20.164	3	0.178	212	113.565	0.000
第三类战略动因 T3	9.940	3	0.204	212	48.668	0.000
第四类战略动因 T4	9.948	3	0.206	212	48.250	0.000

注：四个因素至少在99%以上的概率水平上是显著的。

根据聚类分析的结果，将216个样本分为四类，下面对这四类不同战略动机的在华研发机构所采用的技术转移方式进行对比和分析。

首先，对于第一类27家市场拓展型研发机构，在对外交流方式的选择上，超过半数的企业表示，本机构研究人员对外交流的主要渠道是委托研发和学术研讨会；在技术转让方面，更倾向于需求方与本企业直接联系的方式；在技术扩散渠道方面，主要是竞争者对本公司产品的模仿以及产品发布会、展览会或研讨会。该类型研发机构在华的主要战略目标是利用东道国在人才资源产业结构、地区资本市场、经济与政策环境的优势，大力开发东道国市场，提高产品/业务在中国市场的份额，提高企业竞争力。而委托研发和学术研讨会正是产品本地化的重要方式。

其次，对于第二类11家机会及技术探寻型研发机构，在对外交流渠道方面，超过半数的企业选择合作研发、学术研讨会和技术培训的方式；在技术转让方面，倾向于需求方与本企业直接联系的方式；在技术扩散渠道方面，企业方认为更多发生在竞争者对本公司产品的模仿以及产品发布会、展览会或研讨会上。机会及技术探寻型研发机构在华主要战略目标是第一时间捕捉东道国的新机会、新技术与新市场，并通过合作建立新企业、新技术和新服务，从而打开和抢占东道国市场。因此，在技术转移上会倾向于大力宣传企业产品，并直接与需求方联系。合作研发、学术研讨会与技术培训正是提高研发效率的重要途径。

再次，对于第三类 89 家产品改进与技术支持型研发机构，不仅要求能够利用东道国优势资源，并在东道国打开市场，同时还要求该研发机构能够为母公司全球化战略提供技术服务，因此这类机构在对外交流渠道上更多选择了合作研发（57.3%）、委托研发（47.2%）与学术研讨会（51.68%）；在对外技术转让上选择行业组织、需求方与本企业直接联系的方式；对于技术扩散的渠道，该类型的研发机构中有 75.28% 的企业表示“竞争者对本公司产品的模仿”是主要的技术扩散渠道。

最后，对于第四类 89 家全球产品开发型研发机构，在对外交流方面倾向于合作研发、委托研发和学术研讨会，在技术转让上也选择了行业组织、需求方与本企业直接联系的方式，但是在技术扩散渠道方面，该类型中有超过半数的企业表示技术流失主要表现在“与外部科研单位技术合作中”（52.81%）及“竞争者对本公司产品的模仿”（74.16%）两方面。

综上所述，美资企业在华设立的研发中心中，超过 86.4% 的研发中心，并不仅仅是为了开拓市场，利用东道国的资源优势，更多的是将该研发机构作为母公司研发全球化战略的一部分。

美资企业在华设立研发机构的战略动因是动态的。随着东道国市场发展以及海外子公司自身成长能力，母公司会根据全球业务情况适当调整海外子公司的战略地位，如 IBM、三星、微软等诸多公司，在华研究机构成立之际，主要以产品本地化研究以及在华业务的技术支持为主；但是，随着在东道国市场的逐渐扩大和稳定，海外子公司开始承担为东道国市场研发新产品的功能；当发现海外子公司研发能力达到一定水平时，或者海外子公司向母公司申请，母公司会针对子公司研发能力适当为其升级，令其承担面向全球的研发任务，支持全球业务的研发工作。在访谈中我们也发现，这种战略动因的动态性在中国不同城市中也有所表现，如某 M 公司，在北京设立的研究院进行大量的技术研究与开发工作，多年前就已承担全球的技术研发任务，但其近二年在西安设立的创新中心却仅承担产品销售的技术支持工作，几乎不承担任何研发任务。因此，跨国公司在华设立的研发机构究竟

承担什么任务、东道国能否从中获得理想的技术溢出，受到该研发机构在母公司全球化战略地位的很大影响。

第三节　美资企业研发机构技术转移的影响因素

一　技术转移的内涵

技术转移是指技术在国家、地区、行业内部或之间，以及技术自身系统内输入与输出的活动过程。技术转移包括技术成果、信息能力的转让、移植、吸收、交流和推广普及。技术转移的途径很多，如合同转让、产学研结合、设备和软件的购置、信息传播、技术咨询与培训等。在知识经济时代下，各国经济相互依赖，跨国知识、资本、技术流动加速，外资企业对东道国的技术转移与扩散，极大地影响了发展中国家开放式创新的进程，也进一步推动了国家创新能力。

本节中的技术转移，特指美资企业在华研发机构在我国境内进行研发创新活动，或者使用先进技术、先进理念进行企业组织管理等的过程中，主动地对我国本土企业的技术、管理理念等产生的影响。技术转移是技术拥有者主动地，有意识、有目的地将技术成果、创新思想以及创新技术的实施技术转移给对方，从而使对方掌握、理解并能够较好地应用该技术的过程，如通过技术转让的方式将新技术转移给技术接受方，因此技术转移不包括无意识的、被动的技术扩散。

二　技术转移的影响因素分析

研究表明，跨国公司在华研发机构的技术转移对我国本土企业获取技术溢出、技术进步、提升科技创新能力等有着重要意义，但是，其技术转移方式的选择受到了诸多因素的限制。陈武（2015）在研究跨国技术转移和扩散对国家创新能力的作用机理及相关关系中提出，跨国技术转移与扩散有三个关键要素，即国际贸易、外国直接投资、跨国研发机构的嵌入。胡靖（2004）通过构建跨国公司技术转移行为函数，提出跨国公司技术转移行为受到东道国市场规模大小、市场结

构状况、科技水平与东道国政策四个因素的影响。

从技术转移的过程来看，跨国公司在技术转移时会受到诸多因素的影响。如图4－2所示，影响跨国公司选择技术转移方式的因素可从技术转移过程的三个阶段来分析。第一阶段，在华研发机构根据母公司全球发展战略的需要来决定是否进行技术转移，根据被转移技术的属性以及自身技术转移能力来决定采用何种方式进行转移。第二阶段，在技术转移过程中，外资企业母国的政策环境，东道国政府的政策、市场环境及对技术转移的支持力度，会影响技术转移的效率和效果。第三阶段，东道国企业作为技术接受方，对先进技术的吸收能力、接受先进技术的主动性，能否准确快速地获得要素市场信息，技术水平与先进技术之间的差距等，都会影响技术转移的效率和效果。

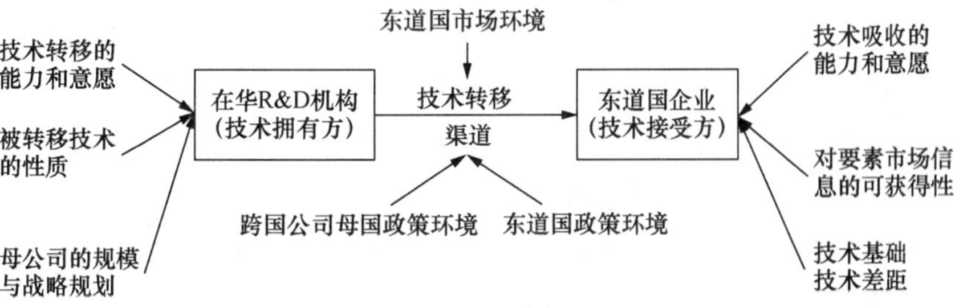

图4－2　外资企业技术转移的一般过程

跨国公司进行技术转移，是有目的、有原则的。总体来说，技术转移必须为全球经营战略服务，必须带来跨国公司总利润的增长。尽快回收技术开发中的投资，或者尽量延长持有技术的市场生命周期，以获得更多利润，是跨国公司进行国际技术转移的主要目的。跨国公司无论是通过在海外设立研发机构来支持东道国业务活动、扩大海外市场，还是利用东道国各种有利条件来支持母公司业务、实现全球化战略，从经济学角度来看，这些行为的共同目标就是利润最大化。因此，从跨国公司利润最大化的目标这一基本原则出发，我们进一步分析外资企业每一种技术转移的影响因素。

依据厂商利润最大化原理，将跨国公司技术转移行为的目标函数，记为$\pi = TR - TC$。其中，π表示跨国公司技术转移所获利润，TR 表示技术转移的总收益，TC 表示技术转移的总成本。因此，跨国公司技术转移的目标函数可描述为：

$\pi = \max\{TR - TC\} = \max\{$销量 Q × 价格 P -（技术研发成本 + 生产成本 + 技术交易成本）$\}$

从上式中可看出，跨国公司是否选择进行技术转移、采用何种方式进行技术转移，以及对技术接受方的选择，都取决于自身是否能够获得最大利润。换句话说，跨国公司将在众多的技术转移路径中选择能够最大化自身利益的一种或多种方式，这也是由企业的本质所决定的。

下面我们分析生产外包、合作研发和合同转让三种普遍的技术转移方式的影响因素。

（1）生产外包。生产全球化浪潮中，发展中国家以承接外包订单的角色进入全球价值链分配体系中，发达国家的买家或发包商为使发展中国家的代工企业能够提供价格更低、质量更优的产品，会将顾客对产品样式、质量、设计及性能等要求反馈给代工一方，并提供较为严格和细致的产品性能标准、质量标准等，甚至对代工企业的工程师、技术人员进行培训和技术指导。

此时，跨国公司在华设立研发机构的主要任务是在华业务的技术支持与技术本地化改造。因此，生产外包中的技术转移就受到东道国企业自身技术水平、东道国生产要素市场状况的影响。东道国企业自身技术接受能力和意愿越强，生产要素市场竞争力越强，外资企业技术转移的成本 TC 就越低，技术转移的收益 TR 就越高，进而技术转移的意愿就越强烈。

（2）合作研发。跨国公司合作研发的目的有两个：一是吸收东道国优秀技术人才与技术思想；二是使企业产品更能适应本地市场。因此，在合作研发过程中的技术转移将受到东道国人才市场、企业或科研机构的科技创新能力的影响。显而易见，我国超过半数的跨国公司研发机构设立北京、上海、广东等经济发达的省份，这些地区聚集着

大量的优秀人才、优秀企业和优秀科研院所。

（3）合同转让。跨国公司将成套工厂设备买卖与技术转让相结合，签订成套设备买卖合同（如交钥匙项目），在这种合同中，技术转让方要帮助培训有关技术人员和工人，完成安装、调适和试生产。这种技术转让方式的收益与销量和技术价格有关，而成本则与技术研发成本、设备生产成本以及与技术接受方谈判的成本有关。因此，在合同转让中，跨国公司利润最大化的行为目标受到以下几个因素的影响：

第一，东道国技术市场和产品市场的竞争状况。一方面，所转让技术的属性，如技术的优势、兼容性、可观察性（Rogers，2002）等会影响技术转移的方式和效果。如所转让技术在东道国技术市场中属于稀缺技术，具有较强的创新性，且能够大大提高技术接受方的生产效率、产品质量、产品销量等，则在东道国技术市场很受欢迎，将会获得较高的价格。另一方面，所转让技术的产品在东道国属于朝阳行业，能够在东道国打开较大的产品市场和销路，该技术的销量会大大提升。因此，技术转让可获得可观的利润。

第二，东道国企业的技术状况。东道国企业自身的技术吸收、消化能力将直接影响技术转让的成本，若东道国企业自身的技术水平较低，在接受新技术时需要更多的指导等，就会增加转让成本，减少跨国公司技术转让的利润，它们可能会降低技术转让的积极性。

第三，宏观政策对跨国公司技术转移有着重要影响。外资企业母国的政策法规直接影响技术转移行为。东道国政府对技术转移的政策法规也将直接影响技术转移行为，如东道国鼓励技术转移，则会加强知识产权的保护力度，大力鼓励技术交易市场的建立，制定较为简捷和宽松的技术交易制度，以促进外资企业向东道国企业技术转移，这些行为将降低交易成本。

综上所述，外资企业研发机构在选择技术转移方式时，将会受到母国和东道国宏观政策、东道国技术市场与产品市场的竞争状况、东道国企业技术水平、东道国人才市场以及外资企业所持技术属性的影响。

第四节 美资企业研发机构技术扩散的影响因素

一 技术溢出与技术扩散

技术溢出是技术的非自愿扩散，从经济学角度来看，它是正向的经济外部性的表现，促进了东道国技术水平的提升。具体表现为：(1) 空间示范效应，是指与外资企业在地理位置上邻近的内资企业复制、模仿外资企业产品和技术的过程。在这一过程中，内资企业会得到技术上的提升，这一提升称为外资企业的技术溢出。(2) 培训效应，是指技术领先的外资公司，为满足企业需要，或者能更好地与东道国企业合作，有时需要培训当地员工或者上下游企业的员工，这些员工就会获得技术上的提升，这一提升也称为外资企业的技术溢出。(3) 空间竞争效应，外资公司进入东道国就意味着竞争的加剧，本土企业为提升竞争力而进行科技创新，也称为外资企业的技术溢出。此外，技术溢出还表现在干中学、模仿效应等方面。

熊彼特把科技创新的大规模“模仿”视为技术扩散；梅卡特夫认为技术扩散是一个选择的过程；斯通曼提出技术扩散是一个学习的过程；罗杰斯（Rogers）在1990年提出，技术扩散是一项创新成果第一次商业化应用之后的进一步放大效应过程，是创新产品通过某种渠道在社会系统中的传播过程；国内学者傅家骥把科技创新扩散的概念描述为“是科技创新通过一定的渠道在潜在使用者之间传播、采用的过程”。

在本节中，技术扩散的主体是美资企业研发机构，扩散标的物是研发机构所掌握的优于本土企业技术水平的技术，这些技术并不一定是全新的技术，可能是在国外已经成熟但国内尚不掌握的技术，只要优于东道国的技术水平，都属于本节的“技术”范畴。因此，本节中的技术扩散是指美资企业研发机构所掌握的、优于我国本土企业技术水平的技术成果向我国本土企业有意识或无意识地流动的过程。其中

既包括技术转移，也包括技术溢出。

二 技术扩散与溢出影响因素分析

（一）研发机构技术扩散的内部因素

从研发机构自身的角度来看，研发机构的战略动机，包括母公司对海外研发机构的管控模式、组织方式都是影响技术转移方式的重要因素。

研发机构在母公司研发全球化战略中所处的地位直接影响了研发机构与东道国企业之间的互动方式，导致技术转移方式的不同，并进一步影响了外资企业对东道国企业的技术溢出与技术扩散的程度。梁正等（2008）研究结果显示，“跨国公司与中国知识主体的知识交流明显受制于其在华研发战略”。

研发机构在母公司研发全球化战略中所处的地位直接影响了其在东道国选择的技术转移方式。海外研发机构的性质、运作方式、所有权方式等，均因该研发机构在母公司总体发展战略中的地位不同而有所不同，体现在该研发机构在母公司全球发展体系中扮演了什么角色。比如母公司仅希望在东道国占领大量消费者市场，从而扩大公司产品的销售量，那么，在东道国设立的研发机构很有可能仅进行产品的本地化开发，而不涉及新产品的研发工作。在这种情况下，海外研发机构很难获得核心技术，能够向东道国转移的技术就非常有限了。

跨国公司在华研发机构的战略动机各有不同。一般来说，对于主要工作是将母公司技术转移到海外子公司的研发机构，通常与东道国的互动比较少，对东道国的技术溢出只能通过非自愿的技术扩散来进行，比如本地企业对跨国公司新产品新技术进行逆向技术研发、人力资本介质的技术溢出、上下游供应商的技术转移等方式。对于主要工作是为当地市场进行产品开发和改造的研发机构，研发机构则会招募大量当地的技术人才，或者与当地企业合作研发，因此，研发机构与当地企业、技术人才的互动较多，技术溢出也不可避免。相反，若跨国公司在华设立研发机构是出于希望充分利用东道国优势资源的目的，如优秀的技术人才、当地的产业布局、优惠的税收政策、当地市场等，则会通过各种各样的知识交流媒介与当地企业、科研机构、技

术人才进行频繁互动（Kuemmerle，1997；Kiba and Collinson，1998）。

（二）研发机构技术扩散的外部因素

第一，传递渠道的多寡。研发机构技术扩散与传递渠道的广泛程度密切相关。Gupta 和 Govindarajan（2000）的拱形理论框架表明：海外研发机构与外部的知识传递渠道越丰富，知识交流就越多。

第二，当地政策环境状况。东道国当地的政策环境状况对跨国公司技术扩散有着非常重要的影响，主要表现在知识产权保护制度与技术交易制度两个方面。研究表明，增强知识产权保护能够激励高技术产品的贸易（文豪等，2014）。Bascavusoglu 和 Zuniga（2002）检验了 1999 年法国的技术服务出口到 19 个国家 29 个部门的数据，发现如果目标市场拥有商业潜力，如巨大的市场和较强的技术能力，则增强知识产权保护能够促进向这些国家的出口，而低收入国家增强知识产权保护具有不显著的效应，甚至阻碍低技术部门的技术转移流量。Co（2004）考虑知识产权制度和市场结构的动态变化，运用美国 1970—1992 年向 71 个国家出口的跨部门的时间序列数据进行实证分析，发现在进口国拥有适度模仿能力的情况下，增强知识产权保护能够刺激美国的研究密集型行业的货物出口；而在进口国拥有较低模仿能力的情况下，增强知识产权保护减少了非研发密集型货物的出口。Branstetter、Fisman 和 Foley（2005）关于知识产权保护对跨国企业在东道国的研发投资规模、性质和方向进行了研究，发现知识产权保护可能在很大程度上不是影响研发投资的规模，而是影响研发投资的性质和方向。Park 和 Lippoldt（2008）检验了增强知识产权保护对向发展中国家的技术转移的影响，发现知识产权保护刺激技术转移，直接激励本地创新；知识产权改革应考虑本国的制度、创新能力和知识产权系统状况。

技术转移的中介组织对本国经济发展、企业技术的进步和国家产业结构调整影响很大，各国政府纷纷出台政策鼓励技术交易机构的成立和发展，认为建立技术转移中介组织是政府推动企业科技创新的重要途径之一。技术交易制度的成熟度直接影响了技术转移的效率和效果，也影响了外商投资对东道国的技术溢出与技术扩散。

三　调查研究结果

在本次调研访谈中发现，被调查的216个样本中，高达70.32%的企业表示竞争者对本公司产品的模仿是公司技术扩散的主要渠道，企业55.25%的企业认为产品发布会、展览会以及研讨会造成企业技术扩散。由此可知，美资企业研发机构技术扩散主要发生于新产品的展示以及与东道国企业直接或间接的接触过程中，这两个途径会促进东道国企业进行仿效和翻版，从而为国内企业技术创新带来新的视野和思路。同时，通过对研发中心的直接投资或跨国公司非股权参与带来的技术与发明能力转让，可以促进东道国的新产品生产。

此外，有经验和受过训练的人才流动也是技术溢出效应的重要源泉。调研结果显示，有37.90%的企业表示，离职人员带走了部分技术；39.72%的企业表示，与上下游厂商合作中出现技术流失。

第五章　美资企业研发机构与国家创新体系

第一节　国家创新体系的开放性与包容性

随着经济改革的不断深入以及政策体系的不断完善，外资企业纷纷在我国设立研发机构。经过十几年的经营，外资企业研发机构形成了三类组织形式：独立研发机构（研发中心）、企业内部研发中心，与本土企业或高校设立的联合研发中心（或联合实验室）。长期以来，外资研发机构嵌入对国家创新体系产生着深远的影响，改变着国家创新体系的要素关系、作用机理及运行模式。网络嵌入是外资研发机构进入国家创新体系的最主要模式，基于不同的研发定位、战略驱动等选择不同的嵌入模式是外资研发机构最常用的做法；外资研发机构的网络嵌入，与国家创新体系及各构成要素发生密切联系，通过协同、联合等方式影响着国家创新体系的整体创新能力。

一　国家创新体系的构成主体及定位

国家创新体系、区域创新体系、产业创新体系及企业创新体系等是创新体系的主要研究范畴，其中，传统的国家创新体系研究以国家地理边界为限制条件，认为国家创新体系是包含一国有关新技术、新产品产生的公共部门、私人部门以及促进上述创新的制度因素、政治因素等在内的有机整体。由经济全球化引发的创新全球化，使内资企业研发活动开始走向世界，同时外资研发机构逐步嵌入本国创新系统，使国家创新体系的地理边界限制逐渐模糊。

创新主体一般包括企业、高等院校（含科研院所）、政府、金融机构及科技中介组织等。不同创新主体间相互依赖，互为支撑，从基础知识探索到新产品开发推广，围绕科技创新这一主线进行专业化分工，是目前国家创新体系运行的基本形态。依据各主体在创新中的地位和作用差异，可将其划分为创新内核（企业、高等院校及科研院所）、创新支撑（技术及金融中介机构）和创新环境（税收政策、金融政策等）三类。国家创新体系的环境要素包括两类：一类是激励科技创新、技术转化的税收政策、金融政策、土地政策以及人才引进激励政策等相关政策体系，可称为国家创新体系的“软环境”；另一类是政府或非政府组织主导建设的保障创新体系有效运行的基础设施，如技术交易信息技术平台、实验室及其他硬件设施。知识、技术、资金、人才作为创新资源，在不同创新主体间的自由流入、流出，促进了创新活动的有效展开。其中，知识，特别是异质性知识的吸收、利用，对企业科技创新的作用较一般性知识更为明显，是各创新主体间进行资源争夺和保护的重点。人才作为知识和技术的重要载体，其合理性流动促进了创新资源的优化配置，有助于区域及国家创新能力的提升。

（一）企业是国家创新体系的核心构成

在市场机制作用下，企业具有整合创新资源的独特优势，这是其他创新主体所不可比拟的。知识、技术、人才、资金等要素进行有机组合，将创新思想转化为生产力，是基础创新向产品应用的关键推力。根据创新或研发密集程度不同，可将企业分为高新技术企业与传统产业企业两类。高新技术企业又是创新、创业的核心力量。改革开放以来，我国在高新技术产业的 R&D 投入逐年增高，已形成了一大批具有自主创新能力的高新技术企业。2008 年以来，我国高新技术企业及其研发机构数量呈逐年上升的趋势，尤其是 2012 年，高新技术企业新设的研发机构增长快速，数量达到 5000 家以上，其研发规模和研发能力初步形成。

与此同时，高新技术产业激发了传统产业研发的活力，传统产业正寻求在基础研究、应用研究等领域的创新及变革。值得注意的是，

传统产业的研发强度虽不如高新技术企业，但在国民经济中仍占据主要地位，并且，其中也会涉及大量高新技术的研发活动，许多高新技术的研发是在传统产业技术成熟之上的再次创新。

（二）高等院校、科研院所是国家创新体系的动力源泉

高校及科研院所是知识生产、转移的重要场所，开放式创新条件下，高校正突破基础研究创新的局限，积极寻求以市场需求为导向的应用研究以及新产品开发等创新形式。

1. 高校科研人员及经费投入

以前沿理论探索、原创知识生产为主的创新仍是高校研发活动的主要内容。在基础研究领域，国家在科研经费及人员投入方面的力度正逐步加大，为高等院校研发创新注入了强劲动力。根据《高等学校科技统计资料汇编》等资料统计，2007—2014 年，我国高等院校研发经费（上级单位拨入）及科技人员投入情况如图 5－1 所示。科技人员划分为教学与科研人员和研究与开发人员两类。2007 年以来，我国高等院校科技人员投入增长较快，年均增长率为 3.4%；研究与开发人员作为高等院校研发创新活动的核心力量，2014 年接近 35.2 万人。

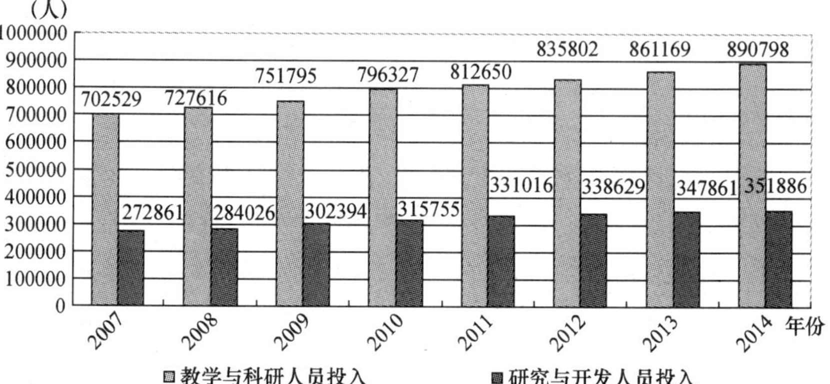

图 5－1　2007—2014 年我国高等院校科技人员投入情况

从高等院校研发经费投入看，各研究领域经费投入呈逐年增长趋势，年均增长率达到 19.1%。依据科研项目的市场化程度及技术生命

周期理论，可将高等院校研究与发展（R&D）项目划分为基础研究、应用研究和实验与发展研究三类，各类项目经费投入及比重如表5－1所示。

表5－1　2007—2014年我国高等院校研究与发展经费投入规模

单位：亿元、%

年份	经费支出及占比						合计
	基础研究		应用研究		实验与发展研究		
	总额	占比	总额	占比	总额	占比	
2007	47.9	23.9	107.7	53.7	44.8	22.4	200.4
2008	65.9	27.4	130.2	54.2	44.2	19.4	240.3
2009	82.6	27.6	156.9	52.3	60.3	20.1	299.8
2010	105.7	29.1	193.0	53.2	64.4	17.7	363.1
2011	134.5	28.3	267.9	56.3	72.7	15.4	475.1
2012	161.6	30.8	284.1	54.2	78.4	15.0	524.1
2013	197.3	33.1	307.2	51.6	90.7	15.3	595.2
2014	224.2	33.3	329.3	48.9	120.5	17.8	674.0
均值	127.5	30.2	222	48.9	72.0	20.9	3372

资料来源：根据教育部《高等学校科技统计资料汇编》相关统计数据整理而来。

从经费支出看，高校的基础研究支出、应用研究支出所占比例较高，2007—2014年，基础研究支出平均比例为30.2%，应用研究支出为48.9%。从经费支出变化上看（见图5－2），2010年后高校应用研究和基础研究支出表现出较快的增长趋势，平均年增长率分别为30.2%、48.9%；实验与发展研究支出增长缓慢。

2. 高校与外资联合研发机构情况

改革开放以后，我国高等院校研发也逐步面向国际化，科研国际化的主要渠道为合作研究、参加国际学术会议以及与外资研发机构或企业联合成立研发机构等。当前，传统合作模式如合作研究、参加国际会议等仍占据主导地位。

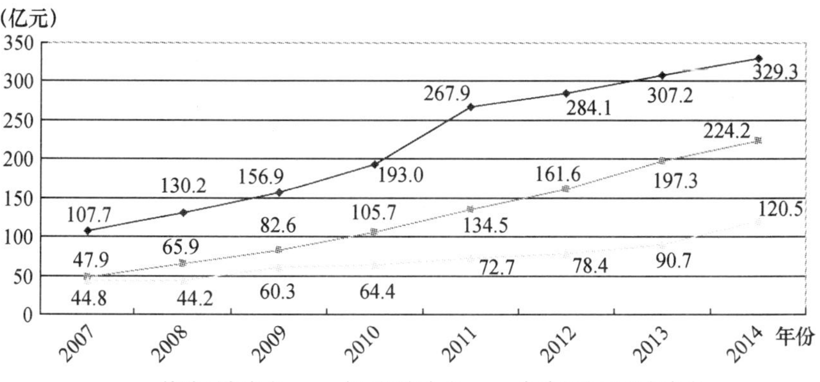

图5－2 高校研究与开发经费支出情况（2007—2014年）

（三）政府及相关中介服务机构是国家创新体系的重要支撑

政府部门主要通过公共政策制定、公共产品及服务供给等，为企业、高校及科研院所的研发创新活动营造良好的法律环境、制度环境、基础设施环境等，弥补产品及研发中的市场不足。国家科技创新活动，催生了大量以生产力促进中心、科技大市场、技术推进服务中介为代表的中间机构，促进了各主体科研创新活动向社会生产力转化。而金融、信息、法律、技术等中介服务机构，作为公共产品及服务的有效补充，在国家创新体系的运行中起着重要的辅助、支持作用，使国家创新活动更加活跃。

二 国家创新体系的系统特性

国家创新体系具有系统性特征，各创新主体及创新要素间相互作用，同时不断吸收外部资源。

（一）国家创新体系的开放性

开放性是创新思想、创新知识及创新技术产生的必要条件，其在国家创新体系中的作用越发重要。只有开放地进行学习、借鉴，才能不断地进行制度创新、产品创新和科技创新，充分利用全球技术、知识、人才交流与合作，有效地提高科技的国际竞争力。国家创新体系经历了封闭式创新向开放式创新演化的阶段，打破了传统的封闭疆界，为创新资源的内部流动以及内外部创新资源的互相流动创造了

条件。

（二）国家创新体系的包容性

国家创新体系的包容性应满足以下特点：（1）在市场机制主导下，各创新主体能够平等地进行创新资源获取、创新成果利用，不断开放创新的边界条件；（2）国家创新体系的排斥性因素被不断消除，创新体系内的所有个体及组织均能够获得分享创新成果的机会。

三 国家创新体系的耗散结构特性

国家创新系统的良好运行条件之一是形成不可逆的耗散系统，在内部要素活动和外部非平衡约束的双重作用下，从无序状态向有序状态进行演进。

（一）国家创新体系各要素间的非线性相互作用

国家创新体系各要素间的相互作用表现出明显的非线性特征，这种要素间的非线性作用机制是创新产生的重要条件。线性创新模式将科学作为推动创新的核心力量，强调基础研究在创新中的决定地位，随着开放式创新的深入发展，线性创新模式受到越来越多的质疑，取而代之的是非线性的系统创新。创新主体间关于知识、技术、人才及资金的交流、传递、吸收也是非线性的，共同影响着创新活动的展开及创新体系的进一步发展。

（二）国家创新体系的系统涨落特征

国家创新体系还存在明显的系统涨落特性，外部创新环境及内部创新要素运行机理的变化是诱发系统涨落的主要原因。许多情况下，创新体系的运行与所处的内部及外部环境有着紧密的关系，特别是干预创新体系的宏观机制发生改变时，将引发突变性系统涨落。这种涨落具体到创新活动中，则表现为创新资源流动的加速或减缓、创新强度的增强或减弱等。系统性涨落引发国家创新体系超过一定的阈值，从无序状态达到有序状态，即形成耗散结构。

（三）国家创新体系的非平衡性

国家创新体系各要素远离平衡态的运动，创新主体所拥有的知识、技术、人才等创新资源表现出非平衡性。高校和科研院所在科技人才、基础前沿性知识方面具有优势，而创新动力和创新环境却明显

不足；企业拥有整合创新资源的能力及技术转化的市场优势，在科技成果转化方面占据有利地位；金融机构及其他中介机构则为创新体系的有效运行提供资金、信息及服务支持，促进创新效率的提升。除内部创新要素间不均衡的作用外，国家创新体系还受到外部非均衡环境的影响，如大量外资研发机构的引入引发的原有创新体系的结构性变化。由于上述创新要素远离平衡态的性质，国家创新体系的创新模式表现出非线性创新的模式，要素间的非线性作用使国家创新体系逐渐从无序走向有序。

第二节　美资企业研发机构嵌入国家创新体系的方式及演化

一　美资企业研发机构嵌入国家创新体系的方式

网络嵌入是外资研发机构融入东道国创新体系的主要方式，通过对 IBM 中国研究院（北京）、微软（中国）研发中心等调研，在分析美资企业研发机构进入中国的动机及驱动因素的基础上，其嵌入方式、演化路径也进一步明晰。同时，在华研发机构技术转移、扩散的模式，在一定程度上代表了其嵌入的不同方式。依据网络嵌入理论，美资企业研发机构嵌入国家创新体系的主要方式，可划分为关系性嵌入和结构性嵌入两类。

关系性嵌入是指外资企业研发机构基于信任、互惠等，与内资企业、高等院校等创新主体进行的有关研发技术、管理经验方面的合作交流，这种合作可以是正式（以契约或合同的形式予以约束）或非正式的技术研讨、学术交流，以及在此基础上的研发合作。结构性嵌入以制度、契约、合同为约束，通常是外资企业研发机构借助自身的技术、资金及人才优势，与内资相关机构在某项技术或某研发环节展开的合作关系。

外资企业研发机构嵌入国家创新体系是多重网络嵌入、耦合的过程。在此过程中，以技术交流、学术研讨为表征的非正式合作的关系

性嵌入，以合作研发、委托研发为表征的结构性嵌入及知识嵌入等进行多重网络的相互作用与融合，影响和改变着国家创新体系各要素间的传统网络关系。

二　美资企业研发机构嵌入国家创新体系的演化路径

外资企业研发机构有三类组织形式：在华分公司或子公司内部研发机构；独立研发中心；与大学、科研院所、企业联合设立的研发机构（如联合实验室等）。调研发现，独立研发中心在享受政府激励政策方面有一定优势，在政策引导及研发定位的双重作用下，更倾向于选择内资企业、高等院校等展开基础研究领域合作，成立联合实验室则是最为常见的形式；而内部研发机构受市场布局、需求拉动影响明显，自主研发或委托研发是其提升产品竞争实力、有效控制成本的重要选择。总而言之，不同组织形式的外资研发机构在网络嵌入的节点选择中会存在显著差异，但是从系统演化的角度讲，却基本遵循了一致的演化路径。最初，外资企业研发机构基于母公司全球化战略，利用东道国低廉的研发成本获取国际竞争优势，依托研发国际化吸收全球范围内优质技术资源和人力资本，为母公司利益目标服务。随着母公司本地化战略的推进及东道国政府的政策吸引，研发本地化成为外资企业研发机构网络嵌入中的必然选择。因此，外资企业研发机构嵌入国家创新系统是先进行“合作嵌入”，然后才是“关系嵌入”。合作嵌入是在与中方相关机构签订研发合同、契约等基础之上，彼此间进行技术转移和知识共享。合作嵌入模式下的知识转移多数仅是技术专利、文档资料等显性知识转移，对于创新系统的核心隐性知识则需经过“关系嵌入”获得，通过强联系构建产生网络扩散效应。

（一）信息搜索阶段

母公司通过信息扫描，分析东道国竞争环境，明确研发定位及需求。外资企业信息搜索的范围主要包括：区域科技创新能力、研发人力资源，尤其是基础研发人员的可获得性。在此基础上，在分公司内部设立研发机构，甚至是独立研发中心。该阶段，研发机构仅为本公司或母公司服务，知识流动和技术转移也仅限于集团公司内部。在当地政府一系列优惠条件的吸引下，具有较高技术、资金实力的外资研

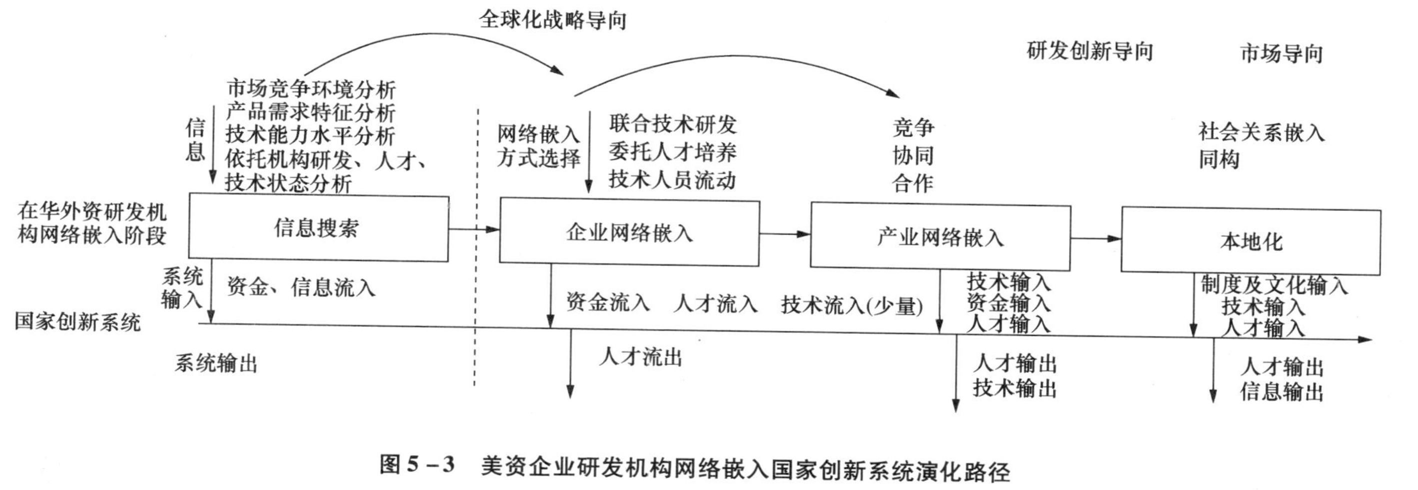

图5－3　美资企业研发机构网络嵌入国家创新系统演化路径

发机构开始寻求嵌入区域创新系统的不同形式。迫于竞争压力，外资研发机构通常选择与高等院校建立联合实验室、委托人才培养等形式进行基础性、前瞻性技术研究领域的合作。

（二）企业网络嵌入阶段

外资企业在华设立研发机构克服经济约束、制度约束、文化障碍等网络壁垒的重要方式就是依托国内企业、大学或研发机构，通过多种合作模式建立研发联盟。如德国 XMZ 公司为突破行业壁垒，与中国某部门进行合作，成立 XMZ（西安）信号有限公司，在信号技术研发领域进行深度合作。除此之外，外资企业研发机构也可与国内企业签订技术、服务等合作协议，利用地位优势与多个企业建立联系，在产品及工艺革新等应用研究领域进行合作。合作中，为保护核心技术，母公司通常会对关键技术实施封锁。因此，该阶段研发机构多从事低端技术及产品研发，与国内相关研发机构间具有少量的技术转移及扩散。

（三）产业网络嵌入阶段

外资企业研发机构新技术、新产品进入国际市场，参与国际竞争的同时，其先进技术和管理经验的示范效应流入国家创新系统，激发内资企业科技创新能力，大量隐性知识成为内资企业竞争力的来源。与企业、大学及科研院所的短期合作演变为长期联盟。与此同时，在华研发机构成为外资企业创新网络与国家创新系统的“双网”结构耦合的节点。知识、技术、信息等资源在网络中进行扩散和转移，内外资企业所需的稀缺技术资源通过网络传递，进行了优势互补。外资企业研发机构产业网络嵌入中，需防止网络过度嵌入引发的轨道锁定及挤出效应，合理优化内资及外资研发机构比例结构，实现网络协同创新边际效益的最大化。

（四）本地化阶段

本地化阶段是美资企业研发机构网络嵌入的高级阶段。本地市场（或东道国市场）对研发机构开始表现出显著的导向作用，研发机构通过分析本地市场的产品需求特性，进行技术及新产品开发。在华外资研发机构与国家创新系统要素间经过系统融合，开始适应、接受相

关政策、法律及管理文化，形成具有一定特色的管理理念。本地化的实质也是一种同构过程，依托稳定的合作关系、社会关系进行组织模式升级，探索新型网络模式，本土研发机构与美资研发机构在本地化中趋向同构。

三 美资企业研发机构嵌入对国家创新体系的影响

以美资企业为代表的外资研发机构的大量引入，将为我国企业创新网络带来如下影响：其一，资金、信息和技术等创新资源流入，示范效应、扩散效应也随之而来，内资企业研发创新的基础优势将明显增强；其二，引发内资企业传统创新网络包括研发模式、网络结构等发生复杂变化；其三，以企业创新网络为依托的国家创新体系，如高等院校、科研院所、企业、技术中介服务机构、金融机构等各要素间的组合关系发生结构性改变；其四，由于研发能力不足及创新环境劣势，外资研发机构在争夺技术、人才和资源等方面抢占先机，内资企业将面临一定的技术挤出、技术锁定及轨道效应风险，对我国创新体系将带来不利影响。

（一）引发国家创新体系构成要素网络结构改变

外资研发机构的引入，改变了传统国家创新体系的网络构成形式，传统的以高等院校、科研院所、内资企业、中介及金融机构构成的创新体系被打破，随着国家创新体系开放性的不断深入，传统研发布局、创新资源也将被重新组合和分配。

（二）带来国家创新体系的正效应和负效应

外资在华研发机构的嵌入，将对国家创新体系产生双重影响，我们称为正效应和负效应。

1. 外资嵌入引发国家创新体系的正效应

自主创新能力的提升是国家竞争优势的核心，外资研发创新资源流入能否成为国家自主创新能力提升的动力，是内外资研发创新管理面临的重要问题。在华外资研发机构对国家创新体系的正向作用可归纳为以下几点：

（1）技术溢出。技术溢出是研发创新活动的基本属性，是由占据技术前沿或研发产业链高端的企业进行的技术转移、扩散活动。按照

知识管理理论，技术溢出被划分为以专利、技术秘密、版权交易、授权使用等方式进行的显性技术溢出行为和以技术诀窍、技术经验交流、潜移默化为主要形式的隐性知识溢出行为。与显性技术溢出相比，隐性技术溢出的过程更为复杂，其溢出行为受空间地理、个人意愿等因素影响较大。从溢出方式看，外资在华研发机构技术溢出的主要途径是人才流动带来的技术转移、扩散。获取高质量、低成本的研发人才是美资企业在华投资研发机构的重要动机，而人才在内资研发机构和美资企业及其他外资企业之间的合理性流动则将进一步激发双方研发创新的活力。对我国高等院校、科研院所及其他研发机构而言，吸收具有外资等发达国家跨国企业研发经验的人才参与研发活动，可将外资先进的技术研发经验带入我国创新体系，并内化吸收作为我国自主创新的重要资源。同时，在对美资企业研发机构调研中还发现，员工离职后，有大量的人员加入到自主创业的队伍中来。

（2）管理重构。管理重构是指在外部环境约束下社会组织、企业组织等的管理制度、模式及运行机制的优化调整与变革。外资的大量引入，对我国创新环境及创新体系的内部运行机理将产生直接影响，在研发合作中提升我国企业管理水平及市场开发能力。

（3）产业升级。外资研发机构凭借先进的技术、资金及规模优势，控制和主导着相关产业的技术研发、产品设计。特别是在新兴技术领域，外资研发机构为我国行业兴起及发展成熟提供了良好的示范，提高了产业创新的层次。如美国微软在与我国信息产业合作的过程中，将其创新视为产业创新的一部分，在重点技术及产品开发方面，与本国同行企业深度合作，提升了我国信息技术产业的国际化进程。

（4）资源优化配置。在技术优势、资金优势的牵引下，外资研发机构嵌入使更多的生产要素或创新资源流向知识密集型、技术密集型行业，提高了资源配置的效率。创新资源在内外资研发机构间的合理流动，促进了外资研发本地化及协同优势的产生。

2. 外资嵌入引发国家创新体系的负效应

（1）逆向溢出。逆向溢出是指处于技术低端的创新系统由于成本

及人才管理缺陷，致使人才、技术、知识等创新资源流入占据高端科技创新系统的现象。

（2）技术锁定。外资研发机构在生物医药、信息技术等技术领域具有显著的垄断性及内部化优势。在研发嵌入中，主要是非核心技术的引入，设定技术标准及市场标准，加剧内资企业及研发机构的技术依赖，遏制其自主创新动力及能力。

（3）技术挤出。外资研发机构逐利的本质以及技术转让和技术溢出的局限性，致使内资企业无法获得核心技术，还存在一定的“技术挤出”风险。原因在于，其一，外资研发机构与本国企业的联系相对较少，在有限的合作中内资企业主要是参与外资研发机构低端技术的研发；其二，外资研发机构的嵌入加剧了我国创新资源的竞争，内资企业在资源竞争中处于劣势，科技创新能力受到抑制。

第三节　美资企业研发机构与本土创新主体的合作及影响

一　开展研发合作的关键动因

与我国高校、科研院所、企业及其他部门开展研发合作是外资研发机构嵌入国家创新体系的必由之路。研究发现，美资企业研发机构与本土研发机构开展合作的主要原因在于以下几个方面：

（1）通过研发合作发现新的成长机会；

（2）通过研发合作创办新企业；

（3）通过研发合作开发新技术和新服务；

（4）通过研发合作克服新技术的不确定性。

对美资企业研发机构与本土研发机构开展合作研发动因进行调研（调研数据统计结果如表 5－2 所示），采用李克特五分制量表对研发合作的动机进行度量。

表 5 – 2　　美资企业研发机构选择研发合作的动机

主要动机	总得分	平均得分	众数
利用外部的新知识和新技术	845	3.95	4
通过合作创建新的企业	790	3.71	4
通过合作开发新技术和新服务	887	4.16	4
通过合作克服新技术的不确定性	837	3.93	4

对研发合作的动机进行总结，排序依次为：通过合作开发新技术和新服务（平均得4.16分）、利用外部的新知识和新技术（平均得3.95分）、通过合作克服新技术的不确定性（平均得3.93分）、通过合作创建新的企业（平均得3.71分）。

由此可见，开发新技术和新服务、充分利用外部知识和技术进行研发创新是美资企业开展研发合作的关键动因。与本土研发机构的合作中，美资企业研发机构一方面可以发现自身技术、人才及市场优势和劣势，及时调整研发战略，使其快速有效地提升研发创新能力；另一方面，通过广泛合作及时掌握当地技术动态、市场信息，在开发新市场、学习新技术方面占据有利地位。克服技术不确定性带来的研发风险也是美资企业选择研发合作的重要依据，借助研发外包、联合研发等形式，大大分散其研发风险。

二　美资企业研发机构与高校（含科研院所）的关系

（一）与高校（含科研院所）合作研发的动机

企业选择与高等院校或科研院所展开研发合作的动机无非有以下几种：第一，高等院校或科研院所是前沿性知识的重要生产地，合作中外资研发机构可吸收和利用高校知识资源优势，提升其产品研究尤其是基础研究方面的实力；第二，高校研发活动成本较低，美资企业将部分处于基础研究、预先研究等阶段的技术委托或发包给高校科研团队，可将研发风险及成本有效转移；第三，高校科研团队不以单纯追求经济效益为目标，与美资企业不构成竞争关系。

（二）与高校（含科研院所）合作的主要模式及演化

目前，外资研发机构与高等院校及科研院所合作的主要模式包括

人才委托培养、委托项目开发、成立联合研发机构、共建实验室等。通过对380家外资研发机构与高校、科研院所及内资企业合作模式调研，明确了上述合作模式在美资企业研发机构中的作用和地位。

1. 人才委托培养

委托人才培养是外资研发机构获取高水平研发人员的重要途径。通过对222家在华美资企业研发机构的调研分析，其中66家研发机构选择以委托人才培养的方式与我国高等院校开展合作，占受访企业数的29.7%。可见，我国高等院校在美资企业研发机构的人才供给、培训方面发挥了巨大作用。

2. 委托项目研发

将研发中的某些环节，以外包的形式委托高校相关团队，也是美资企业研发机构与高等院校展开研发合作的重要形式。但是，经调研数据统计，受访企业中仅有18家企业有研发外包行为，这说明美资企业将研发活动外包给高等院校的障碍因素较多。从另一方面也说明，我国高校与外资企业在研发定位、研发实力等方面还存在明显差距。

3. 共建实验室

成立联合研发中心或联合实验室，建立长期稳定的研发合作关系，可提高研发合作的效率及创新分享程度。在对美资企业研发机构调研中，有67家美资企业与高校建立了不同类型的联合实验室（占调研总量的30%），进行基础研究及应用研究方面的合作。通过共建实验室，高校不仅可以获取部分科研经费，而且还有效地推进了其基础研究及应用研究向实验开发、市场化推广的转化。

4. 成立联合研发机构

与外资企业联合设立研发中心是高校科研国际化过程中高级形式，是外资研发机构介入国内高等院校研发体系的方式之一。但从目前的统计数据来看，与外资企业联合设立的研究与发展机构较少，各类高等院校与外资企业设立的联合研发机构仅为27家。上述现状说明，高校作为国家创新体系的主要组成部分，在研发创新国际化方面还有极大的深化空间。

5. 其他合作模式

外资研发机构与高校合作研发的模式还包括：向大学或科研院所购买（或出售）专利及其他知识成果、成立联合研发团队等。成果转化是大学及科研院所科研管理的重点，外资企业可借助其成果转化的意愿，与高校或科研院所进行科研合作，购买专利是最为直接的形式，购买大学或科研院所专利及其他知识成果的外资企业占到了10%以上。除此之外，联合成立更为灵活的专业团队也是美资企业与高校合作的重要选择。以美国GT为例，其与国内大学（如清华大学、北京邮电大学、东南大学、上海交通大学、浙江大学、北京航空航天大学、中国科学院）在无线通信领域展开了深度合作。

（三）与高校（含科研院所）合作中存在的问题

调研中我们发现，美资研发机构在与本土高等院校、科研院所合作中，面临着如下风险：

（1）高等院校研发周期较长，研发进度难以有效控制。与科研机构相比，高校科研团队承担研究课题多以前沿探索性、关键技术攻关为主，研发项目周期具有不确定性。加之文化和制度差异性，对与高校合作的科研项目进度，外资机构通常难以做到及时跟踪控制。

（2）高校科研人员流动性较强，存在技术外泄风险。在读博士、硕士研究生及青年教师是高校科研团队的中坚力量，对毕业研究生科研保密问题，大部分高校还缺乏相应的约束体系。外资研发机构与高校科研团队合作中，参与科研项目的毕业生将核心技术知识带到未来的工作中，被竞争对手获取将难以避免。

（四）科研合作带来的影响

1. 科研合作对高校研发创新的影响

与外资研发机构进行科研合作，为高校科研创新能力提升带来积极的正效应，也可能为高校科研活动带来一定的“负效应”。

与外资研发机构合作的正效应主要体现在：

（1）模仿—示范效应。外资研发机构依托母公司先进技术及研发管理优势，合作中为高校科研团队带来新思想、新方案及新方法，其先进的科研管理体系也将对高校产生直接或间接影响。国内高校通过

模仿学习，获取先进技术及管理经验，以提升自身创新实力。

（2）协同—关联效应。通过研发外包、战略协作、专利合作等方式，高校与外资研发机构实现创新协同效应。对高校而言，可以克服研发资金、创新活力不足的弊端，加速实现技术转移与成果推广；对外资研发机构而言，可弥补基础研究劣势，降低研发成本及风险，最大限度地整合各类资源。

2. 科研合作对外资企业研发创新的影响

与高校进行深度科研合作，对外资研发机构具有积极的作用，可以提升外资研发机构的声誉、地位，形成良好的社会形象，赢得市场口碑。如美资企业 IBM 中国研究院，每年都会选择部分基础研究项目，与高校科研团队进行某些技术的合作研发，通过项目联合研发、成立实验室、吸收实习生等举措，对高校科研活动产生积极影响。

三　美资企业研发机构与内资企业间的关系

（一）与内资企业开展研发合作的动机与形式

目前，外资企业与我国企业展开科研合作的动机主要包括成本节约、技术获取等，调研结果显示，实现研发成本节约是其选择与本地企业合作的主要动机。基于此目的，美资企业研发机构通常选择将技术含量较低、研发风险较大的项目外包给内资企业。内资企业多处于研发环节的低端，一定程度上遏制了其创新能力。

（二）与内资企业合作中存在的问题

（1）基于技术保护及竞争优势的考虑，与内资企业合作的形式较为单一，合作动力不足。外资研发机构与本土企业主要以研发外包的形式进行合作，内资企业主要承担技术测试、边缘基础技术等非核心技术的开发工作，技术水平低，外资企业技术溢出有限。

（2）与内资企业合作的文化障碍、制度障碍仍然存在。外资研发机构选择研发外包、联合开发或成立联合实验室等方式，这是一种跨文化的合作，研发合作的效果受到文化差异、制度差异的影响，增加了管理成本。

（3）与内资企业合作对创新绩效提升的作用不明显。主要表现在内资企业技术水平、研发管理能力与外资研发机构存在较大差距，尤

其是在生物医药、电子信息技术等领域。较大的技术差距使内资企业在研发合作中获得新技术、新思维有限，还可能致使本身具备的某些先进技术流失。

（4）研发中存在一定的利益冲突。外资研发机构在研发合作中仍占据主导地位，内资企业在研发利益分配中处于弱势地位。如在成果享用方面，根据研发合作合同惯例，研发外包项目成果、知识产权多数情况下归属甲方或甲乙双方共同所有，在成果及知识产权收益方面留下博弈及冲突的空间。

四　美资企业研发机构与政府的关系

政府部门、技术中介、金融法律服务机构在美资企业研发活动中承担着政策制定、公共产品或服务供给、研发环境优化等职能。同时，政府部门在国内基础研究中的组织、引导、资源分配等方面的作用也不容忽视。

（一）合作现状

外资企业研发机构与本国政府的合作主要集中在政策获取、知识产权管理、人力资源服务及研究成果应用等领域。

1. 享受政府优惠政策

近年来，中央政府及各级地方政府在吸引外资研发机构方面，颁布和实施了税收优惠、财政补贴和土地使用优惠等政策，这一系列优惠政策成为外资研发机构在华投资的重要动力。针对研发机构的知识产权登记、保护、推广应用，政府及相关部门提供了知识产权代理、知识产权诉讼及纠纷裁定、科技大市场及知识成果转化平台等公共服务及基础设施，保障了外资研发机构创新活动的积极性。在人力资源服务方面，政府主要通过放宽外资企业人员入境条件、实施高层次人才激励计划，为外资研发机构提供人才支持。

2. 直接参与政府科研项目或科技计划

目前，部分地方政府的科技研发项目计划，开始对外资研发机构开放；如苏州等城市制定了相关文件及办法，对外资研发机构参与科研项目和科技计划做出规定。支持外资研发机构有条件、有范围地申报国家项目、参与科技计划，是今后一个时期外资研发管理的重要突破点。

（二）存在的问题

当前，针对外资研发机构的政策体系及服务体系存在的主要问题表现在：

各地出台的招商引资的财税政策、人才政策日趋同质化，以优惠政策为重要内容的区域比较优势正在减弱。2000 年以前，东部地区借助改革开放的政策优势，吸引大批美国、中国港澳台地区及欧洲研发机构入驻，在对外资研发机构的管理中形成了相对成熟的政策、制度及其运行体系；2001 年以后，中西部地区如成都、西安等地，经过对东部地区优惠政策模仿改进，在吸引外资研发机构方面，具有了明显的后发优势，加之不可忽略的人力资源成本优势，也成为外资企业研发投资的热点地区。表 5－3 梳理了北京、上海、成都、西安促进外资及其研发机构发展的相关政策体系，通过比较研究发现，在政策体系方面，我国东西部地区的差距已明显缩小。

五　研发合作带来的影响

以美资企业为对象，我们在问卷调查过程中，就“研发合作现状及其对美资企业研发机构及其合作单位带来的影响”进行了调研。对美资企业研发机构的影响主要考察对研发绩效的提升作用；对本土研发机构的影响主要分析合作中可能带来的正效应（技术提升）及负效应（技术丧失）（调研数据统计结果如表 5－4 所示），采用“李克特”五分制量表对相关变量进行度量。

与本土研发机构合作，变独立研发为协同研发、联合研发等，解决了美资企业研发机构创新资源供给不足的问题，显著提高其研发绩效的同时，也对本地合作单位研发能力产生积极影响。依据表 5－4 的统计分析，美资企业研发机构选择与高校展开科研合作，对绩效提升的作用最为明显，平均总得分为 3.87 分。选择与本土同行企业或科研院所合作也对绩效提升有一定的正向作用。究其原因，一方面，由于高校作为我国最为关键的创新主体，在基础研究、实验应用研究等领域具有先天优势，选择与高校合作可为外资研发机构带来更多的新思维、新技术的流入，促进其创新绩效的实现；另一方面，美资企业出于同行竞争、研发成本等因素的考虑，多数企业没有与本土同行

表 5－3　北京、上海、西安、成都外资企业研发机构相关政策体系

相关政策	北京	上海	西安	成都
税收优惠政策	①采购设备免退税政策；②企业所得税减免：经营期 10 年以上的，企业所得税减按 24% 的税率缴纳，从开始获利年度起第一年和第二年免缴企业所得税，第三年至第五年减半缴纳企业所得税；新技术产业开发试验区入驻的，经认定的新技术外商投资企业，减按 15% 的税率缴纳企业所得税，享受“三年免缴，三年减半”的税收优惠；③经认定的高新技术企业、先进技术企业和产品出口企业免缴地方所得税	①设备税优惠：科研设备及按合同随科研设备进口的技术及配套、配件，免征进口关税和增值税；②技术转让税优惠：外商研发机构技术转让、技术服务、技术开发业务，按照国家有关规定免征营业税	①西部大开发优惠政策：国家重点扶持的公共服务设施项目，实行企业所得税“三免三减半政策”；进口自用设备，规定政策内免征关税；②省市政策：对外商投资的国家鼓励类及允许类产业，免征地税、城市房地产税及车船税；西安市市区投资举办其他项目（不含宾馆），在经营期开始起的 60% 的期限内免征地方所得税、城市房地产税和车船使用牌照税，免税期满后，如纳税确有困难的，报经税务部门批准，还可以酌情减免	①对符合条件的外资研发中心进口科技开发用品免征进口关税和进口环节增值税、消费税等；②享受西部大开发税收优惠政策；③外商投资举办的高新技术企业，免征地方所得税；④设在成都高新区、经开区的，经营 10 年以上，从获利第一年开始免征两年企业所得税；⑤出口退税政策

续表

相关政策	北京	上海	西安	成都
财政补贴政策		根据其对本市科技研发和科技创新带动的影响和作用，给予一定的财政资助	省市政策：高新区对研发机构实施房租补贴的政策	对符合资助条件的独立外资研发机构、非独立外资研发机构，实施一定的资助[①]
土地优惠政策	外商还可以通过竞买、投标或协议的方式有偿取得北京市城镇国有土地使用权，土地出让期限根据其用途不同，最短 40 年，最长 70 年；外商可以投资经营房地产业，其房屋可以向境内、境外企业或个人出售、出租、转让等	①外商投资研发机构经上海市高新技术成果转化服务中心认定后自批准之日起 3 年内，政府返还项目用地的土地使用费、土地出让金；②免收购用房的交易手续费和产权登记费，部分房产契税可作为政府的补贴返还；③免征建设过程中的上水、排水、煤气增容费和供配电贴费[②]	①西部大开发优惠政策：差别化土地政策，按《全国工业用地最低出让标准》的 10%—50% 的标准执行；②省市政策：凡投资举办产品出口企业、先进技术企业、农业、能源、交通及社会福利事业的，可不予征收土地使用费；投资于其他企业的，可酌情减收土地使用费 50%—90%	①市级战略功能区和现代服务业重点聚集区内新建的特别重大项目，按不低于土地取得的成本价确定出让底价，以挂牌方式出让；②经营期 10 年以上的，免征场地使用费 6 年，第七年开始按规定减半征缴

① 参见《成都市国际科技合作资助管理办法》（2008 年 7 月发布）、《成都市鼓励外商投资优惠政策若干规定》（2000 年 7 月发布）和《成都市人民政府关于进一步做好外资利用工作的意见》（2010 年 10 月发布）。

② 参见《上海市鼓励外国跨国公司设立总部的规定》（2013 年 10 月发布）。

续表

相关政策	北京	上海	西安	成都
人才管理政策	北京市高级人才奖励政策	①相关企业在出入境、外籍人员就业许可等领域可享受便利；②开通高级职称评审直通车；③地区总部及其设立的研发中心引进国内优秀人才的，可以优先办理本市户籍	省市政策：外籍员工及随行眷属因商务活动出入境，可办理一定时期内多次出入境的证件；高端人才优惠政策；外资研发人员优惠政策；西安市技术交易、设备共享奖励补助政策；科技成果转让资助政策	外商投资者实际投资每满30万美元，其亲属可免征一名落户人员的城市增容补偿费，并由市劳动或人事行政部门办理有关手续
其他优惠政策	外商以人民币投资的相关规定：经批准外商以人民币利润再投资，依法享受国家有关税收优惠待遇	①开展跨国公司地区总部人民币经常项目下简化业务流程试点；②根据跨国公司投资规模及销售收入，给予跨国公司地区总部一定资金奖励	西部大开发优惠政策：鼓励外资机构投入矿山开发、生态环境治理的新技术开发项目	积极申请设立一批国家级技术中心；鼓励外资投资研发中心项目；推行“一站式”服务和“并联式审批”

注：除国家层面关于外商投资的税收优惠外，西部城市和地区还可以享受西部大开发相关优惠政策及各省市特殊优惠政策等。

表 5－4　美资企业与本土研发机构合作带来的影响

		总得分	平均得分	众数
对美资企业研发机构的影响	与大学合作研究提高了研发绩效	821	3.87	4
	与科研单位合作研发提高了研发绩效	818	3.84	4
	与本土企业合作提高了研发绩效	816	3.86	4
对本国研发机构的影响	促进本土同行业技术提升	850	3.99	4
	本土同行业企业丧失了部分优势技术	702	3.30	4

企业或研发机构合作的意愿。

统计结果进一步显示：本土企业在长期的研发合作中，技术水平会有较大提高，获取技术溢出的“正效应”；与此同时，我们不能忽视合作中存在的“负效应”，即研发合作会使本土企业丧失部分优势技术（本问题回答结果众数为“4”，有 79 名受访者表示“赞同”），内资企业在研发合作中应注意防范。

第六章　美资企业研发机构的运营环境

美资企业研发机构的外部运营环境包括政策法规环境、资本环境、市场环境以及外部行业和企业形成的生态环境，这些因素影响美资企业在华开展研发活动的意愿与效率，影响研发区位、研发机构的形式与外部合作方式的选择。东部沿海、中西部、珠三角和京津地区，由于在市场化程度、资本市场健全程度、人才等资源供应方面存在差异，导致研发机构呈现出区域分布过度集中、协同程度低、研发活动较为低端、以市场开拓为主等特点，不同区域的研发机构形式和内容也存在较大的差异。因此，需要分析外部环境的构成与特点，结合研发机构自身情况，分析美资企业采取何种模式以获取资源和适应环境。

在此基础上，我国为了吸引美资企业开展研发投资，需要对影响研发机构运营的环境进行优化和改进。本章将深入分析美资企业研发机构的内容和形式的差异性，结合制度理论和资源理论对美资企业研发机构不同形式的选择进行分析。进一步地，从美资企业研发机构的外部宏观政策环境、经济环境，以及开展协同创新的生态环境进行分析，为中国各地方政府吸引美资企业研发机构，为美资企业研发机构与本地企业、大学和科研机构的重大科技创新搭建一个合作开放的平台，为吸引美资企业研发中心纳入创新生态体系，促进创新生态体系的健全与发展提出相关的依据。

第一节 美资企业在华研发模式选择的影响因素

美资企业在华开展研发的模式可以按照投资方式、研发内容以及机构定位进行分类。美资企业投资研发有不同的形式，包括直接投资、合资、合作、独资方式，以及设在外商投资企业内部的非独立法人的独立研发部门或分支机构等多种形式。从研发内容分类来看，有基础研究、应用研究、产品开发、市场拓展等。从机构定位方面来看，包括直接从母公司移植技术、开发适应中国市场新产品、为亚太市场研发新产品、承担母公司全球化产品研发的一部分、独立开发或主持开发全球新产品、配合进行全球新产品同步开发、协助母公司开展全球技术研究。其中，在不同的研发形式中，全球研发中心承担着全球研发项目的关键步骤和绝大部分过程，这种研发形式最能提升我国的研发水平，因此，需要设立这种集团内部最高级别的研发中心。同时，促进美资企业综合不同的研发内容，在不同的区域构建研发体系。例如，微软已形成以北京为总部，在上海、广州、武汉、深圳设有分公司的架构，构建起由基础研究、产品开发、市场推广、技术支持与服务等环节相互衔接的完整研发链，通过商业创新中心、硬件创新中心、中国技术中心、外包事业中心、解决方案中心构成的创新体系，建立起以中国为核心，辐射亚太区域，从而影响全球的研发的创新体系。IBM 也分别在北京、上海、西安、宁波、香港、台北设立研究中心，主营 IBM 核心软件及硬件的研发、技术支持以及与合作伙伴展开的技术联合创新业务。除了对全球新技术在中国进行应用，中国研发机构也助力 IBM 在云计算、大数据分析、社交商务、移动、安全和智慧城市等多个关键领域开展基础研究，主要定位于开发适应中国市场的新产品，同时承担母公司全球化产品研发的一部分，以及为亚太市场研发新产品。因此，我国需要在企业自主创新的基础上，借助美资企业高端研发机构等代表世界一流水平的创新组织的外力，吸引

美资企业等外资机构构建内容丰富、跨区域融合、高端定位的创新平台和创新体系，以实现跨越式发展。

表 6－1　　美资企业研发机构模式分类

分类方式	类型划分
投资方式	直接投资
	合资
	合作
	独资
研发内容	基础研究
	应用研究
	产品开发
	市场开发
机构定位	直接从母公司移植技术
	开发适应中国市场新产品
	承担母公司全球化产品研发的一部分
	独立开发或主持开发全球新产品
	配合进行全球新产品同步开发
	技术产品辐射全球的全球研发中心

美资企业研发模式的选择受到外部宏观政治环境、经济环境、微观层面的行业环境、人才环境、技术环境和生态平台环境等因素的影响。我们结合制度理论以及资源理论，从外部制度的规制和压力，以及外部资源的可获得性的特点，分析外部环境中影响外资企业研发模式选择的动因。美资企业研发机构研发模式选择的影响因素分析如图 6－1 所示。

一　制度环境影响因素分析

从制度理论来看，外部的制度因素主要包括政治与政策方面的法规压力与控制，经济方面的资本可获得性和市场流动性。政策法规控制、资本可获得性和市场流动性几个方面对外资研发机构的影响程度高低不同，同时，这几个因素在我国区域间存在不同程度的差异。

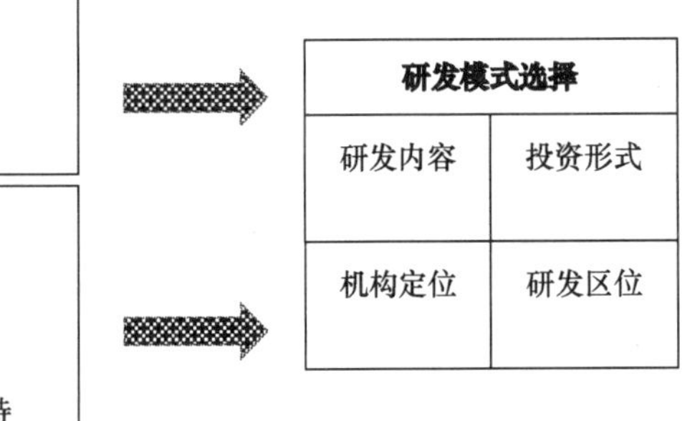

图6-1 美资企业研发机构研发模式选择的影响因素分析

在343家外资研发机构的调查样本中，调查了最需要改进的因素。107家美资企业研发机构认为是“公共技术平台配套不足”，占31%，即我们的研发生态环境构建是吸引美资企业研发机构非常关键的要素。97家外资研发机构认为“地区研发人才储备不足”是影响研发活动开展的最主要的因素，人才环境需要改善排在第二位，占28%。排名第三的是制度层面的因素，有86家美资企业研发机构认为“知识产权保护不力”是需要改进的最主要因素，占25%。53家企业认为“政府对企业干预过多”影响研发活动开展，也是需要改进的主要因素。我们发现，在制度因素中，政策和法规控制是很多企业感知的影响研发效率的重要因素，认为最需要改进的是“合同与产权保护”以及“政府干预”。这两项因素在我国不同区域的差异并不是很大，是普遍存在的问题，因此，为了更好地支持外资研发机构在华研发活动的开展，从制度层面最应该关注的就是加大对合同与产权的保护，完善专利和产权保护的法规，以及减少对美资企业研发机构等进行政策等政府的干预活动。

在调研中，IBM公司认为，技术和市场的成熟度、政策的完善和支持都是影响它们选择研发区域、研发内容的重要影响因素。在区位选择方面，它们认为广州、深圳等将作为未来研发机构的首选地，原因是广州、深圳经济发展成熟度高，政府干预小，市场需求大，开发程度高；且接近香港地区，获取人才较为容易。在西部地区，由于技

术市场、政府的干预等较之东部地区存在差异，一些公司在选择研发模式方面就会偏向于选择合资或合作。如西门子信号公司位于西安经济技术开发区，由西安铁路信号厂与西门子（中国）有限公司共同投资组建。西门子公司刚进入我国铁路信号产业时，采取的做法是直接引进德国技术，西安公司的首要任务是负责技术的翻译与生产。由于中国的铁路管理有自身特点，德国技术与中国市场需求存在很大差异，在西安公司没有成立研发部门之前，它们把市场需求发给德国总部完成开发。这种冗长的信息反馈流程效率很低，客户的需要不能及时解决。随着中国市场的业务扩大，西安公司扩大了研发部门规模，目前，中国市场的需求主要由本地公司实现研发。西安公司成为全球

表6－2　制度因素对美资企业研发模式选择的影响分析

制度因素	区域差异程度	影响程度
法规控制	中	高
法规压力	中	中
合同与产权保护	中	高
交易政策	中	中
非正式市场	中	中
政府干预	中	高
美资投资限制	低	中
货币政策	低	中
资本可获得性	高	低
资本供应环境	中	低
资本投资环境	高	中
市场流动性	中	中
技术市场	高	高
市场流动性	中	高

研发的一个环节，主要服务于中国市场，但经董事会评估，进行知识产权的内部交易和转移，可以在全球范围内使用，以避免重复开发。因此，外部制度和市场环境的进一步完善也会促进研发机构研发模式的转变与升级，评估和改善外部制度环境成为吸引外资企业的重要内容。

二　资源环境影响分析

外资企业设立研发机构还需要考虑的一个重要因素就是资源的需求，外资企业设立研发机构需要从外部获取人才、市场、资金、技术、平台、合作伙伴和商业系统等资源。需要资源的类型、资源水平、资源获取的难易程度都是外资研发机构选择研发模式的重要影响因素。

我们对美资企业在华设立研发机构最想获取的资源进行调查，发现对商业关系网络、人才、合作伙伴创新能力、技术许可、专利需求程度较高，而对贷款和资本、机器设备、与政府关系等资源的需求较低。同时，在上述呈现的对最需要改进的环境因素调查中，排名第一位的是“公共技术平台配套不足”，公共技术平台是研发机构最想获取的资源。政府除在政策优惠等方面吸引外资研发机构以外，完善公共技术平台的配套才是最需要改进的因素。由于自身的技术能力和资源的限制，外部的技术平台和研发网络支持是保证研发机构开展基础研究和重大突破性技术的重要保障，而这是我国各个区域都比较缺乏的，也是需要进一步改善的最主要的环境。

97 家外资研发机构，占 28%，认为“地区研发人才储备不足”是影响研发活动开展的最主要的因素，研发人才的素质是非常关键的资源。因此，不同区域的公共技术平台和人才储备差异是影响研发机构选择区位和开展研发内容的关键影响因素。在不同区域获取资源存在差异，例如，在西部地区，我们在对西门子信号公司的调查中发现，市场资源和商业关系网络是它们最为关注的，因此，在研发模式上也更倾向于技术在市场的应用。另外，在对艾默生西安研发中心调查中发现，投资于西安的主要因素就是人力资本的优势，它们表示主要考虑到西安院校众多，毕业生多，生源充分，研究所多，因此，将

西安作为艾默生重点发展区域之一。但是，西安的人才层次较北京、上海、广东等发达地区来说依然较低。当然，西安的人力成本较之也低，这就取决于下一步城市的发展与配套设施的匹配程度，以吸引更多的优秀高层次的人才。在对康龙化成西安研发中心调查中，它们也认为西安具备人力成本优势，公司在西安招聘相关技术人员较北京等一线城市而言成本较低。此外，西安作为西北区域经济文化中心，对于在海外留学及沿海城市的高端人才来说，在同等条件下更容易接受，因此，我国的各区域要培养和吸引高端人才仍然至关重要。尤其对于经济落后的地区，吸引更多的外资研发机构进入，提高城市配套，吸引优秀人才是实现经济赶超的重要措施。

第二节　美资企业研发机构的外部环境优化

在对美资企业研发模式选择影响分析的基础上，就需要研究下一步进行外部环境优化的方式。为了促使美资企业在研发区域选择上更分散，形成分布广的创新体系；在研发内容方面能够更多地兼顾基础研究和应用研究，形成多层次的丰富的创新内容；在研发定位上更多地定位于全球研发中心，使在我国的创新活动能够辐射全球，通过创新溢出和扩散提升我国企业的研发能力，我们就需要在制度环境和资源环境方面做出进一步的改善与优化。

我们按照调研中最需要改进因素的排序：“公共技术平台配套不足”“地区研发人才储备不足”“知识产权保护不力”“政府对企业干预过多”构建外部环境优化的体系，分别从外部宏观政策环境优化、经济环境优化、外资研发企业自身创新网络和其他技术平台出发，提出具体的优化方式（见图6－2）。

一　宏观政策环境

通过调研发现美资企业研发机构所关注的一个重要的问题就是外部宏观环境，包括政府政策的一般环境以及对美资企业研发机构的特殊政策环境。研发活动需要政策的稳定性、降低政策变化风险、加强

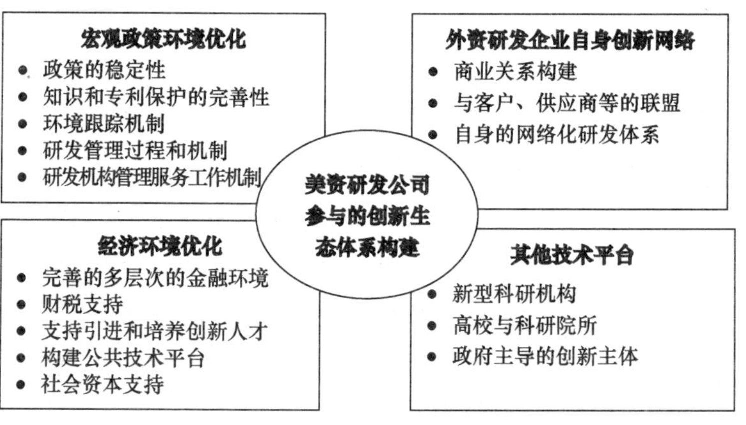

图6-2 美资企业研发机构外部研发环境构建与优化

知识产权的保护等政策环境的支持。因此，需要通过完善政策以支持设立各种形式的美资企业研发中心，包括对基础研究、应用研究、产品开发等各方面研发活动开展的支持，支持美资企业研发中心通过合资、合作、独资方式，以及设在外商投资企业内部的非独立法人的研发部门或分支机构等多种形式开展研发活动，从而吸引全球研发中心来升级和优化我国的研发环境。

（一）政策的稳定性是美资企业研发机构关注的重要问题

通过调研发现政策的易变性给美资企业研发机构带来了很大的政策适应的风险，因此，在政策制定中考虑到对美资企业研发机构政策的内容清晰性，增强政策制定与执行的稳定性。对政策中的具体内容、时间期限等给予明确和详细的说明，各项政策内容要具体化和细化，并加强政策执行稳定性以及政策实施的持续性，降低美资企业研发机构对政策风险性与不确定性的感知，增加研发活动开展的力度。

（二）知识和专利保护的完善性影响研发动机

调查结果显示，美资企业研发机构认为知识产权保护政策不完善是阻碍研发活动开展的重要外部因素。IBM、西门子信号、艾默生等公司都认为，知识和专利保护不完善是影响总部在华投资研发的一个障碍因素。因此，需要通过进一步加强对知识产权的保护，降低美资企业研发机构对国内知识产权保护政策薄弱的感知，使美资企业研发

机构的专利、技术知识和经验等能够得到知识产权法律和法规的保护，支持和促进美资企业研发机构创新活动的开展。

（三）建立环境跟踪机制以优化环境

建立定期对美资企业研发环境进行跟踪评价的机制，根据评价结果对美资企业研发机构的环境中存在的问题进行改进，以持续对美资企业研发环境进行改善。通过对美资企业研发中心环境影响评价实行分类管理，探索如何对不同行业、不同发展阶段的美资企业研发中心的运营环境进行改善，从美资企业研发机构进入的前期阶段、发展阶段等建立相对应的环境跟踪分析机制。通过环境的跟踪评价，持续优化改进，关注美资企业在华发展的环境需求，吸引美资企业研发机构以不同的形式在我国开展研发活动。

（四）支持外资研发管理过程和机制

建立一些更便捷的管理机制支持外资研发活动的开展。我们在对康龙化成的调研中发现，研发设备的进出口政策给企业研发带来很大的麻烦，因此，应在政策跟踪和评估的基础上，有针对性地建立支持研发的管理过程与机制，以便于美资企业的研发设备进口。海关、出入境检验检疫部门对全球研发中心优先办理报检资质审批，优先考虑提升信用及分类管理等级。对美资企业研发中心进口设备及其配件、备件和研发用试剂、样品等，采用提前报检、提前报关、实货放行的通关模式。符合要求的美资企业研发中心可凭申请提供集中报检、“一站式”检验检疫等服务。出入境检验检疫部门对美资企业研发中心入境生物医药材料进行风险评估，建立分类管理体系。适当放宽对风险较低的基础性生物医药材料的进境限制，免予核查输出国家或地区动植物检疫证书。对全球研发中心进口的生物医药样品、试剂实行“一次审批、一年有效、多次放行”、大幅减少查验频次。为美资企业的研发设备进出口提供更为便利的管理过程与管理机制，能够进一步吸引研发投资。

（五）建立和健全美资企业研发机构管理服务工作机制

各级政府需要进一步关注和加强对美资企业研发机构的管理与服务。由政府各部门协调共同成立专业化的服务和管理机构，建立针对

美资企业研发机构的管理服务工作机制，完善对美资企业研发中心的认定、支持与服务协调机制。通过完善针对不同类型研发中心的管理服务政策和条例，进一步使美资企业研发中心能够更好地通过有效率的创新与研发活动带动当地的创新活动的开展。

为促进美资企业研发机构的资金来源以及投资便利性，优化非贸易项下付汇流程手续，加强对美资企业研发机构的纳税辅导与服务，为全球研发中心非贸易项下的付汇合同备案、纳税判定提供绿色通道，为美资企业研发中心投资活动提供更多的便利。

鼓励美资企业研发机构融入本土的创新支持体系中，增强美资企业研发机构与当地政府的互动。促进和鼓励美资企业研发所取得的发明、发现和其他科技成果，参与各种政府部门组织的评审及评奖。对为科技进步、经济和社会发展做出突出贡献的美资企业研发人员进行奖励，支持美资企业研发融入创新支持的大环境中，鼓励美资企业研发机构积极开展支持本地经济和产业发展的技术研发活动。

二　经济环境

美资企业研发机构开展研发活动，需要一个多层次的资本和金融环境，需要支持研发活动的财税政策，以及促进和完善人力资本、技术资本和社会资本等经济资源和经济要素互动发展的环境。

（一）健全完善的多层次的金融环境是经济环境优化的基础

为了进一步促进美资企业研发活动开展，需要构建一个成熟的多层次的资本市场环境，吸引各方面的投资者，形成支持研发活动开展的金融环境。例如，在美国的资本市场包括全国性证交所（NYSE）、地方证交所、第三市场（上市股票的场外交易）、第四市场（大机构和投资家直接交易的场所）、纳斯达克全国市场、纳斯达克小型市场、小额股票挂牌系统（UICBB）等多个层次。在上述层次中，各个上市标准逐层降低，其中后两个层次的市场是专门为中小企业的资本交易提供服务的，对挂牌企业几乎没有什么要求。提供多层次、多种退出渠道的资本市场，最大限度地降低了资本的流动性风险，吸引了各方面的投资者，为美资企业研发机构提供了外部资本的介入，构建吸引美资企业研发机构的外部投资环境。同时，培育和发展产权交易平

台，建立多层次的产权交易市场，连接不同区域内对资本的需求与供给，从不同层次满足资本交易的需要，从更大范围调动资金，以整合企业资源、提高资本的使用效率。

（二）财税支持是美资企业开展研发活动的推动力

在调研中发现，大量的美资企业仍然认为财税优惠政策是吸引其选址的主要影响因素，因此，各地区还需要通过落实国家支持科技创新的税收政策，支持美资企业研发机构在国内更好地开展研发工作，组织美资企业研发机构积极申报国家和省级的各种创新支持基金。进一步细化和加强财税政策支持力度，如落实外资研发中心在投资总额内进口的自用设备、利用自有资金进行技术改造进口的自用设备及按照合同随着设备进口的技术及配件、备件，可按国家规定享受免征进口关税的税收优惠政策；从事技术转让、技术开发业务和与之相关的技术咨询、技术服务取得的收入，可按国家税收政策的规定，享受免征增值税的税收优惠；符合条件并经认定为高新技术企业或技术先进型服务企业的，按国家规定减按15%征收企业所得税。通过落实和细化各项财税政策，形成支持美资企业开展研发活动的经济环境。

（三）支持引进和培养创新人才

高层次丰富的人力资本是吸引外资研发机构的关键，我们在国际上面临着印度等国家的人才挑战，印度也成为吸引外资研发的重要地区。同时，我国不同的区域，如香港就比广州、北京和上海等地具有更强的竞争力。国家需要制定高端人才吸引政策，鼓励美资企业研发中心与各区域的高校和科研院所建立人才合作平台，通过多层次、多渠道培养高素质人才，实现人才供给与外资研发中心需求的有效对接。支持美资企业研发机构建立高校、科研院所实践基地，联合培养研究生。鼓励美资企业研发机构与高校、科研院所和企业共建实验室和人才培养基地。鼓励支持研发能力强、产学研结合成效显著的美资企业设立企业博士后科研工作站，积极招收外籍博士后科研人员。通过完善人才引进政策，鼓励支持美资企业研发机构引进各类高层次和紧缺急需人才。为外籍人才就业提供签证办理便利，为外籍人才就业提供居留便利，降低永久居留证申办条件，完善申办途径。为美资企

业研发机构在华发展提供来源丰富、专业化和高素质的人力资本，支持研发活动开展。

（四）构建公共技术平台是核心

支持美资企业研发机构与大学、科研机构联合，增加公共技术平台，建设特色专业技术平台。高校和科研机构在技术力量方面具有优势，美资企业研发机构可以通过技术成果转让、协作研发或共建实体方式来实现技术平台的建设。另外，成果转让模式指的是高校和科研机构将其所拥有的技术成果一次性让渡给美资企业，美资企业研发机构负责二次开发并独立承担收益和风险的一种技术合作方式。协作研发方式指高校或科研机构与美资企业研发机构之间为研究开发新技术、新产品而进行的合作，高校或科研机构将技术以作价出资的方式对企业进行投资，企业在获得新技术产品收入之后，按照合同比例给予技术方相应的报酬。共建实体方式是在科技成果转化过程中，技术合作中社会网络的各方合作进行资产组合，组建经济实体，独立开展市场运作的一种方式。通过与外部技术资本共同合作，利用丰富的外部技术资源促进研发活动的开展。

（五）为美资企业研发机构提供社会资本支持

社会资本可以为美资企业研发机构提供社会关系网络支撑，这就需要政府等机构共同帮助美资企业研发机构构建社会资本，促使美资企业研发机构融入当地的创新体系中。首先，政府应当制定和健全相关的法律法规，制定并实施更具针对性的政策，为美资企业研发机构的健康发展提供良好的环境。其次，政府应当提供良好的外部条件，在美资企业与本地企业、高校等机构协作中扮演担保人、联系人、中介者和桥梁的作用。政府还应加强美资企业研发机构网络渠道的建设，提供各种相关的信息，促进美资企业研发机构与本地企业之间的互动，使技术和知识在不同的研发中心之间流动，帮助美资企业研发机构获取各种社会网络，获取社会资本，使美资企业更好地融入创新体系中。

三　协同创新的生态环境

构建能够与美资企业研发机构进行协同创新的外部生态环境，包

括构建开放式的资源聚集平台，支持美资企业研发机构不同创新阶段研发活动的开展，形成支持协同创新的生态群落环境，促进生态群落中各组织对于资源的获取、利用和整合，形成不断发展、动态演化的创新生态体系。

（一）构建开放式的资源汇集平台

构建开放式的资源汇集平台以联系和利用外部的服务资源，为美资企业研发机构提供技术支持、资本支持和人力资源支持等。建立与大学、科研院所等技术源头的联结，充分结合企业咨询、银行、评估机构、投资公司、中小企业担保公司、认证中心、专利事务所、代理机构等网络化的外围组织，促进美资企业研发机构与包括高校、R&D研究部门、商业研究所等在内的创新源的联系。通过与政府部门、立法部门、商业联合会的联系，获取政策的支持。与一些专业支持性组织，包括会计、法律、咨询等组织进行联系。与一些供应商、客户、其他孵化器、大企业进行联系，促进资源的互相融合，使资源更好地流动和配置。获取与社会团队、一些关键个人、咨询顾问的联系。支持美资企业研发中心参与研发公共服务平台建设，鼓励美资企业运用自身研发资源及全球创新网络，与本市高校、科研院所、企业联合开展产业链核心技术攻关。鼓励有实力的美资企业研发机构在基础研究和全球性重大问题等领域积极参与国际大科学计划。

（二）构建支持美资企业不同阶段研发的外部生态环境

加强各类政府科研项目前期信息沟通，拓宽美资企业研发机构参与政府科研项目发布及收集渠道。鼓励美资企业专家参与重大科技和工程项目的前期可行性研究，鼓励专家智库吸收美资企业研发人员。支持美资企业研发机构参与政府科技计划项目，并与高校、科研机构和企业合作参与政府重大科研和工程项目、联合申报各级各类科技发展计划项目。

支持科技成果转移转化。鼓励美资企业研发中心具有自主知识产权的技术和成果进入技术交易平台等进行交易，加速技术成果转化。鼓励美资企业研发中心高新技术成果产业化，符合条件的可享受有关扶持政策。对在本地转化的科技成果，根据综合经济指标的完成情况

及项目知识产权的属性、创新程度等，在一定期限内，对高新技术成果转化项目的收益给予所得税优惠政策。

（三）建设多层次的开放的生态群落模式

生态群落是指围绕某一产业链形成的研发机构之间、企业与科研机构、政府、科技中介机构、金融机构等之间进行物质循环、能量循环、货币流通、信息传递、知识交流、技术扩散等交换活动，进而相互作用并形成的具有自组织自我调节功能的生态学功能单位。生态群落孵化模式既包括美资企业研发机构内部的运行，又包括其与外部环境之间的交互。从而在整个区域形成良性的创新网络，体现出整个创新体系竞争优势的区域创新环境。

政府部门作为美资企业研发机构的创新生态网络的一部分，应积极促进并参与创新网络内各种资源的流通。生态群落的内部运行包括水平结构、垂直结构和内部各群的交融。水平结构是指美资企业研发机构生态群落的水平配置状况或水平布局。即要建立合理的水平结构，保持电子信息类、生物医药类、新材料类、环保和新能源类等多个产业集群并驾齐驱的局面，促进形成产业链分工或产业联盟，培育特色产业，促进美资企业研发机构与相关产业的快速成长。垂直结构是指注重合理配置研发机构的规模结构，形成大、中、小企业共存多赢的良好关系。注重与当地的产业特色相结合，有意识地构建不同结构层次的美资企业研发机构，从而提升和改善我国的创新环境。

我们需要创建积极共生的创新环境，促进研发机构及其他组织形成的生态群落内部各种群体之间的交融。进一步完善支持创新的城市基础设施的建设，加强群内或不同种群企业间的沟通与协作，促进生态体系之间的信息、技术和能量的流动。可采用的方式有召开各种企业座谈会、开展企业相互观摩和组织企业家俱乐部互动等形式，使美资企业研发机构与当地企业之间相互了解，构建社会网络建立合作关系。促进不同组织之间的优势互补，在获取资源和提升价值方面实现共赢。美资企业研发机构生态群落的形成和发展要以外部环境的人力资本、金融资金、社会资本和技术资本为支撑，实现人才、资金、技术和社会关系等资源的有效供给。通过生态群落中组织的相互作用，

在产业链与供应链之间，在研发机构与国内的高新企业合作中，在国内外研发人员的流动与合作中，促进信息、资源、技术和知识的相互转移、流动与扩散，发挥美资企业研发机构的作用，形成不断演化发展的创新生态体系。

美资企业研发机构的资源网络如图 6－3 所示。

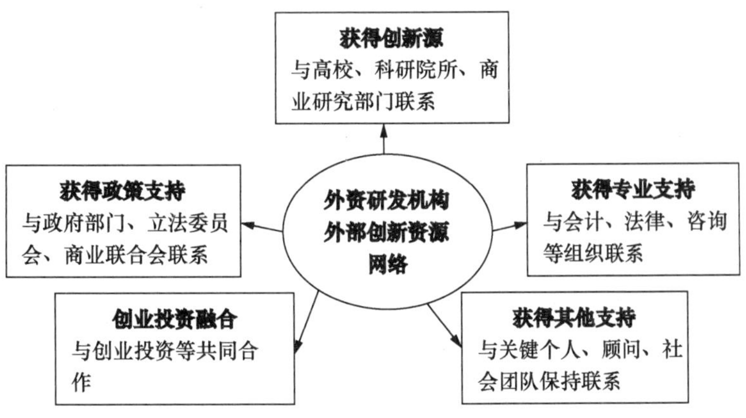

图 6－3　美资企业研发机构的资源网络

第七章　美资企业研发网络的构建与关联分析

在全球化背景下，中国在世界经济格局中的战略地位越来越重要，越来越多的跨国公司以中国为基地搭建起全球生产网络、营销网络和研发网络。从 20 世纪 90 年代至今，外资企业在华研发活动已由简单建立研发机构的单向沟通模式，发展到在华建立孵化体系、参与全球化研发网络等双向沟通模式。美资企业在世界技术开发中扮演重要的领导角色和先驱角色，表现出快速发展的态势，研究中心的组织形式也呈现出不同的空间形态。美资企业研发活动的特殊性决定了其空间分布及空间效应的特殊性，中国政府、研究机构和高校又在其中扮演什么角色？中国企业如何借力全球化这一契机实现飞跃和赶超？本章分析美资企业研发机构在全球研发网络中的地位和作用，从美资企业在华建立研究中心的动机、管理模式、网络扩张与发展三个方面进行调查研究，并以高通公司研发网络构建作为案例进行总结。

第一节　美资企业研发投资的战略动机

传统管理理论认为，相似职能应聚集在一起以形成规模效应，因此研发中心位置应相近，一般位于母公司。由于制造功能大规模外移、研发成本、贴近目标市场等原因，大型跨国企业选择放弃完全集中的研发管理模式，由单一决策向多决策转化，实行分权管理，在国际范围内建立研发网络。根据调查研究，目前在华建立研发中心主要出于以下四大战略动机：

一　响应当地顾客需求，为海外制造基地提供技术支持

由于国情、文化、民族特质的差异，各国市场具有特殊性和不同消费偏好，在当地进行研发能够更好地了解个性化需求，有针对性地开发相关产品，以支持其产品的先进性和技术的垄断性。同时，能够迅速响应顾客需求变动，减少沟通成本，提高顾客满意度。受访公司认为，产品开发的综合方法代表了客户与公司在设计、研发和销售工作中的有效协作。美资企业为了满足海外市场需求，在中国本土设立与技术支持、产品改良相关的研发单位，或是为服务在中国的制造基地，设立技术转移或生产工艺创新相关的研发单位。例如，美国莫仕认为，持续不断地提供创新的产品是维持牢固客户关系的关键。正因为如此，莫仕在包括中国在内的多个国家拥有上千名海外电气、机械和工艺工程师，以支持和提供持续的创新，希望“以更快的速度开发、制造优质的产品，并投放市场”。

针对这一点，实地调查还发现，美资企业在华建立研究已经不仅仅单纯是为了响应中国市场，更多的是希望以中国为据点，辐射马来西亚、新加坡等四周国家。一方面体现中国在世界经济中的地位，另一方面从侧面解释了现有在华研发大多是从顾客需求为导向的改进式研发，而基础性研发很少。

二　获取当地廉价人力资源，节省研发成本

调查结果显示，美资企业在华研发的另一个战略动机是获取中国低成本、高素质的科技人力和较优良的研发政策环境。接近中国优质教育资源中心，如北京中关村、上海张江等地，获取丰富熟练的人力是美资企业在华设立研发中心的第二个重要原因。近年来，在华研发中心的研究深度和先进性有所提高，有个别公司研发水平和任务重要程度甚至超过美国本土研发中心。但对大多数美资企业而言，仍存在“隐形的天花板”，企业核心技术仍以美国本土研发为主。

三　推动全球一体化运营，实现全球资源整合

在华设立研发机构的另一个日益凸显的原因是美资企业逐渐清晰的全球战略。中国作为全球一体化的重要成员，对跨国公司有效整合全球研发活动、利用比较优势规划全球研发策略、构建有效的全球性

研发网络、实现全球化运营服务等有相当重要的作用。有效整合全球研发据点，形成知识与技术迅速流通的网络，并将全球研发网络纳入公司整体经营计划，成为美资企业建立研发中心更高层次的战略动机。

四 与当地政府建立良好的关系

调查结果显示，部分大型美资企业在华建立研发中心，是出于对中国政治经济形势的理解。在政府强市场弱的双元社会格局中，中国政府希望通过外资在华建立研发中心加速研发技术外溢，提升中国企业技术水平和创新能力，因而，在华建立研发中心往往成为换取政治资源的条件之一。为了能够获取中国市场准入资质、加速运营操作等原因，大型美资企业可以通过建立研发中心来消除壁垒，最典型的是高通、微软、IBM 等公司。本课题组调查表明，IBM 以在中国设立研发中心，为中国培养人才、每年向高校投资等方式获取更好的政策环境。在研发活动中注重维护与中国政府的关系。例如，IBM 实行“去 IOE（服务器、数据库、EMC 存储）”活动，是政府举措的重要影响。IBM 谨记 GOOGLE 在中国失败的教训，高通也有类似说法。

通过对以上四大战略动机的分析，美资公司在华研发的动机可细分为为本地生产或销售提供技术产品的本土化支持、开发本地新技术、开展面向全球市场的研发。在一定程度上，美资企业的研发战略动机具有时间上的序列性，如图 7－1 所示。调查研究发现，跨国公司研发走出国门的最初动因是为了满足全球生产网络的需求，为当地生产部门提供技术支持，为进一步扩展市场、抢占份额、服务顾客提供应用性研究开发。在两者均满足的条件下，美资企业受到利益驱动因素的影响，开始关注开发和利用中国廉价的物质资源和人力资源等。最后，当跨国公司发展到较为成熟阶段时，开始谋求全球研发网络。值得注意的是，被调查公司表明目前美资企业研发的目的越来越复杂，呈现出目标多元化的发展态势。例如，微软公司于 1992 年在中国北京设立代表处，1995 年微软（中国）有限公司成立，2013 年在上海、杭州、重庆、西安等多地均设立分支机构，业务覆盖全国。微软在中国的机构设置和功能日臻完善，已拥有微软中国研究开发集

团［由微软亚洲研究院、微软亚洲工程院、微软亚洲互联网工程院、微软中国研究开发中心、微软中国技术中心、微软互联网技术部（中国区）、微软亚洲硬件技术中心及其他分布于北京、上海、深圳、武汉的各类产品研发机构组成］和微软大中华区全球技术支持中心等机构。微软在中国的发展历程跨越三大阶段。1992—1995 年是微软在中国发展的第一阶段。微软发展了自己的市场，建立了自己的销售渠道。1995—1999 年是微软在中国发展的第二阶段。相继成立了微软中国研究开发中心、微软全球技术支持中心和微软亚洲研究院，形成三大世界级的科研、产品开发与技术支持服务机构，微软中国成为除美国总部以外功能最为完备的子公司。从 2000 年开始，微软进入了在中国发展的第三阶段。

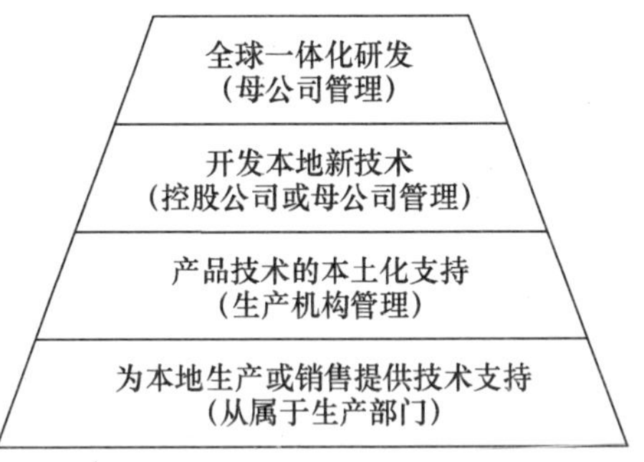

图 7－1　美资企业研发机构的功能演化示意

另外，不同行业的企业在华建立研发中心的动机差别明显。例如，制药、电子、信息工程的企业往往是为了获取廉价人力资源，而机械化工行业更多的是为了服务和支持在华或亚太地区业务。从区域发展态势来看，美资企业研发机构在我国东部、中部、西部呈现出非均衡的分布，不仅在数量和规模上存在巨大的差异，且美资企业研发机构与区域创新系统的活动方式也很不一样。东部受益于越来越多的美资企业全球研发总部，可概括为“全球一体化研发”“全球研发示范模式”，互动方式主要包括人力资本互动和创新集聚示范；西部外资研发的主要介入动因是开发本土市场，可概括为“本地应用互动模

式”，互动方式主要包括与本地机构合作和产业集聚示范竞争，如成都高新工业园、西安高新工业园；中部地区外资研发相对落后、主要面向本地优势产业，可概括为“产业关联互动模式”，互动方式主要包括合资合作技术转移和产业关联互动。东部、西部和中部的区域差异实际上反映了外资研发从技术支持到本地应用，再到全球研发的升级路径，外资研发能否与区域创新系统形成良性互动，关键在于其能否与本土创新主体形成长期合作机制。

第二节　美资企业研发机构管理模式

美资企业研发的动机不同，导致其在华研发机构获取内部资源的能力也不同，因此，采取不同类型的研发机构管理模式。对母公司与子公司的关系、信息共享、学习效应等方面调查发现，在跨国公司研发全球化的不同发展阶段，研发组织张力并不相同，其组织结构演化的最终结果表现为由总部中心型（the headquarter - centered MNC）向分支机构中心型（the subsidiary - centered MNC）转移。随着组织结构的演化，研发权力发生转移，最终使母子公司间的资源交流由母公司的单方面输出转变为母子公司间的双向交流，研发机构也从技术依赖母公司的角色，转变为对美资企业竞争力有贡献的积极角色。而各个海外研发中心在各自的成长发展过程中，随着当地化优势的积累和发展战略意图的变化，彼此间也进行着内部资源配置的竞争，并导致其功能角色不断发生演化。如图 7 - 2 所示。

一　集中研发组织模式——雅富顿化工、新蛋网络等公司

在这种模式中，研发机构独立于其他部门，为集团内的所有部门提供技术服务，并开展应用。这种组织结构有两种类型：

第一，母公司技术集中、高度领先，而在华研发基础薄弱。例如，雅富顿公司的研究和开发部分别位于美国弗吉尼亚州的里士满市（Richmond）和英国巴克郡的布瑞克内尔（Bracknell）。建于 1994 年的里士满研究中心承担了大量的新产品开发、分析、研究和台架试验

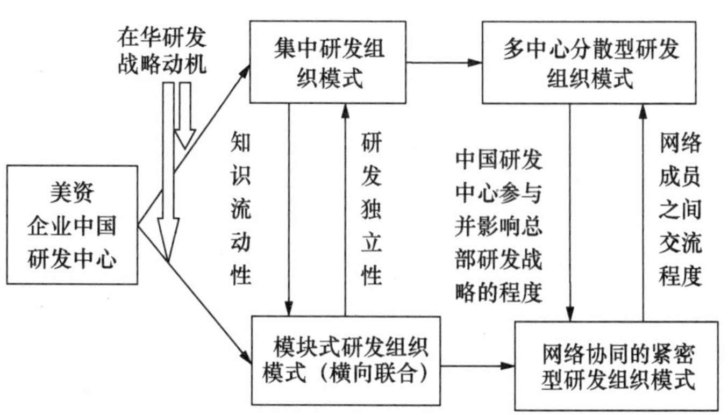

图7－2　美资企业中国研发中心管理模式的选择示意

资料来源：根据邱罡《跨国公司在华掀起研发中心热潮》2007年等资料综合整理。

工作，还开展与降低成本、改进质量和环境保护等相关问题的研究。因此多数研发是由总部完成，在苏州建立的研发中心主要负责技术服务，支持全国业务包括发动机油、工业油、传动油和燃油的销售。也就是说，国外技术直接拿过来使用，而不用重新做研发。

第二，由于互联网零售行业的特殊性以及创始人（美籍华裔，对中国有特殊情感）的个人特殊情况，新蛋中国公司在集团中担任重要角色。在秉持为电子商务领域提供专业咨询和服务的目标下，新蛋中国公司已经成为美国新蛋集团在全球的研发、培训和服务支持中心，为新蛋集团所运营的电子商务零售网站（Newegg. com）及多元化产品提供技术支持。相比而言，美国总部的研发力量很弱，重点承担营销和售后活动。

可见，这种具有很强独立性的集中研发组织往往存在于研发资源极端不平衡的跨国公司中。研发人员直接向研发高管负责，而研发高管直接向母国总部进行汇报。外资研发中心研发成果大多归母公司所有，一般由其母公司所属专司知识产权的部门或子公司负责在海外办理专利申请等事宜，参与研发的中方人员一般不拥有研发成果的所有权，只有少量对当地市场调适性技术开发的成果归属当地研发中心所有。因此，这种类型美资公司对中方技术溢出很低，如何通过政策、

技术许可协议、技术提成费等方式获取有效的溢出技术，对中国政府和合作中心来说都是一个关键问题。

二 多中心分散型研发组织模式——西安艾默生公司

相对于集中研发组织模式，多中心分散型并没有将所有或大部分研发力量集中于一处，而是将研发力量分散到多个研发中心，但总部仍然具有控制权。母公司掌握战略及高层人事、总体研发和投资方案设计，分公司有一定的人事权、决策权。在这种组织模式下，美资企业建立多个研发中心，实行纵向管理，每个研发部门独立预算与核算，按照大中华区、亚太区、美国总部的等级顺序依次上报。研发中心内部各业务之间没有直接联系，交流很少，关系松散。把这些不同的研发部门集中在中国区域的目的在于协同合作，以共享基础设施、行政、财务、法律、IT 和人力资源等部门的服务。层层审核的机制对员工的创新积极性有一定影响，员工也会有所抱怨，但仍会尽可能加快研发速度，创新的想法不会被流程困住，且公司有相应的激励机制鼓励创新。

例如，艾默生公司于 20 世纪 90 年代进入中国，是较早一批进入中国的企业，业务涉及网络能源、过程管理、电力电源等。艾默生科技资源（西安）有限公司是艾默生投资组建的全资子公司，位于西安高新技术产业开发区。艾默生科技资源（西安）有限公司的宗旨是使用先进商业技术和现代管理理念及方法提供共享业务平台，并使有关业务产品在中国及世界市场上，取得在质量、成本和效率方面具有竞争力的地位。艾默生在西安还有几个子公司，分别承担不同的业务。访谈调查表明，艾默生在主要城市都有办公室，承担研发、生产、销售等不同功能。西安地区研发人员有 200 余人，研发业务呈网络状，可能多个研发中心协作一个研发任务。各个子公司（研发中心）分别向美国总部申报产品研发计划，由美国总部审批业务、批准研发项目，美国总部对研发成本和研发投入具有绝对的控制权。客户和供应商不直接参与研发过程，而是间接参与，产品研发以客户需求为导向。技术部门与研发部门的职能是不同的，技术部门负责处理工厂订单，研发部门负责新产品研发、现有的产品改进以及对其他工作流程

解决不了的问题进行支持。上海某研发中心负责人谈到，母公司掌管战略及高层人事、研发和投资方案等。具体来说，投资研发某个产品或某项技术是由母公司决策，人力资源也是由母公司统筹规划的。上海总部也拥有一定的决策权，比如，在国内是否设置分支机构，在哪座城市开分支机构，均由上海总部决策。在产品开发方面，并不是由总公司统一规划、统一分配任务，而是根据市场和客户的要求定制产品，这种定制不需要重新研发，只需要勾选出相关的功能即可。

三　模块式研发组织模式（横向联合）——英特尔公司等

在这种组织模式中，不同的产品事业部门在华设立的研发中心，既能满足多种创新需求，又能够避免多家研发中心之间重复建设和恶性竞争。相对于多中心分散型管理模式，模块式组织模式下各个研发中心具有较大的人事权、财务权等决策权力。例如，英特尔在上海曾拥有三家大型的全球性研发基地，分别为英特尔技术开发（上海）有限公司、英特尔亚太研发有限公司和英特尔中国软件中心（前身为英特尔中国软件实验室）。上述三个研发机构的性质和隶属主体各不相同，前两者分别属于闪存存储部、软件及解决方案部，而后者是一家围绕多个英特尔平台事业部主要产品与技术的研发中心，并满足多个邻近市场对创新技术的需求。这三个研发中心彼此不存在行政隶属关系，也缺乏交流合作。考虑到上海的研发环境适合各自研发中心的需求，它们才先后落户于上海。但微观区位选择上存在明显不同。英特尔技术开发（上海）有限公司属于生产支持型，位于浦东保税区内，与其封装/测试工厂毗邻；英特尔亚太研发有限公司属于多投资动机型，落户在上海闵行紫竹科技园，与英特尔中国总部和英特尔渠道平台事业部位于一起。

四　网络协同的紧密型研发组织模式——微软公司等

在横向联合的组织模式中，整个研发过程被分割成不同且相对独立的阶段，各个研发中心承担其中一部分，依据各个阶段对研发要素的不同需求以及研发收益最大化原则，寻求不同的研发区位，并在不同区位分配不同的研发任务。因此，各个模块联系较少，独立进行研究。但研发业务发展到一定程度时，跨国公司多个模块之间存在一定

的上下游关系，这时同一研发链条上的不同环节在中国同一区位进行多种研发活动，从而形成一种协同式的网络研发组织模式。在这种组织模式中，各个模块的研发中心存在很大程度的内部交易、合作共享。这种模式多出现于成熟的大型跨国研发中心。例如，微软就在北京建立了由基础研究、应用开发、技术支持与服务等环节相互衔接的完整研发链。诺基亚、摩托罗拉在北京设立的所有研发机构，也形成了一条完整的研发价值链，贯穿技术转移、本地开发、全球技术和公司研究四种研发功能。

第三节　美资企业研发机构网络扩张与发展

从美资公司研发机构的功能演化（尤其是分支进化）来看，美资企业在华业务的扩展体现在研发机构的地理区域变化上。这种变化主要体现在两个方面：一是基于内部研发组织的空间分化；二是基于企业外部空间联系的地域变化。

一　研发网络的内部增长与选址

调查研究发现，在众多美资企业研发机构中，只有少部分世界500强的大型跨国公司研发机构得到迅速扩张，另一些公司因为政府政策制约（如谷歌）、业务经营不善、追逐更低成本等而有所萎缩。究竟是哪些因素促进了研发中心的网络增长呢？根据课题组的调查，内部研发网络增长中存在以下几种值得关注的现象：

（一）原始区位对内部研发网络的增长起到关键作用

对于迅速扩张的美资企业研发中心，原始区位起着关键作用，而原始区位的选择又与公司最初的生产布局、营销机构布局有着重要联系。调查组通过访谈、资料分析发现，至少一半以上的被访企业表示，首家研发机构位于北京、上海、广州等城市，其生产机构或售后服务中心、销售网点也曾经一开始就定位于上述城市。之所以选择留在原处，一方面是对当地政策和环境比较了解，另一方面是为了方便

组织管理从而节约经营成本。例如，雅富顿公司就是因为曾在苏州设立销售网点，经过多次业务扩展后，购买了一家企业及其厂房，逐步建成了目前的研发中心。eBay 研发中心入驻上海的 eBay 园区，成为首个位于美国之外的海外研发中心。

根据原始区位城市的发展，美资企业不断调整其研发网络发展策略。根据调查研究发现，主要有两种情况：第一，当原始区位无法提供研发机构进一步发展所需的创新资源时，跨国企业向优势区域转移或新建级别更高的研发机构。例如，ABB、宝洁、伟创力等公司研发机构的原始区位都位于广州，目前北京成为研发重地，宝洁还在北京建立了创新园区。之所以最初选址于广州，是由于改革开放初期，这些跨国公司在中国香港建立办事处或生产基地，并以进出口贸易等形式将产品打入中国内地。广州、深圳等城市借助珠三角的地理优势获得发展。随着内陆市场放开，这些跨国公司为获取更丰富的高校和研发资源，更好适应中国市场，在北京等城市扩展研发机构。第二，当原始区位提供足够发展动力时，有部分美资企业在此基础上向周边辐射或扩大规模。例如，近年来涌现出大批联合体性质的研发企业，如摩托罗拉中国研究院、微软中国研发集团、爱立信中国研发总院等。摩托罗拉、诺基亚等公司发展到一定程度，分别依托北京和上海的研发基地，不断在周边城市建立研发机构。eBay 于 2011 年在上海张江高科技园区兴建 eBay 园区，eBay 易趣、eBay 中国研发中心和客服中心等都迁入园区，成为仅次于美国总部的第二大 eBay 全球中心。这些美资企业旨在合纵连横，整合在华研发资源、提升整体研发地位。

（二）内部研发网络的增长与选址存在行业集群效应

在选址决策中往往存在“行业集群效应”，即同行业不同公司往往选择相同的城市和产业园区进行发展。比如，英特尔、德州仪器、戴尔和莫仕等选择成都高新综合保税区建立生产工厂。苏州工业园区入驻的有美国礼来制药公司、强生公司、美国百特公司、高特利集团、杜邦公司、伊顿公司和德尔福公司等。北京中关村科技园先后迎来了摩托罗拉中国总部及研发中心、安捷伦科技总部及研发中心等研发总部共生型企业。虽然各大公司都是独立进行考察研究——独立的

调查人员、独立的审核制度、独立的决策者，但都选择了同一地区落户，当然不排除有些公司从众与追随，喜欢与竞争者挨得很近，当然，各个地区根据其政策及比较优势，重点发展某些特色产业。在追问具体原因时，受访者大都总结出以下两点：其一，当地政府有足够的服务意识，愿意为公司牵线搭桥。例如，苏州工业园区设置中小企业服务园区，创立多项特色平台，包括苏南股权路演、中小企业科技服务超市、产学研、中小企业信用服务网、公共科技服务平台、房屋资源服务平台等。这些服务增强了园区的创新氛围，提供了更多开放式创新资源交流的空间。其二，当地政府能够提供足够优惠的税收政策，同时功能齐全。例如，成都高新区西部园区，集保税出口、保税物流、口岸功能于一身，是目前国内功能较全、政策较优的海关特殊监管区域，包括国际转口贸易、国际采购、分销和配送、国际中转、检测和售后服务维修、商品展示、研发、加工、制造、港口作业等多种业务政策和服务。公司在一家产业园就可以得到各个方面的政策优惠，大幅减少决策和经济成本。可以看出，美资企业对城市区域的外部政策和税收环境要求存在很强的趋同性，地方政府只有完善政策并做好服务，才能吸引优质外资研发资源。

（三）高端人才储备是内部网络增长与选址的首要考虑因素

美资企业在华研发需要大量的科技创新人才，人力费用往往是研发中心的重要成本。当地人才汇集密度，特别是对于高端人才的可获取的难易度，在公司网络中心扩张过程中起到关键影响。这与其他学者的研究结论一致——在所有地方创新环境的指标中（包括公共环境、公共秩序、人际交往和公益行动等分项指标），有关人力资本要素方面的指标对外资研发机构进驻影响最大。因此，美资企业在华进行业务扩展时，往往选择高校较多的城市以及人才汇集度极高的城市，例如北京、上海、广州、深圳、成都、武汉和西安等。经过调查发现，不同城市人才水平的差异，导致这些城市之间的差别。有受访者表示，获取高素质人才是外资研发机构选择北京、上海等一线城市的首要原因，但也面临“瓶颈”，主要表现在：一是存在结构性人才短缺，信息技术、生物医药、软件开发等领域部分研发机构招聘不到

核心研发人员。二是随着上海等城市生活成本尤其是房价的不断攀升，优秀人才存在大量流失现象，尤其是那些需要通过长期培养和实践才能有效发挥作用的优秀应届毕业生。三是与中国香港、新加坡相比，研发人员个人所得税负担较重，雇用不起海外的科学家。外资研发机构如果按上述国家、地区同等的税后收入来聘用海外科学家则成本太高。对于西安等二线省会城市，美资企业研发中心负责人也明确表示“人才引进是最急迫，也是最难克服的障碍”，因为“虽然高校多，但好学校的毕业生多选择流向一线城市，留下来的并不多”，“每年毕业生人数虽然众多，但仍难以选择出合适的人，有时候还得花大成本从外边引进”。在问到有何政策可以吸引这些优秀人才留下来时，多数受访者表示还得是“薪酬”杠杆。有受访者表示，“从京沪广等地向二、三线城市研发中心外派优秀人才的成本很高，不如直接在一线城市建立研发中心省事方便”。

由上述三点访谈结果可以看出，内部研发网络增长与选址的关键在于原始区位的设置和城市创新环境（包括人才储备环境）。这启示各地政府如果期望加大美资企业研发中心的引进，一方面“头炮”要打响，使美资企业首选入驻该城市，增加其在该城市网络扩张的可能性；另一方面就要“修内功”（提供全面到位的政策）“做外功”（提升服务及意识），搞活区域创新，不仅税收政策要到位，而且政府服务要灵活，特别是要关注高级人才引进和保留的力度。

二　研发网络的外部联系与增长

公司外部联系一般是指一个公司及组成部分与外部环境之间所有的经营接触，按照生产过程一般分为：与原材料供给者的后向联系、与产品销售市场的前向联系和与提供服务的企业的非商品性联系。针对本课题研究问题，课题组对此进行修正细化，通过调查访谈美资企业研究中心与外部研发主体之间的网络联系，包括与本土企业、高校、科研院所的关系，重点了解美资企业研发中心在国家或区域创新体系中的作用，在产学研体系中的层次和地位，对中国技术外溢程度和扶持力量等关键问题。

从本书的研究样本来看，除典型的世界500强美资企业外，整体

而言，美资企业研发网络的外部联系较少。呈现出以下几种特征：

（一）以支持生产为主的研发机构形成信息孤岛，缺乏外部联系

美资企业研发机构与中国当地组织几乎没有任何信息交流与互动，既缺乏与本土企业的前后向合作，也缺乏水平方向的联系，呈现出高技术、高孤立的研发孤岛。调查显示，这种研发中心往往是为了支持当地生产而建立的，研发中心规模小，功能单一，往往是典型的集中研发组织模式，处于引入期的美资企业研发中心由于与外部联系较弱，与周边区域的经济联系微弱，技术知识溢出极低。即使存在联系，也仅仅体现在技术人员招聘上。以课题组访谈的雅富顿苏州研发中心为例，该研发中心仅仅为亚太市场区域服务，研发适合亚太环境标准和油气标准的润滑油等。位于东莞的美资新百伦公司研发中心，直接受美国总部指导其研发任务。在谈到与外部合作时，负责人表示几乎没有，并且这种现象在中小型的美资企业研发中心普遍存在。这一调查结果与秦岩（2011）的研究相吻合。

（二）美资企业研发具有独立性，呈现出当地嵌入式特征，政府、企业等外部联系作用有限

根据调查结果显示，美资企业的研发具有很强的自主性，绝大部分企业都有自主研发的权力和能力，其中生产企业多由母公司主导技术引进和开发，外方在技术引进中的作用主要表现为：共享其拥有技术、提供有关新技术的想法、协助技术评估、提供科研管理经验、提供技术信息。而政府政策同质化明显，缺乏针对性和特色。大多数美资企业仅在入驻、报关等环节与政府打交道，其他联系很少。从外部联系的空间尺度来看，呈现出当地嵌入式特征。例如，长江三角洲地区以上海本地为主，并存在距离衰减规律。这是因为，地理距离接近有助于研发中心与本土进行互动。

总体而言，美资企业研发机构与本土企业研究开发合作较少，究其原因主要有：一是本土企业与跨国公司存在较大的技术缺口，无法进行有效的合作与交流；二是本土企业找不到与跨国公司合作的渠道，跨国公司寻找合适的中国合作伙伴的成本很高；三是合作意愿不足。相对来说，美资企业研发中心对企业合作成果的归属要求更加明

确，极少与合作企业共享专利技术，因此，中方企业在面对美资企业合作项目时，也存在合作意愿不足的现象。有中国企业受访者表示，“相当多的跨国公司研发中心在中国的运作模式类似于‘研发飞地’，其知识流动和业务联系主要发生在公司内部，中国本土创新主体得到的知识信息很少”。这导致双方合办研发机构的热情不高，更倾向于就某一具体项目展开研发合作，合作持续性与系统性不足。

（三）不同规模美资企业研发机构外部联系的种类、数量和空间尺度上存在明显差异

调查结果显示，与中小美资企业研发中心的独立性相比，大型美资企业研发中心的外部联系与数量明显较多，空间尺度上差异明显。从外部联系的种类和数量来看，大型跨国公司研发中心普遍倾向于根据自身行业特征，与高等院校、科研院所进行合作。例如，早在1998年，高通与北京邮电大学共同创建了联合研发中心，随后将此合作模式和合作对象扩展至中国各大知名学府和科研院所。IBM与中国高校合作关系可追溯到1984年，当年IBM给中国高校捐赠一系列计算机设备硬件和软件。1995年3月，以IBM与中国国家教委（现教育部）签署《合作谅解备忘录》为标志，“IBM中国高校合作项目”正式启动，致力于加强高校在信息科学技术领域的学科建设和人才培养。通用电气开发研究中心与浙江大学、上海交通大学、中国科学院上海硅酸盐研究所采取项目签约、人员培训等合作形式获取高素质劳动力等。罗克韦尔自动化研究中心与清华大学、哈尔滨工业大学、浙江大学等合作建立实验室，旨在优势互补。惠普中国软件研发中心与清华大学、中国科学院合作，旨在获取信息和方便使用特定机器设备。

值得注意的是，大型美资企业往往与外部进行基础研究而非应用研究的合作。这是由于大型美资企业有充裕的资源，为了保障持续创新与发展，往往投入大量资金于基础研究，旨在实现中国基础研究优势和跨国公司自身应用能力的互补。中小型美资企业研发中心服务对象多是客户群体，这些企业往往偏重于应用型开发，对基础研究关注度不高；另外，中国高校、科研院所的市场转化能力差，研究内容与市场脱节，往往成为拒绝与之合作的主要原因。有受访者表示，“我

们也曾经找过几次高校进行合作，可是他们做的东西总不是我们想要的，与市场脱节较大，后来还得我们亲自做。所以渐渐也就没有了合作兴趣”。

从大型美资企业与高校合作的方式来看，总体来说，可以归纳为以下三种：一是与高校合作，便于使合作取得的研发成果转化为最终产品。这个模式需要美资企业在华研究中心的产品团队、研发团队与高校有着非常紧密的合作与沟通。例如，高通研发副总裁表示“高校一些非常前沿的研究，对高通的工程设计和产品开发是一种‘灵感’，3D 的人脸识别就是一个例子”。二是美资企业研究中心定期与高校进行研究成果和心得的交流，通过提供基金或设备、技术支持等方式，鼓励高校自主花时间研究目前看起来处于早期但未来有潜力的高风险基础研发项目。三是通过接纳高校学生和老师参观与实习，建立合作实验室、签约项目等形式共同培养人才。有受访者进一步表示，与高校合作是“多赢”的事。高校提高了教学质量、通过与国际著名公司合作获得声誉，一定程度解决学生就业问题。美资企业研发中心更容易招收到匹配的科研人才，同时也是一种社会责任的体现，获得政府、当地社会的好评。学生在此间学到了知识和技能，开阔了视野，增加求职资本。高校老师能够获得研发资金，解决了科研启动金的问题，同时大型跨国公司拥有的高精尖设备为高校老师完成研究课题提供了土壤，并可利用合作项目为下一步申请课题提供研究基础、获得社会声誉等。

然而值得注意的是，美资企业与中国大学及科研机构之间在项目上的合作形式主要是联合研发和委托研发，极少采用技术转让及专利或产权交易的方式。研发合作成果归属的调查研究中，其主要成果是专利技术，其中，归属跨国公司研发中心所有的专利技术总量最多。例如，GE 公司与上海交通大学的合作过程中不仅研究成果的知识产权属于美方，成果的公开发表也要与美方协商。有受访者坦白表示，“与中国高校的合作往往是一些基础的、科学探索项目，那些高端的、核心的、应用性和实效性强的还得找美国高校”。可见，目前中国高校与美资跨国研发中心的合作地位并不平等，创新能力大大落后于美

国高校，仍处在学习和提高的阶段。

（四）中小型美资企业研发机构与其他机构联系较少，缺乏开放式创新氛围

根据前人研究，美资企业研发与外界非高校机构的合作方式包括联合研发、技术服务、研发外包、技术咨询、技术转让等。尽管开放式创新的概念已经提出多年，许多美资公司如宝洁、礼来等都是开放式创新的实践者和推崇者，但大多数美资企业在华创新活动仍以传统的封闭式进行，缺乏与同行业公司的联系，也缺乏开放式创新的理念和氛围。这在中小型美资企业研发中表现极为明显，大多数中小型美资企业研发机构的受访者表示，它们在创新方面很少与外界接触，需要技术支持或遇到问题时也往往是上报母公司，很少购买或转让相应的专利和技术。

在讨论为什么不与其他公司合作时，受访者普遍回答是为了保护知识产权，美资企业研发机构不缺乏独立研发的资源和能力，而合作“会更容易泄露研发成果，在中国缺乏相对有效的制度保障”。令人惊讶的是当追问研发中心或公司如何保障自己的知识产权时，有相当多的美资企业选择采取“商业秘密”的形式而不是“专利保护”的形式——因为专利申请流程繁复、时间过长，而且在申请专利时需要详细披露敏感信息，“导致专利在未正式批准前，因为专利申请书公示了发明内容，被竞争者利用政策制度钻了空子”，“反倒不如商业秘密来之有效”。又追问“商业秘密会不会由于内部员工离职而流失”“研发人员跳槽是否会影响专利保护”等问题时，大多数受访者表示，“自身企业不会这样，不用担心”，“商业秘密合同、职业道德和人格信誉等会约束员工”。由此可见，受访的美资企业开放式创新氛围不足，抑制了知识交流和外溢。

由上面四点可以看出，政府有必要针对当前美资企业研发中心的动机和具体情况，在继续吸引新的美资企业研发投资的同时，注意提高研发中心的档次。注重以下几方面的工作：一是鼓励美资公司整合其在华的多个研发中心，形成在其母公司中层次更高、投入更大的海外研发中心；二是鼓励美资企业研发中心从事水平更高的研发活动，

以针对中国市场需求的适应型、专用技术型研发活动为主，升级为母公司在全球市场应用的创新型研发活动；三是要大力加强知识产权保护，切实保障知识财产权，提高跨国公司在华从事高水平研发活动的积极性；四是加强开放统一的国内大市场建设，鼓励市场竞争，以竞争促进研发层次的提高。市场竞争是推动企业技术进步最强大的动力，有秩序地鼓励外资企业之间、外资企业与内资企业之间的竞争，对研发层次的提高起到积极的促进作用。

第四节　案例分析：高通公司在华研发网络的构建与发展

美国高通公司（Qualcomm）成立于1985年，是全球无线通信和移动芯片行业的领军企业，公司以创新为原动力，致力于推动无线通信技术的发展，每年在研发方面的投入约为财年收入的20%。2015年，中国市场的收入占高通全球总收入的半壁江山。20世纪90年代末高通公司进入中国市场，2001年在北京建立分公司，并成立CDMA研发中心。随后高通在上海、深圳和西安开设了三家分公司，并于2010年在上海设立了研发中心。上海研发中心着重于完善芯片组解决方案，以更好满足中国对智能手机日益增长的需求，使其拥有定制的功能和优势。在上海建立新的研究中心的一个原因是，高通管理人士认为："上海已成为移动系统和手机设计的全球中心之一，是我们成立新的研发中心进行平台级创新的最佳选择。"他们坚信，"利用我们本地公司的专业知识以及优秀的员工，上海研发中心将有助于推动3G芯片组解决方案的持续创新"。目前，高通中国团队（包括北京和上海的团队）研发的很多新技术已经广泛进入了商用平台。高通中国研发中心的一个关于3D MIMO的研究项目，在2015年公司内部全球研发系统的创新技术论坛上获得了全球第一名。由此可以看出，北京研发中心与上海研发中心之间呈现出差异格局，在功能类型、研发层次上形成互补格局。同时也可以明显看出，高通中国通过在华十几年

的发展，从最初为中国市场的生产和销售提供技术支持到开发新技术，最后加入全球一体化研发体系，研发管理方式也逐渐呈现出模块化、协作化的趋势。

在外部网络扩展方面，高通在中国的合作伙伴已经超过 120 家。仅在 2015 年，高通就与多家中国企业进行合作研发。例如，2015 年 6 月，中芯国际与华为、微电子研究中心（IMEC）、高通举行签约仪式，宣布共同投资中芯国际集成电路新技术研发（上海）有限公司，开发下一代 CMOS 逻辑工艺，打造中国最先进的集成电路研发平台。借助技术合作与资本手段，整合产业链上的研发与生产资源，发展先进工艺自主研发能力，同时积极带动产业链上下游的发展，从而提升中国集成电路产业的整体水平。此外，它还积极促进了中国集成电路生态系统里各环节之间的合作。2016 年 1 月，贵州省人民政府与美国高通公司签署战略合作协议。除此之外，高通还与中国各大高校、研究机构一起合作，推动中国无线通信产业的学术研究，促进下一代人才的培养。

高通的研发合作计划已经扩展至多个知名学府和科研院所，包括中国科学院、清华大学、北京航空航天大学、上海交通大学、浙江大学、东南大学和香港中文大学等。统计资料显示，高通连续 16 年为高校提供资助，高通与各大高校联合的项目已经发表学术文章超过 600 篇，近千名曾参与高通赞助项目的学生进入了通信领域。2015 年，高通与多家中国高校进行多方面合作。在计算方面，高通与上海交通大学合作了“行人检测与跟踪”项目，与中国台湾清华大学合作了“使用立体摄像头的快速深度图计算”项目。在连接方面，高通与清华大学的合作课题是，通过大规模 MIMO 技术的分析研究，进一步提升无线网络的性能。在编码理论方面，高通与香港中文大学的合作，完成一种有别于现有通信网络中使用的编码技术的全新编码理论。由此可以看出，随着中国业务在整个集团业务中的份额不断扩大，美国高通越来越重视与外部多类型主体进行合作研发，包括供应商、顾客、政府、高校、研究所，甚至与竞争对手展开合作。在华外部网络的合作主体越来越多、业务范围与合作层次也越来越丰富、空

间格局逐渐加大，呈现出良好的发展态势。因此，美国高通正以全球视野把更多的投资和重要的研发项目放到中国。

总而言之，美资企业在华研发机构从无到有、从小到大的成长过程，既是其功能类型由低到高的升级过程，也是其组织结构由简单到复杂的过程，还是其空间组织由据点到网络的过程。

第八章　外资企业研发投资政策分析

内、外资企业虽然处于相同的经济环境、市场环境，但面对着不同的政策环境。外商投资活动受一套完整的法规体系约束，国家层面有外资企业法、外商投资产业指导目录，地方层面存在着吸引外资的各种优惠政策。在文献研究及外资公司高管访谈的基础上，本书认为，政策因素不仅包括财税政策等直接激励政策，也包括人才吸引、产业聚集、市场秩序、知识产权等间接激励政策。对外资企业研发机构而言，政策环境是项目选址、投资规模、设立分支机构等决策的重要影响因素。

地区间政策差异是导致外商投资增减及转移的重要因素之一。为了鼓励外资企业研发投资，应制定出满足外资企业共同需求的精准政策，扶持力度与研发中心的定位、研发投资规模及对区域科技创新体系的贡献等绑定，增强对外资企业激励的针对性。本章比较分析国家与区域两个层面的外商研发投资政策，为进一步完善相关政策提供借鉴。

第一节　国家层面政策

国家层面的政策包括全国人大的立法、国务院及其部门颁发的条例和办法等，这些政策为各地区进一步制定优惠或限制政策提供了依据，反映了一个时期内，我国政府对引进外资研发资源的重视程度。

以法律形式确立外资研发机构地位的文本，最早出现于 1993 年 7 月《中华人民共和国科学技术进步法》，该法第三十六条规定：国外

组织和个人可以在中国境内依法设立研究开发机构，也可以与中国的研究开发机构或者其他组织举办中外合资、中外合作研究开发机构。2007 年 12 月修订后的《中华人民共和国科学技术进步法》第四十二条规定：国外的组织或者个人可以在中国境内依法独立设立科学技术研究开发机构，也可以与中国境内的组织或者个人依法联合设立科学技术研究开发机构。修订版扩大了中国境内合作者的范围，放宽到个人合作层面。

1997 年国务院《关于调整进口设备税收政策的通知》，确立了若干鼓励外商投资研发机构的税收优惠条件。在投资总额内进口国内不能生产或性能不能满足需要的自用设备及其配套的技术、配件、备件，免征进口关税和进口环节税等。享受上述优惠政策的外商投资研究开发中心，必须经国家计委、国家经贸委、外经贸部以及各省、自治区、直辖市、计划单列市计委、经贸委或外经贸厅局批准，并出具《外商投资研究开发中心项目确认书》。两种情况不予免税：构成生产规模的超过实验室或中试范畴进口的设备；船舶、飞机、特种车辆和施工机械等。按照该通知规定的申请及审批流程，企业享受税收优惠的门槛很高。

1999 年 8 月，外经贸部等 9 部门颁布《关于当前进一步鼓励外商投资的意见》，扩大了税收优惠政策的覆盖范围。一是进口国内不能生产或性能不能满足需要的自用设备及其技术、配件、备件，可按国务院《关于调整进口设备税收政策的通知》免征进口关税和进口环节税。二是外国企业向我境内转让技术，凡属技术先进或者条件优惠的，可以免征营业税和企业所得税。三是外商投资企业取得的技术转让收入免征营业税。四是外商投资企业技术开发费比上年增长 10% 以上（含 10%），允许再按技术开发费实际发生额 50% 抵扣当年的应纳税所得额。

2000 年 4 月，对外贸易经济合作部《关于外商投资设立研发中心有关问题的通知》界定了外资研发中心的形式及经营范围、设立条件、设立程序等。在设立条件方面：要有明确的研究开发领域和具体的研发项目，固定的场所、科研必需的仪器设备和其他必需的科研条

件，研发投资不低于200万美元；研发中心应配备专职管理和研发人员，本科以上学历研发人员占总人数80%以上。设立程序方面：外商以合资、合作、独资形式设立研发中心，由省级审批部门进行审批；企业内部设立研发中心，由外资企业设立的审批机关审批，如属限额以下限制甲类企业，由省级审批部门审批（或备案）；外资企业内部设立独立研发部门，如企业经营范围包含“研究”或“开发”业务的，应补报独立研发部门的有关材料，向原审批机关备案；如企业经营范围中未包含上述业务的，应修改合同、章程，报原审批机关批准。

2006年7月，商务部等8个部门颁布《关于鼓励技术引进和创新，促进转变外贸增长方式的若干意见》。鼓励跨国公司和国内科研机构、学校、企业等展开技术研发合作，鼓励外资研发中心的技术成果在国内产业化，向内资企业转让技术。鼓励本土企业与外资企业建立战略联盟关系，为外资企业开展技术配套，参与外资企业主导的技术研发活动，加速高新技术研发领域的国际化进程。

2009年10月，财政部、海关总署和税务总局颁布《关于研发机构采购设备税收政策的通知》，为了鼓励科学研究和技术开发，促进科技进步，外商投资设立的研究开发中心在原批准的生产经营范围内，在投资总额内或利用投资总额以外的自有资金，进口国内不能生产或性能不满足需要的自用设备及其配套的技术、配件、备件，免征进口关税和进口环节税。

享受上述政策的研发机构必须经商务主管部门等认定，按照成立时间先后，分为两个标准。2009年9月30日以前设立的外资研发中心，研发费用标准为，独立法人的投资总额不低于500万美元；非独立法人的，研发投入不低于500万美元；企业研发经费年支出额不低于1000万元；专职研发人员不低于90人；设备原值累计不低于1000万元。2009年10月1日以后设立的外资研发机构，研发费用标准是，独立法人的投资总额不低于800万美元；非独立法人的，研发投入不低于800万美元；专职研发人员不低于150人；累计设备原值不低于2000万元。认定标准的提高反映了政策变化，从鼓励中小型研发机构

转变为鼓励大型研发机构。

2010年，国务院颁布《关于进一步做好利用外资工作的若干意见》，明确提出："鼓励跨国公司在华设立地区总部、研发中心、采购中心、财务管理中心、结算中心以及成本和利润核算中心等功能性机构。在2012年12月31日前，对符合规定条件的外资研发中心确需进口的科技开发用品，免征进口关税和进口环节增值税、消费税。"

2011年3月，《国民经济和社会发展第十二个五年规划纲要》（以下简称《纲要》）指出："引进海外高层次人才和先进技术，鼓励外资企业在华设立研发中心，借鉴国际先进管理理念、制度、经验，积极融入全球创新体系。"2011年，《政府工作报告》提出：坚持积极有效利用外资的方针，注重引进先进技术和人才、智力资源、鼓励跨国公司在华设立研发中心，切实提高利用外资的总体水平和综合效益。抓紧修订外商投资产业目录，鼓励外资投向高新技术、节能环保、现代服务业等领域和中西部地区。

根据《纲要》和《政府工作报告》的要求，2011年11月，财政部、商务部、海关总署和税务总局发布《关于继续执行研发机构采购设备税收政策的通知》，继续对外资研发中心进口科技开发用品免征进口关税和进口环节增值税、消费税，对外资研发中心采购国产设备全额退还增值税。2011年12月修订了《外商投资产业指导目录》，大幅度下放了外商投资项目管理权限，鼓励类项目可以享受相应的优惠政策，西部地区鼓励类项目执行15%的企业所得税。减少《外商投资产业指导目录》中要求中方控股和不允许外商独资的限制项目。

2012年7月17日，国家发展和改革委员会制定《"十二五"利用外资和境外投资规划》，关于研发中心的政策包括以下几个方面：一是鼓励跨国公司在华设立地区总部、研发中心、采购中心、财务管理中心等功能性机构，由加工装配环节向上下游延伸。推动我国从全球加工制造基地向研发、制造和服务基地转变。二是构建开放的创新体系，抓住研发国际化机遇，完善科技创新和利用外资政策，加快和利用国际创新资源，把我国创新体系进一步融入全球创新网络，促进自主创新能力增强和经济发展方式转变。吸引跨国公司在华增加研发

投入、培养研发人才，引入先进技术。鼓励和规范外资企业与内资企业、科研机构优势互补、共同开发、共享成果。增强外资企业和内资企业的产业关联，提高境内配套企业研发能力。三是鼓励中外资企业加强研发合作，支持符合条件的外资企业与内资企业、研究机构合作申请国家科技开发项目、创新能力建设项目等，申请成立国家级技术中心。吸引外资企业和研发机构参加科技攻关项目，加快实现我国在关键技术领域的突破。建立知识产权审议制度，为研发合作和科技攻关提供支持。

第二节　地方层面政策

地方政府为了鼓励外资企业设立研发机构，纷纷制定了相关政策，核心内容是认定标准、扶持力度、管理流程等方面。也有一些地方未制定专项政策，相关政策碎片化分散于多个文件中，缺乏可操作性的细则。如陕西省人民政府于 2015 年 1 月印发《全面提升企业创新能力行动方案的通知》，提出依托省内各类科技园区，大力引进世界 500 强企业和知名创新型企业来陕建设研发机构，吸引跨国公司的研发总部或区域性研发中心落户陕西。鼓励和支持省内企业、高等学校和科研院所与国内外机构采取多种形式建立科技合作机制，在陕设立国际科技合作基地，开展科技项目研发和产业化合作。上述规定提出了若干原则性的要求，但缺乏实施方案和配套操作流程。

下面对若干核心城市涉及外资研发机构的政策进行梳理。

一　上海市

2000 年 7 月，上海率先出台了《关于外商投资设立研发机构的暂行规定》，在进口研发设备和引进技术减免税、转让技术免征营业税、所得税加计抵扣等方面给予外资研发中心优惠。2003 年，《上海市关于鼓励外商投资设立研发机构的若干意见》规定，在高新技术成果转化、外汇管理、出入境签证、人才引进、研发样品的通检通关、知识产权保护等方面进一步支持外资研发中心的发展。2008 年，发布了

《上海市鼓励跨国公司设立地区总部的规定》。2012 年，上海市商务委、市科委、发展和改革委联合发布了《上海市关于鼓励外商投资设立研发中心的若干意见》。

从外资研发中心归口管理方式来看，上海市采取了条块结合的做法。商务委员会负责设立审批工作，商务委员会、科学技术委员会、发展和改革委员会负责协调本市相关部门对外资研发中心的管理和服务。浦东新区政府、张江高科技园区管理委员会负责辖区内的外资研发中心的审批和管理。

优惠政策体现于税收、通关、出入境、人才引进和项目立项等方面。税收优惠方面，在投资总额内采购的国产设备全额退还增值税，技术咨询、技术服务取得的收入免征增值税，技术转让收入享受企业所得税减免；引进属于《国家高新技术产品目录》所列的先进技术，按合同规定向境外支付的软件费，免征进口环节增值税；新技术、新产品和新工艺的研究开发费税前抵扣。

通检通关方面。对符合条件的具有法人资格的研发中心，海关和出入境检验检疫部门对其货物提供通关便利。进口设备及其配件、备件和研发用试剂、样品等，经海关和出入境检验检疫部门核准后，可采用提前报检、提前报关、实货放行的通关模式，办理优先通检、通关手续。

人才引进与培养方面。为外籍和中国港澳台地区人才办理多次出入境有效的《往来港澳通行证》《大陆居民往来台湾通行证》《外国人永久居留证》《外国人就业证》和《外国专家证》等。独立法人外资研发中心引进的紧缺人才，可以申办本市户口、《上海市居住证》。外资研发中心进行员工培训，可按照规定获得相应补助。

科研项目申请与立项方面。鼓励外资研发中心与本市所属高等院校、科研机构和企业开展多种形式的合作研发活动，合作参与市政府重大科研和工程项目、联合申报科技发展计划项目。鼓励外资研发中心参与上海研发公共服务平台。外资研发中心在中国申请专利，享受有关资助政策。对知识产权工作有突出贡献的外资研发中心及个人，由政府予以嘉奖。

二　大连市

2009 年 1 月，大连市政府颁布《大连市鼓励来连设立科技研发机构的规定》，外资研发中心由科技局与相关部门联合认定。主要扶持内容如下：

新建研发机构申报科技研发项目，科技专项资金给予相应的支持。研发机构进口的设备、备件、样品等，经海关、出入境检验检疫部门核准后，采取提前报检、提前报关、实货放行的通关模式，优先通检、通关。研发机构的实验室、试验基地为本市孵化器企业提供服务的，可向市科技局申请一定的经费支持。跨国公司投资研发机构为其研发产品进行的市场测试，可依据国家有关规定进口并销售其母公司的同类产品。

鼓励研发机构通过竞标、投标方式承接各级政府以及社会组织、企业及个人委托的科技项目。外籍人员可按照有关规定办理《外国专家证》和外国人居留许可等。外省市专业技术人员和经营管理人员，可办理人事关系调转和户口迁入手续。可在大连申报参加专业技术资格评审、专业技术资格考试和职业资格考试。

三　福建省

2009 年 2 月，福建省科技厅、外经贸厅出台《福建省鼓励外商投资设立研发机构的若干规定》，外资研发机构由外经贸厅审批，报科技厅备案，每两年复核一次。

外资研发中心认定条件：科研用房 200 平方米以上，资产总额 500 万元以上（软件类 100 万元以上）。本科以上学历（或工程师及以上职称）的科技人员占机构总人数不低于 50%；研究开发人员不低于 60%。研发投资不低于 200 万美元，年度技术性收入占总收入 60% 以上。独立法人研究开发经费应占总收入 20% 以上，非独立法人的研发经费应占企业销售收入的比例：上年销售收入小于 5000 万元的企业，不低于 5%；销售收入在 5000 万—2 亿元的企业，不低于 4%；2 亿元以上的企业，不低于 3%。

优惠政策：外资研发机构享受省内科研机构同等待遇，鼓励参与重大科研和工程项目。高新技术企业所属的研发机构需要占用耕地

的，开垦费按规定标准的70%缴纳。对进口设备、备件、样品等实施优先通检、通关服务。

新产品、新技术和新工艺发生的研发费用，在计算应纳税所得额时加计扣除。可以根据需要开立不同币别的外汇结算账户。在中国申请专利享受本省有关资助政策，专利申请资助的范围包括发明专利的申请费、申请维持费、申请审查费和实用新型、外观设计专利的申请费。从海外或外省引进的高层次人才，在医疗保险、配偶就业、住房等方面给予优先安排或资助，并提供一定的科研条件；其子女上学予以保障。引进高层次人才的住房货币补贴、安家费、科研启动经费等可列入用人单位成本核算。

四　青岛市

2008 年 7 月，青岛市外经贸局、财政局颁布《青岛市外商投资研发机构扶持办法》。外资研发机构由外经贸局、科技局、财政局等联合认定。认定条件包括：高级专家及博士人数应超过 8 人，研发机构专职人员不少于 20 人，具有本科以上学历及中级以上职称的技术人员不低于 80%。企业内部设立的研发机构，研发人员占职工人数 2%以上。科研用房 200 平方米以上，设备价值 500 万元以上（软件业 100 万元）。拥有的专利成果 3 件以上，当年完成 5 项以上的新产品、新技术或新工艺开发项目。

鼓励政策体现在税收方面：对新增上缴税收的地方收入部分，前三年给予 100% 奖励，后三年给予 50% 奖励。从事技术开发、技术转让和技术咨询、技术服务业务取得的收入，经批准后免征营业税。允许研发机构按当年实际发生的技术开发费用的 150% 抵扣当年应纳税所得额，当年抵扣不足部分，可在 5 年内结转抵扣。

五　厦门市

2010 年 12 月，厦门市政府印发《鼓励在厦设立科技研究开发机构暂行规定》。授权科学技术局负责认定外资研发机构，每两年复核确认一次。必备条件为：科研用房 200 平方米以上，资产总额 200 万元以上（软件类 100 万元）；研发机构的总人数 10 人以上，其中本科以上科技人员不低于 75%，从事研究开发活动人员不低于 60%；年

技术性收入占总收入50%以上；独立法人的研究开发经费占总收入20%以上，非独立法人研发经费每年100万元。

研发机构申报市科技计划项目，市科技局优先立项，给予科技经费重点支持。鼓励申请厦门市高新技术企业认定，参与科技局组织实施或委托的科技研究开发计划和科技成果转化项目竞标。鼓励研发机构与高校、企业和其他科研机构合作，向社会有偿开放其实验室、研究中心、试验基地。为本市孵化器的企业提供服务的，可向市科技局申请经费资助。主办或承办海峡两岸和国际等高水平会议的，市科技局给予资金补助。研发机构可以申请厦门市工程技术研究中心和重点实验室资格认定和资金支持。申请国内外专利，给予一定的专利申请费和维持费补贴。在本市辖区内完成的科技成果，优先推荐参与市科技局组织的评奖，研发人员可以参加职称评定。

六　天津市

2000年4月，天津市外国投资服务中心制定《天津市鼓励外商投资高新技术研究开发和产业化项目暂行规定》，外资研发机构由科学技术主管部门审核后，报市财政局备案。对外资研发机构提供以下优惠政策：

技术成果转让、技术培训、技术咨询、技术服务、技术承包所取得的技术性服务收入免征企业所得税和营业税。技术人员所取得的长期投资收益不计入应纳税所得额。当年在境内发生的技术开发费比上年增长10%以上的，允许再按实际发生额的50%抵扣应纳税所得额。扩大中间试验的产品属于国家级新产品和发明专利产品的，三年内免征企业所得税，属市级新产品的两年内免征企业所得税。扩大中间试验使用的设备折旧年限可以缩短30%—50%。

高新技术研究开发机构转让有形资产和无形资产取得的收入，可以作为资本进行投资，享受外商投资企业利润再投资的有关优惠；汇出境外的免征汇出利润所得税。对经认定的高新技术研究开发机构，三年内返还地方政府收缴的项目用地的土地出让金；免收生产经营用房购置手续费和产权登记费；免征项目建设过程中的供排水、燃气增容费和供配电贴费；其他收费按最低标准收缴。进驻泰达国际创业中

心，天津新技术产业园区创业中心和天津港保税区科技园区，第一年免收办公、实验和生产用房租金，第二年、第三年减按一定比例收取。

七　江苏省

自2004年起，江苏省科学技术厅每年组织各地市申报登记外资研发机构。全省通用的确认条件如下：（1）有明确的研究开发方向和具体研发活动，在自然科学相关领域内围绕推进科技创新和产业发展，持续开展研究和开发工作。（2）有必需的研发经费。独立法人的研发机构，其研发经费应占年度总收入的40%以上；非独立法人（企业内设）的研发机构，其研发经费应占企业销售收入的6%以上。（3）有一定数量的高水平研发人员，并有外籍专家长期参与研发工作。具有独立法人的研发机构，研发人员应占机构总人数的50%以上；非独立法人（企业内设）的研发机构，本科以上学历、直接从事研发活动的专职研发人员占企业总人数的10%以上。（4）有固定的场所、先进的仪器设备、明确的组织机构和运行章程以及其他必需的研发条件。

具备下列条件之一的，予以优先确认：（1）在工商行政管理部门注册为独立法人的外资研发机构；（2）有较大国际影响力的跨国公司设立的一流研发机构（如注册资金在1亿美元以上的企业、世界500强企业、跨国公司区域性研发中心等）；（3）外商与江苏省现有企业、科研机构和高等院校等联合创办的研发机构；（4）常驻江苏从事研发活动的外籍科研人员较多的外资研发机构；（5）主要从事原创性技术研发活动的外资研发机构；（6）积极与江苏省企业、科研机构和高等院校等开展技术咨询服务、合作研发、技术转移及产业化活动的外资研发机构。

八　南京市

2009年7月，南京市科学技术局、南京市财政局颁布《南京市促进外资研发机构发展的若干办法》。

鼓励政策：外资研发机构的研究开发费用享受所得税加计扣除的政策。形成无形资产的，按照无形资产成本的150%摊销；未形成无

形资产的计入当期损益，在据实扣除的基础上，按照研究开发费用的50%加计扣除。

鼓励外资研发机构与南京地区现有的科研机构、高等院校、企业等单位进行合作研发，联合组建工程技术研究中心，联合承担各类科技发展计划项目。从事软件开发、系统集成的具有独立法人，享受《南京市进一步推进软件产业发展的若干政策》有关优惠政策。

聘用的海外高层次留学人员，享受《关于鼓励海外高层次留学人员来宁科研、创业和发展的意见》中的相关政策。外资研发机构为本市科技进步、经济和社会发展做出一定贡献的人员，可纳入《南京市中青年行业技术与学科带头人》的选拔和培养计划，参加“南京市科技功臣”的评选。在南京申请国内外专利，享受专利申请的相关资助政策，鼓励参加南京市优秀专利奖评审，优先推荐申报各类科技计划。

九　苏州市

2003年10月，苏州市政府颁布《关于鼓励和吸引国（境）内外研发机构的意见》，规定科学技术局是研发机构认定部门，每年认定一次，复审一次。认定条件如下：独立法人的研发经费占年度总收入的40%以上；非独立法人的研发经费占企业销售收入的5%以上；本科以上科技人员占总人数40%以上，并有2名以上专业技术或学术带头人；非独立法人的研发机构，其科技人员占企业科技人员总数20%以上。

优惠政策：在苏州工业园区、苏州高新区内经省科技厅确认为高新技术企业的外资研发机构，从获利年度起，第一年、第二年免征企业所得税，第三年至第五年减半征收。优惠期满后仍为先进技术企业的，可延长三年减按10%征收企业所得税。设在“两区”外的研发机构，给予市科技专项资金资助。从盈利年度起，以企业所得税地方留成部分的一定比例（前五年为全额，后三年为50%），享受先纳税后财政补助的优惠。

技术咨询、技术服务取得的收入免征营业税。在销售计算机软件时，将著作权、所有权一并转让的，不征收增值税。研究开发费用比上年实际发生额增长10%以上的，按实际发生额的50%抵扣当年度

表 8-1　地方政府认定外资研发机构的条件

地区	颁布时间	主管部门	场地（平方米）	资产总额（万元）	专利要求	研发经费		人数		本科比例（%）	技术性收入比例（%）
						独立法人	内设机构	独立法人	内设机构		
福建	2009 年	商务厅、科技厅	200	500（软件 100）	—	总收入 20%	收入 5000 万元以下的占 5%；2 亿元以上的占 3%；二者之间的占 4%	—	—	50	60
青岛	2008 年	商务局、科技局和财政局	200	500	3 件	—	—	20	科技人员占员工总量的 2%	80	
厦门	2009 年	科技局	200	200（软件 100）	—	总收入 20%	年 100 万元	10	—	75	50
南京	2009 年	科技局、财政局、商务局	200	500（软件 100）	—	总收入 20%	—	10	—	50	60
苏州	2003 年	科技局	—	先进仪器设备	—	总收入 40%	企业销售额 5	—	—	40	
江苏	2004 年	科技厅	—	—	—	总收入 40%	总收入 6	—	—	50	
上海	2000 年 2003 年 2012 年	条块结合，多家共管	—	2009 年 10 月前/后 1000/2000	条块结合，多家参与	2009 年 10 月前 1000 万元	2009 年 10 月前/后 500 万/800 万美元	90/150 人	—	无	无

应纳税所得额。研发机构可申请进出口经营权，并享受出口产品退税及其他相应优惠政策。向外商购买专利权、专有技术、商标权和著作权等，外商取得的特许权使用费可以减征、免征企业所得税。研发机构的外国投资者，将从研发机构取得的利润用于增加注册资本或投资其他研发机构，全部退还其再投资部分已缴纳的企业所得税。国内投资者退还其再投资部分已缴纳所得税的地方留成部分。

鼓励研发机构申请专利，并依法保护其知识产权，专利申请给予资助。对科技含量高、市场前景好的优秀专利技术和产品给予资金支持。鼓励研发机构进行高新技术成果转化，输出高新技术和成熟适用技术，建立海外技术推广和试验示范基地。

第三节　外资企业研发机构对营商环境的评价

我国现有的涉及外资企业研发的制度与政策，已经实施了多年，在执行过程中发挥了积极的促进作用，但也不可否认，随着时间推进和外商投资活动变化，部分政策的局限性逐渐显现，地区间政策差异可能导致跨地区外资研发机构的经营困难。了解外资企业对政策的满意程度和政策需求，对于制定与完善政策体系具有重要导向意义。

一　总体评价

本节内容的资料一是来自课题组的调查问卷，二是参考了国务院发展研究中心与中国外商投资企业协会的问卷调查结果。① 发现六成以上企业反映环境有所改善，外资企业参与越深，对环境的评价就越负面。美资企业对我国利用外资环境变化评价最差，对环境满意的比例和满意度评分低于欧资企业。西部对环境变化做出评价的外资企业所占比例明显高于东部，部分地反映了我国利用外资区域政策调整的效果。规模较小企业的评价相对较低，规模大的企业评价较高，这一

① 《中国外商投资企业发展报告》，中国发展出版社 2015 年版。

定程度上可能反映了地方政府重视大企业大项目，而对小企业关注不足。在华经营时间短的企业评价结果更为积极。

从调查结果来看，关于投资环境的总体评价，20.7%的外资企业认为“投资环境显著改善”，36.2%的外资企业认为投资环境略有改善，15.5%的外资企业认为没有变化，19.0%的外资企业认为投资环境略有恶化，少数企业认为投资环境显著恶化。各个地区的投资环境差别很大，投资环境欠佳地区必须进一步改善（见图8－1）。

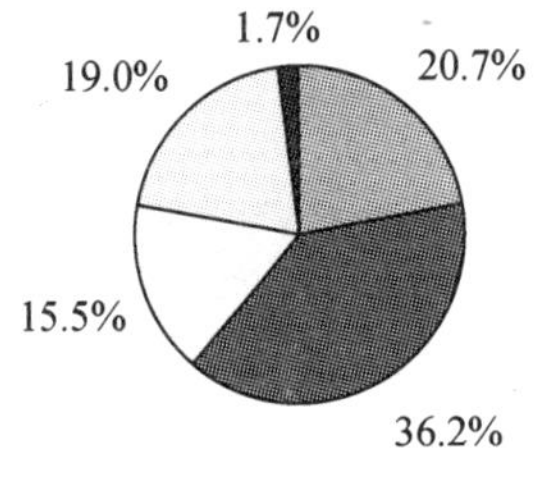

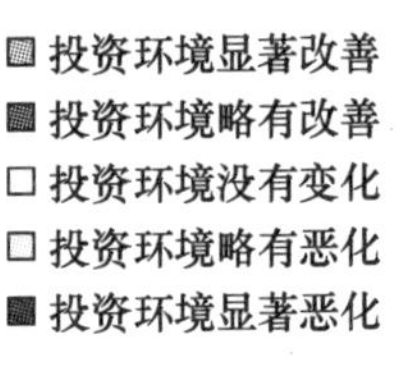

图8－1　外资企业对营商环境的总体评价

注：由于选项不完全，百分比不等于100%。

从市场条件包含的五个内容的评价结果来看，企业对基础设施的评价最高，得7.82分。得分最低的是生产成本，得6.82分，这反映了近年来中国的成本上升较快。近年来，我国大力改善了交通、网络、电力、供水等硬件环境，满足了投资项目建设与运营的需求。但是，随着经济高速发展，生产要素的价格不断攀升，劳动力薪资和社会保障成本增加较快，低端制造行业的外资企业压力很大，甚至外迁到东南亚国家。人力资源得分排在倒数第二位，反映了本土人力资源质量不能很好地满足美资企业的需求。“当地生产配套”略高于“当地服务配套”，也反映了软环境欠佳（见图8－2）。

从外资企业对制度环境评价来看，对法律法规健全的评价最高，其次是政府部门工作效率。政策透明度更次之，比较发现，上海企业认为，当地政府的办事流程清晰合理；西部企业普遍认为，政府办事流程不清晰，灰色的部分太多。最不满意的是知识产权保护及投诉渠

道及处理（见图8－3），政府应建立顺畅的投诉反馈渠道，及时处理企业的困难。对于上述问题，欧资企业、日资企业、韩资企业和美资企业的评价结果一致，说明这些问题是共性的，应该引起重视。

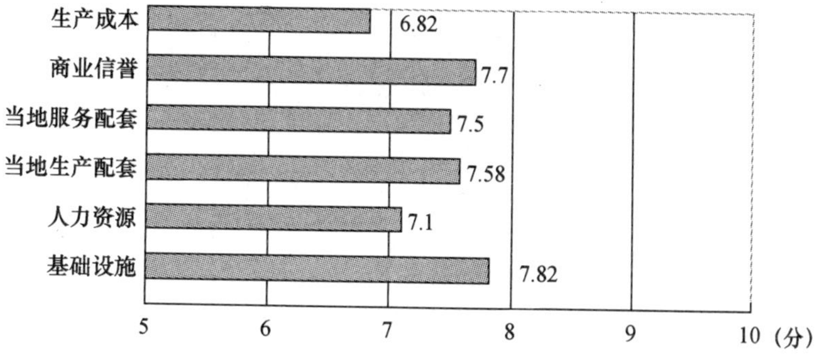

图8－2 外资企业对市场条件的评价

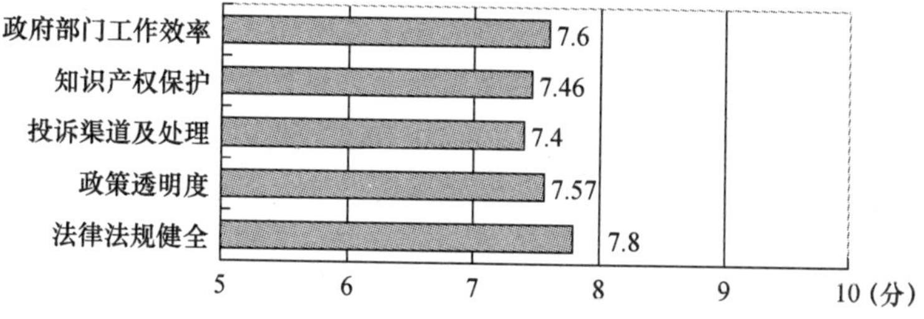

图8－3 外资企业对制度环境的评价

把外资企业分为美资、欧资和亚资三大类，根据《中国外商投资企业发展报告（2014）》及本课题组的问卷调查结果，就三类企业对投资环境的评价和政策需求做一比较分析。

二 美资企业研发机构的评价与政策需求

（一）美资企业对政策因素的评价

美资企业对市场和行业准入评价最好，得7.66分，我国经过多次调整外商投资产业指导目录，鼓励范围逐渐扩大，限制和禁止范围缩小且明晰。退出管制、国民待遇和融资的自由度三项政策评价结果

基本一致且得分较高，意味着外资正在享受国民待遇，市场竞争机制比较完善。评价最差的是税收外的收费（见图8－4），税外之费亟待清理和规范，减轻企业负担及建立合理的成本预期成为当务之急。

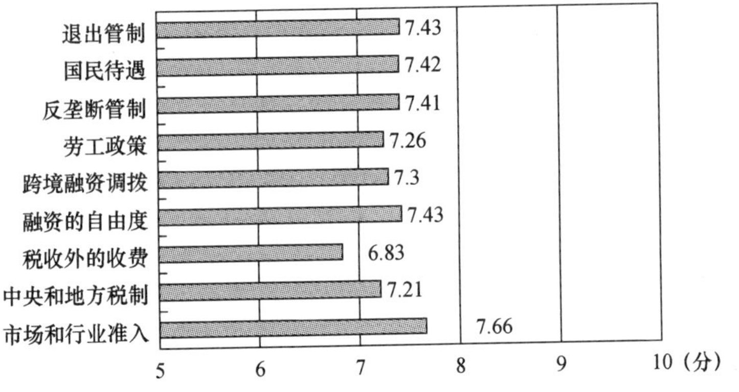

图8－4　美资企业对政策因素的评价

（二）美资企业对文化和社会环境的评价

不同来源地的外资企业对文化和社会环境的评价表现出较高的一致性，反映出我国社会文化对各种外资的中立性。评价较高的是包容心态，而诚信意识和法治意识的评价较低（见图8－5）。

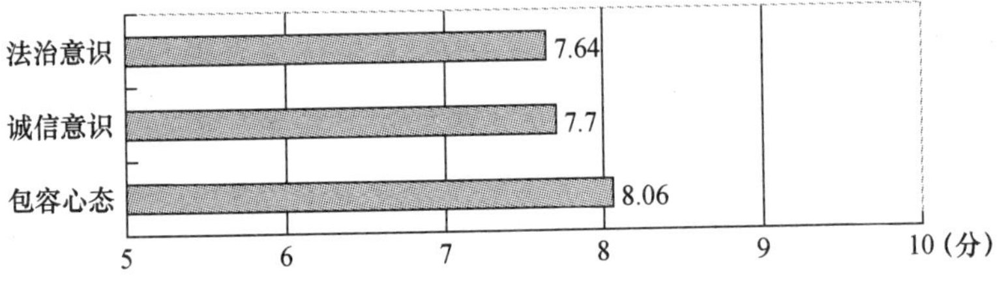

图8－5　美资企业对文化和社会环境的评价

（三）吸引外资研发机构的优势

外资企业评价最高的是中国具有雄厚的科技人才资源，便于招聘到合适的研发人员，此项得分最高，为4.07分；在华设立研发中心地区经济发达，接近目标市场，便于服务客户，此项得4.02分；本

地产业结构布局合理、外资研发机构聚集、鼓励研发政策和配套环境得分接近4.0（见图8－6）。

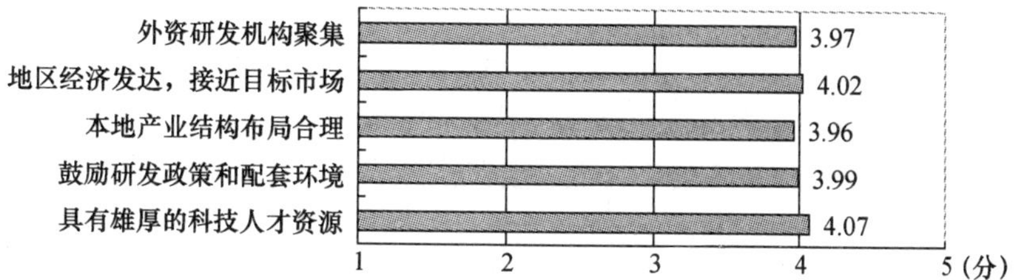

图8－6　美资企业对当地优势的评价

（四）为研发机构提供的政策和便利

对政府为企业提供的优惠和便利方面，问卷提供了6方面的内容，由被调查者进行排序，将216份问卷中排名首位的优惠政策进行统计，认可度第一的是进出口优惠政策，占35%，23%的被调查者认为是提供知识产权保护，19%认为当地提供了税收减免政策，12%认为地方提供人才支持政策，8%认为地方建立相配套的技术平台，3%的认为地方在土地或办公场地所减免费用方面给予了支持（见图8－7）。

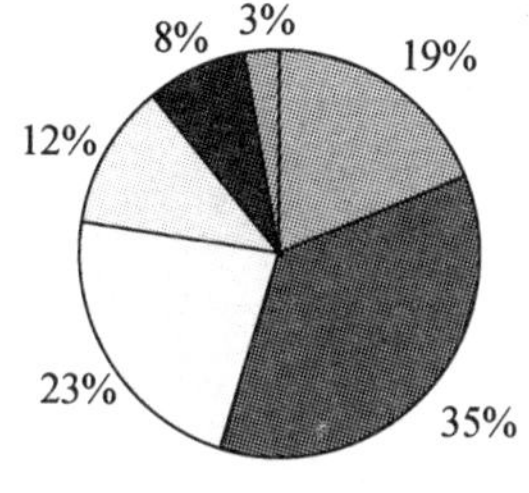

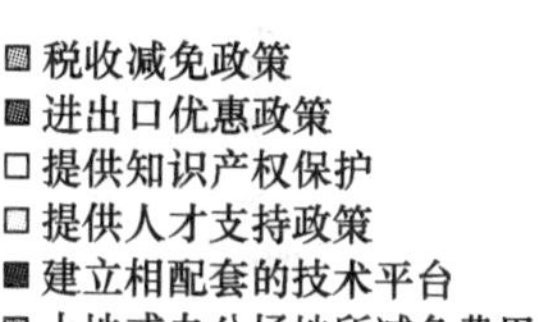

图8－7　美资企业对当地优惠政策评价

（五）对现有政策的评价

企业对现有政策的总体评价不高，最突出的是相关制度执行不到位，得3.48分。其次是政策实施过程中的关键政策界定不明确，政

策缺乏详细的操作细则，二者得分接近。政策与企业实际脱节也是普遍存在的现象（见图 8 –8）。

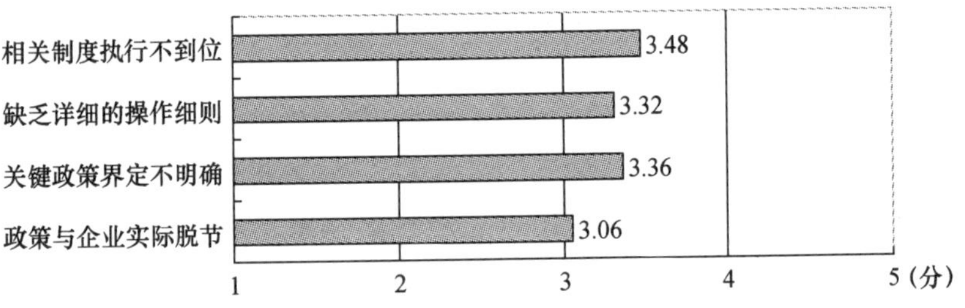

图 8 –8　美资企业对现有政策的总体评价

（六）本市研发环境存在的问题

问卷提出了 6 个方面的问题，请被调查者选择排序，统计 214 份问卷排名首位的研发环境问题，30% 的被调查者认为公共技术平台配套不足，25% 的被调查者认为知识产权保护不力，22% 的被调查者认为地区研发人才储备不足，14% 的被调查者认为政府对企业干预较多，8% 的被调查者认为与国外交流不便，个别企业认为当地生活环境较差（见图 8 –9）。

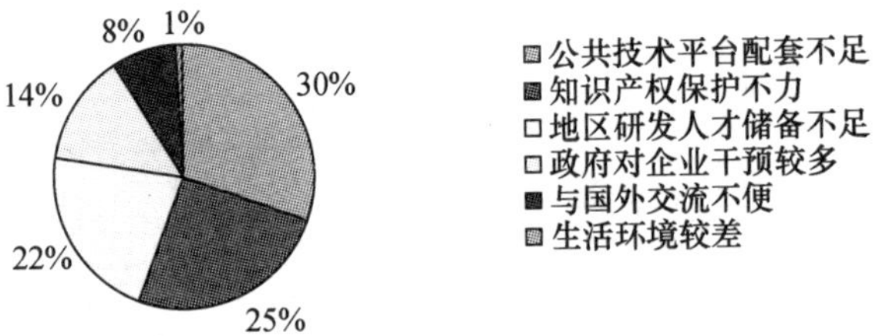

图 8 –9　美资企业对当地研发环境存在问题评价

（七）应该出台哪些政策

44 家企业提出税收优惠政策。降低税负包括企业所得税减免，个人所得税返还，对高技术人才退税等。希望政府从政策上、管理上采取进一步举措进行引导，比如免征关税和进口环节增值税，免收办公

用房的交易手续费和产权登记费，部分房产契税可作为政府的补贴返还；免征建设过程中的上水、排水、煤气增容费和供配电贴费等具体措施。也有企业认为，政府应该为外国来华人员提供多种优惠福利政策，如个税返还、优惠住房等。

40 家企业提到知识产权保护。严格执行知识产权保护方面的法规，严厉打击盗版和模仿开发行为，对外资企业采取包容的态度，而不是偏向本地企业。有企业建议，政府可以设定一个时间期限，如果外资企业能在规定时间内申请到专利，并投入中国使用，可给企业免于 5 年的税收。

35 家企业提出人才问题。优化人才就业环境，优化人才引进的政策，大力引进高端人才。加大人才流动力度，做好人才引进、人才储备和人才培养。和学校配合实施专业人才培养计划和高技术人才的培养，重点是加强学校的参与度。位于中小城市的研发机构希望政府实施专项人才培养与引进计划，满足业务发展的人才需求，使企业专心做研发。

8 家企业提到资金支持和融资问题。加大资金方面的支持，对外资企业研发机构贷款融资提供更多更大的优惠。降低贷款融资门槛，贷款额更高，利息更优惠。可以出一个政策，对于申请专利的新品予以奖励或者帮忙融资。对研发提供资金扶持，研发出产品在地区内共享。

个别企业提出，中美两国要保持友好交往关系，简化进出口手续，减免土地费用和办公场所租金等。也有 12 家企业认为，现有政策已经比较全面，只是执行力度不足，当前首要的问题是严格执法，而非出台新政策。

三　欧资企业研发机构的评价与政策需求

（一）当地吸引外资研发机构的优势

企业评价最高的是中国具有雄厚的科技人才资源，中西部地区难以招聘到合适的研发人才是制约研发业务转移的关键因素。其次，政府有鼓励研发的政策和配套环境、本地产业结构布局合理，便于成果转化得分均超过 4.00 分，尤其是在中西部地区，营商环境普遍不佳，

这些因素就更为突出。在华设立研发中心接近目标市场，便于服务客户，此项得 3.99 分。外资研发机构聚集是科技创新的良好环境，也得到了较高的认同（见图 8－10）。

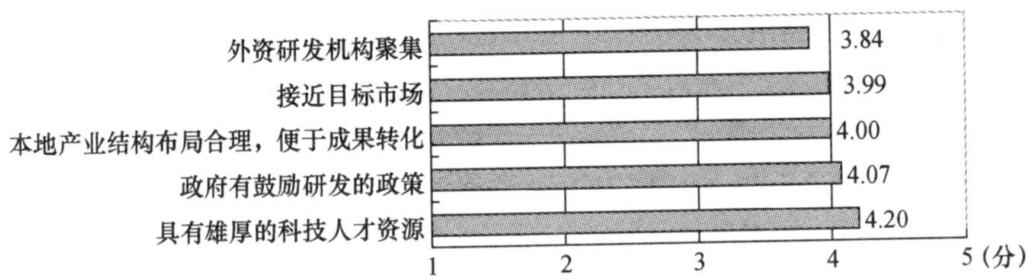

图 8－10　欧资企业对当地优势的评价

（二）当地提供的优惠政策和便利

93 个样本对政府提供的优惠和便利进行了排名，31 家企业将进出口优惠政策排在首位，占 33%；29 家认为首要的是税收减免政策，占 31%；15 家认为最重要的是当地提供知识产权保护，占 16%；7 家认为是地方提供人才支持政策，8 家认为是建立公共技术平台，3 家企业在土地或办公场地减免费用（见图 8－11）。

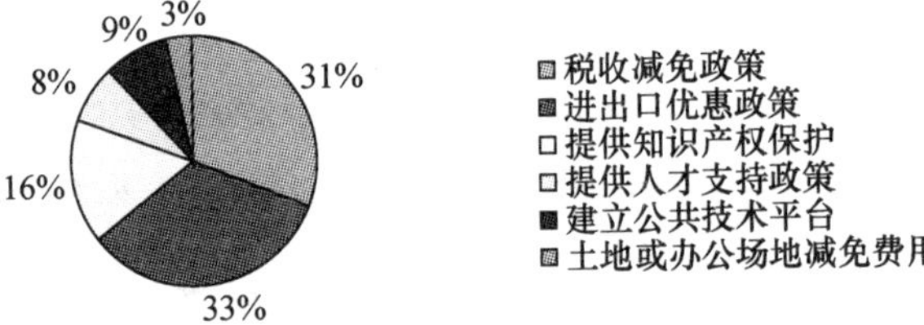

图 8－11　欧资企业对当地优惠政策的评价

（三）欧资企业对制度环境的评价

企业对现有政策的总体评价不高，最突出的是相关制度执行不到位，得 3.57 分。其次是政策缺乏详细的操作细则、关键政策界定不明确。政策与企业实际脱节也是普遍存在的现象，得 3.12 分。政府

应在制定政策前深入企业调研，了解外资企业研发活动真正的政策需求。

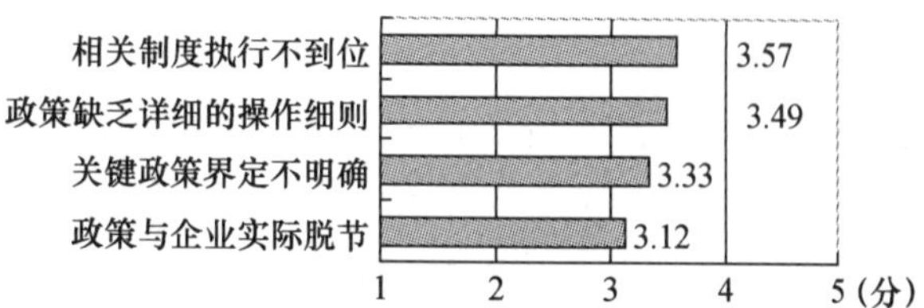

图 8－12　欧资企业对制度环境的评价

（四）本市研发环境存在的问题

问卷提出了 6 个方面的问题，请被调查者选择排序，统计 92 份问卷排名首位的研发环境问题，30% 认为公共技术平台配套不足，29% 认为地区研发人才储备不足，23% 认为知识产权保护不力，14% 认为政府对企业干预较多，3% 认为与国外交流不便，个别企业认为当地生活环境较差（见图 8－13）。

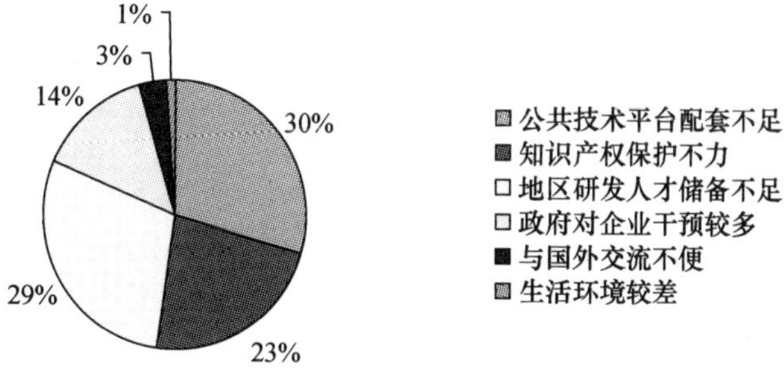

图 8－13　欧资企业对当地研发环境的评价

（五）欧资企业认为应该出台的政策

共有 73 家企业提出了政策建议。

18 家企业提出税收优惠政策。对外资企业进行相关的税费减免政策，鼓励研发机构申请专利，更加积极鼓励高校与企业的深层次交流与合作。

15 家企业提到知识产权保护。出台针对外资研发机构的专项知识产权保护体系。对肆意模仿者进行打击，给予从事新产品、科技创新的企业以实质性奖励。

10 家企业提出加大人才支持力度。政府应建立更多的人才储备，提供人才扶持政策，提供技术研发补贴，鼓励人才发展，完善人才引进与培养计划，鼓励国外培训等。

11 家企业需要资金支持。加大对创新企业的优惠扶持力度，发展教育增加科技人才储备，调整产业结构布局便于成果转化。应全面扶持，提供技术和资金保障，做到合作共赢。给予资金、厂房土地使用以及相关科研院校的技术支持。符合一定资格的外商在华设厂，可以免租厂房，给予国家基金资助。

5 家企业强调开放市场，建立公平、公正、公开的竞争环境，鼓励发展总部经济，减少对企业的干预。个别企业认为优惠政策已经足够，不需要出台新政策。

（六）研发业务转移的目标城市

69 家企业提出可能设立研发分支机构，共列出了 21 个目标城市，具体得票如下：

上海 15 票、北京 22 票、广州 8 票、深圳 9 票、成都 8 票、天津 4 票、南京 5 票、武汉 5 票、大连 3 票、西安 4 票、长沙 3 票、苏州 2 票、杭州 5 票。以下城市各得 1 票：重庆、福州、贵阳、合肥、厦门、青岛、珠海。

部分企业没有明确建立分支机构的城市，而是提出了选址方向：有企业选择一线城市和沿海城市，有企业选择沿海二线城市，还有企业表示在西部地区设立研发机构。

四　亚资企业研发机构的评价与政策需求

（一）当地吸引外资研发机构的优势

亚资企业对鼓励研发政策和配套环境评价最高，为 4.09 分，地区经济发达，接近目标市场与本地产业结构布局合理得分均超过 4.0 分。具有雄厚的科技人才资源、外资研发机构聚集也是重要因素，也得到了较高的认同（见图 8 – 14）。

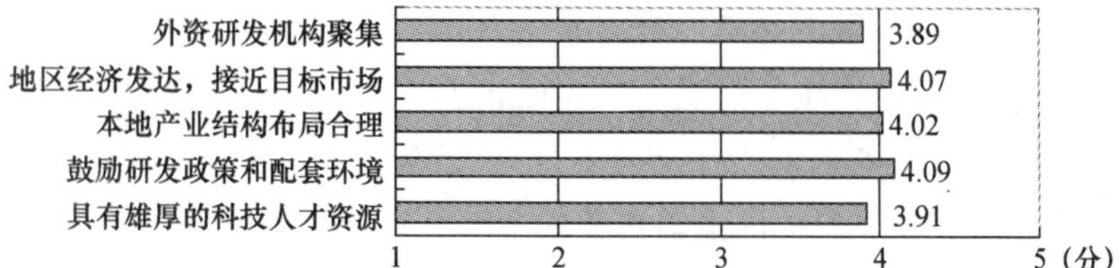

图 8－14　亚资企业对当地优势的评价

（二）当地提供了多种优惠政策和便利

56 个样本对政府提供的优惠和便利条件进行了排名，33%认为首要的是税收减免政策，30%将进出口优惠政策排在首位，18%认为最重要的是当地提供知识产权保护，7%认为地方提供人才支持以及建立公共技术平台，3 家企业认为是当地土地或场地场地减免费用（见图 8－15）。

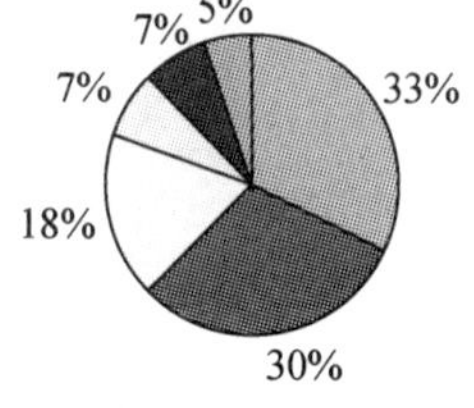

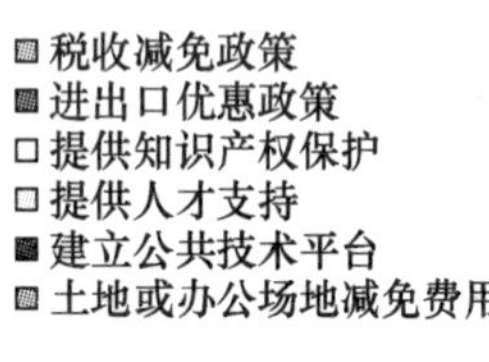

图 8－15　亚资企业对当地优惠政策的评价

（三）对制度环境的评价

亚资企业对知识产权与技术交易政策的总体评价不满意，表现在法律不健全，执法环节不严格，知识产权保护力度较弱。各选项得分普遍较低，应在制定相关制度时深入企业了解其政策需求，使法律法规能够真正发挥作用（见图 8－16）。

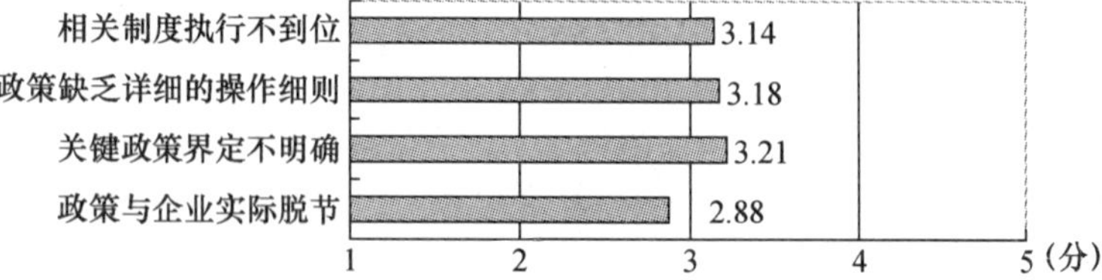

图 8－16　亚资企业对制度环境的评价

（四）当地研发环境存在的问题

统计56份亚资企业问卷，28%的被调查者认为排名首位的研发环境问题是“地区研发人才储备不足”，27%的被调查者认为公共技术平台配套不足，21%的被调查者认为政府对企业干预较多，18%的被调查者认为知识产权保护不力，1家位于中小城市的企业认为与国外交流不便，2家企业提出当地生活环境较差（见图8－17）。

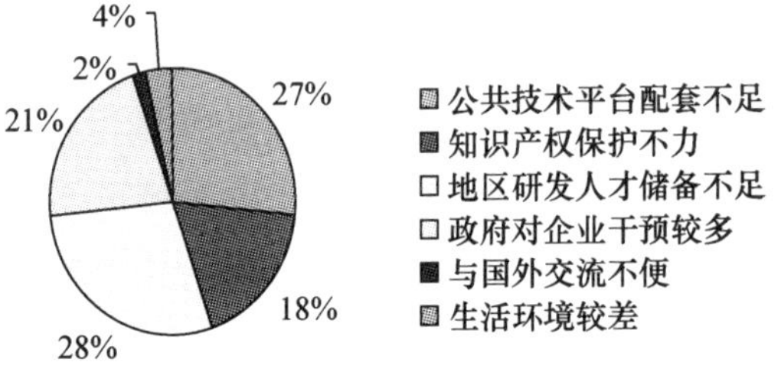

图8－17　亚资企业对研发环境的评价

（五）政策需求

共有48家企业提出了政策建议。

11家企业提出税收减免政策，对高新技术企业实行若干年免税收。8家企业提出加大知识产权保护，提高对专利权的奖励制度，细化专利保护法规，高度保护与尊重知识产权。12家企业提出人才引进与培养问题。出台高层次人才社会福利政策，吸引更多的人才。对人才大力扶持，加大引进的力度，对人才保护要到位，与学校共同培养研发人才。11家企业提到资金支持。多组织地方交流会，放宽对外资的政策，在刚开始时减免一些土地资源的使用费用。在银行贷款利率方面要有优惠政策，厂房减免租金；也有企业强调政府要增强政策的执行力，为外资企业提供公平的环境，支持研发的平台建设等。

（六）亚资企业转移研发业务的目标城市

49家企业提出可能设立研发分支机构，最多的设立了9个分支机构，共列出了20个目标城市，得票如下：上海13票、北京14票、广州9票、深圳4票、成都6票、天津4票、武汉4票、重庆3票、

杭州3票、西安2票。以下城市各得1票：大连、南京、慈溪、苏州、盐城、贵阳、合肥、济南、厦门、唐山。部分企业提出了选址方向是北京、广州等科技经济发达及人力资源充足的大城市。

第四节　外资企业研发投资政策的局限性

现有政策在推动外资企业研发工作方面发挥了重要的作用，但随着我国投资环境变化和科技实力增强，在新的形势下，这些政策暴露出越来越明显的局限性，需要加以调整。

一　外资企业研发机构认定的门槛较高，各地方认定标准不统一，纳入鼓励范围的企业有限

现有认定标准片面强调外资企业研发机构的人财物的投入数量，而对创新绩效重视不够。如财政部、海关总署和国家税务总局《关于研发机构采购设备税收政策的通知》要求：独立法人外资企业研发机构每年R&D经费不低于800万美元，R&D人员不少于150人，设备原值不低于2000万元。各地区颁布的标准均对研发用房面积、研发经费占年度总收入的比例、科技人员学历、职称及占员工总数的比例等做出明确要求。很多外资企业研发机构达不到认定标准或未申报登记，政策的实际激励范围有限，也使外资企业研发资源存量成为一笔糊涂账。如北京市2013年12月外资企业存量为8000多家，市科委认定的外资研发机构仅75家，不清楚还有多少外资企业设置了研发中心。

纵向比较可以发现，对外资企业研发机构的认定条件逐年提高。2000年《关于外商投资设立研发中心有关问题的通知》中规定的研发投入不低于200万美元，逐渐提高到500万美元、800万美元。较高的申报门槛和烦琐的手续，加上此优惠政策的普及不足，外资企业通常不向政府申报。课题组深入企业座谈发现，很多企业的高管人员不了解这些政策，更谈不上积极申报了，如康龙化成（西安）新药技术有限公司（美国）、西安ABB电力电容器有限公司（瑞士）、西安

西门子公司（德国）等。

二　对外资企业研发活动的智力投入鼓励不足

在工业社会，新产品的发明创造依赖于科学研究设备和仪器，装备精良的实验室、中试车间等，是科研人员从事创新活动的物质基础，固定资产在创新投入中占比很高。在20世纪90年代，我国工业基础及科技创新的物质基础薄弱，因此，各地区对研发机构的认定标准中强调设备资产和办公用房面积等指标，1997年，国家推出了研发机构所需设备采购税收优惠政策，减轻了企业研发物质资本投入负担。

当前，我国已经建成门类齐全的工业化体系，成为全球第一制造大国。2012年我国服务业成为第一大产业，三大产业的结构发生了根本性的变化，科技创新的物质资本不再稀缺。步入了信息化社会后，无形产品及其创新活动越来越多，如信息技术、网络、软件等产业，智力投入的重要性提升，核心研发资源是人力资本，对物质资本的依赖下降。这些智力密集行业的研发活动所需设备采购数量不多。化工、医药、机械等行业在研发机构建设初期，需要购置大量仪器和设备，能够享受一些设备采购税收减免优惠，但在研发平台正常使用期间，就很少采购新的设备了。因此，研发设备采购税收减免政策的激励作用必然下降。

三　对于合作创新行为缺乏激励措施

在开放式创新条件下，新产品开发项目往往是跨区域、跨国界的多个企业以战略联盟的形式完成，各个参与主体共担研发风险、共享项目收益。互联网环境下合作研发现象越来越多，合作方式越来越灵活多样，现有的政策没有涉及合作研发机构的认定与支持。从财税支持政策来看，独立法人研发机构只有研发活动投入而无营业收入，是一个成本中心，所得税减免政策没有实质性意义。负责新产品生产和销售的下游企业是利润中心，享受了高新技术企业认证及税收减免，但是，它们并不承担研发投入及风险。因此，在开放式创新背景下，激励性政策的适用范围及灵活性需要调整。

四　对外资企业设立合作研发机构的鼓励不足

外资企业在多数高新技术领域处于优势地位，为了保护技术上的优势，通常采取严格的技术保护措施，如申请专利保护、研发中心门禁制度、电脑加密、网络控制等，防止技术流出公司。外资企业在工作环境和薪资方面存在明显优势，研发人才流动方向仍然是外资企业，向本土企业流动的是极少数，因此，通过人员流动引起的技术扩散效应不足。建立联合研发中心是外资技术向本土企业转移的有效途径，但在没有利益驱动的情况下，外资企业不会主动与本土企业在研发领域开展合作，其研发活动处于封闭式运行状态，本土企业仅处于代工生产地位。必须激发外资企业开展合作研发的积极性，广泛与本土企业、高校和研究院所开展务实合作，现有政策没有对合资研发机构做出详细规定。政府应从合作研发机构认定条件、运营环境、优惠政策等方面加以明确；同时，大力培养一批合格的本土企业合作方，使外资企业能够容易寻找到合作伙伴；双方建立利益分配合理的合作框架，使外资企业产生合作研发的内在动力。

五　部分税收优惠政策的享受条件较高或政策需求缺乏普遍性

如外国企业向我境内转让技术，凡属技术先进或者条件优惠的，可以免征营业税和企业所得税。从企业访谈结果来看，研发项目和资金大多受母公司控制，技术成果供本企业及母公司使用，并不对外出售技术，很少涉及技术交易免税政策。又如外商投资企业技术开发费比上年增长10%以上的，允许按技术开发费实际发生额的50%抵扣当年的应纳税所得额。此项政策对于研发投资高速增长的企业具有鼓励作用，投资规模稳定的企业无法享受优惠。

六　外资研发机构管理体制没有理顺，不能整合区域创新资源

各地区外资研发机构的管理工作各行其是，归口部门不一致，如上海、南京和青岛等主管部门是商务委员会（商务局），北京、天津和厦门主管部门为科委（科技局），杭州由科技局、发改委和经委共同负责。政府部门之间缺乏数据共享机制和信息平台，科技部和商务部均不掌握外资研发机构数量和科技成果情况。科技主管部门在外资企业研发机构管理工作中缺位，不能有效整合内、外资创新资源。涉

及外资企业研发中心的政策制定和执行，科学技术管理部门没有参与。外资企业研发中心采购设备免、退税资格审核认定，由商务主管部门会同财政、国税部门和所在地直属海关，制定本地的审核流程和具体办法。研发中心向所在地商务主管部门提交申请材料。商务主管部门牵头召开审核部门联席会议，对申请材料进行审核及公告，抄送商务部（外资司）、财政部（税政司、关税司）、海关总署（关税征管司）、国家税务总局（货物和劳务税司）备案。这个过程中没有纳入科学技术部门。

第五节　对策及建议

跨国公司在世界技术开发中扮演重要的领导和先驱角色，而我国企业在诸多领域内科技创新能力较弱，缺乏自主知识产权的高新技术，在全球创新价值链中处于下游地位。应继续实施鼓励外资企业在华设立研发机构的政策，扩大外资企业在华研发资源投入总量，推动内外资企业研发机构深度合作，促使本土企业科技创新能力提升，对实现创新驱动发展战略目标具有重要意义。

一　政策目标

（一）壮大外资研发机构总量

近年来，我国倡导万众创新与大众创业，在开放式创新环境下，大力吸纳外资企业研发机构能够为本土企业提供更多吸收技术溢出的机会，是推动我国创新能力提升的有效途径。我国提出创新驱动发展战略已经十多年，但以低端产品制造为主的经济结构尚未改观，为数不多的高铁和核电等高科技产品刚走出国门，赖以生存的空气、水资源污染日益恶化。以科技创新提高产品的技术含量和附加值，减少资源消耗和环境破坏，是一个长期而艰巨的任务。从国际产业资本流向来看，随着中国生产要素价格上升，资本不断流向劳动力和土地价格更低廉的东南亚，我国沿海地区大量工厂关闭，倒逼企业实施科技创新战略。

（二）优化空间与行业布局

优化空间结构。我国外资企业研发机构的区域分布不均衡，北京、苏州、上海、广州、深圳等东部城市相对集中，而中西部地区由于先天自然环境、运输条件、技术条件等因素限制，外资企业设立研发机构较少。随着西部大开发的不断深入及“一带一路”战略构想的实施，中西部地区的区位优势将逐渐显现，可为外资企业研发机构的发展奠定良好的空间基础。京、沪、粤等地外资企业研发机构为降低运营成本，也具有向西安、成都、武汉等内地转移研发业务的意向，应努力消除制约外资企业研发业务转移的关键因素。

外资研发机构是短期内提升区域创新能力的重要因素，京、沪、粤的外资企业科技创新资源丰富，大量的产品设计、技术研发在这些地区完成。当地本土企业虽然大多处于产业链的制造环节，但在合作中也获得了外资企业的技术溢出效应，提升了自主创新能力和经营管理水平。内外资企业富集使得京沪粤地区保持了我国经济发展的“领头羊”地位。中西部外资研发机构数量少，本土企业研发投入不足又缺乏吸收技术溢出的机会，区域创新能力和创新绩效整体落后于京沪粤，区域创新效率分布极不均衡。应从宏观层面加以调控，引导外资企业向中西部地区转移研发业务。中部城市以武汉、长沙为重点，西部以成都、重庆和西安为重点，实施精准化调控政策，创造适合外资研发机构发展的环境，带动内地企业科技创新能力。

调整行业分布。外资企业在华的软件、通信、电子、化工等领域研发机构较多，而在机械、石油、航空、汽车等领域的研发投资较少。政府应根据国民经济发展和产业结构调整的需要，每年发布外商研发投资重点行业目录，给予相应的配套鼓励政策。如近期可选择大型飞机关键零组件研制、页岩油气资源开发等作为重点。

（三）推动研发合作

外资企业研发机构的主要合作伙伴是母公司全球研发网络中的成员，从创意到技术研发封闭于外资企业内部，通过产品模仿、竞争、增加研发投入等，本土企业取得技术进步比较缓慢。应采取措施推动内外资企业开展研发合作，只有融入科技创新网络才能更快地吸收与

追赶。

内外资企业缺乏合作创新的基础。外资企业在科技创新方面花费了巨资，保护知识产权是它们的首要选择，与本土企业合作创新增加了技术流失的风险。本土企业缺乏开展合作研发的技术实力，它们往往处于产品制造的环节。因此，内外资企业不能自发地形成研发合作联盟，这也是市场换技术战略不成功的原因。

二　主要任务

（一）理顺外资研发机构管理体制

外资企业研发机构已经成为一支重要的创新力量，必须将外资研发资源纳入国家统一的科技管理范围，才能更好地发挥其对国家创新体系建设的作用。外资企业研发机构的认定、登记、服务与监管等职能整合到科技管理部门，实现内、外资研发资源管理与服务的统一，这是全面掌握创新主体的数量和质量的基础，也有利于提高国家科技发展规划和科技政策的合理性。

（二）改革外资研发机构评价标准

简化外资研发机构设立的前置性审查手续和标准，加强事中和事后的服务与监管。改变以人员数量、研发投资和固定资产等为主要指标的认定标准，如实登记各种规模的外资研发机构，给予动态追踪、服务和监管，全面掌握外资研发机构发展状况。建立基于创新绩效的鼓励政策，以外资企业研究机构的科技成果及商业化绩效决定政府支持力度。

（三）实施地区间差异化的外资企业研发管理政策

各地区创新资源对创新产出的贡献不同，外部因素对创新效率的影响差异较大，为了提高政策的针对性，更好地发挥政策的导向作用，外资企业研发管理政策的制定者应从中央政府转变为地方政府，外资研发管理政策要体现出地方特色。西部地区要加快对外开放步伐，鼓励企业大力投入技术创新资金，吸引大批高素质创新人才流入；东北地区应鼓励创新人才聚集，适当控制创新经费和物质资本总量；中部地区应鼓励多渠道筹措创新资金，弥补经费不足的短板；东部地区应减少创新人才投入量，增加创新经费和物质资本。

（四）制定基于合作创新项目的优惠政策，推动内外资研发机构深度合作

为了促使内外资企业开展合作创新，政府应创造鼓励合作的环境。如以产业园区为依托，构建科技创新产业联盟，组建研发联合体，推荐技术实力相称的本土合作伙伴，鼓励外资研发机构与本土企业进行深层次研发合作。建立联盟内沟通与协调办法，密切政府与外资研发机构、内资企业、高校及科研院所间的联系，为合作成果的转化提供税收方面的优惠，提高外资企业开展合作研发的收益预期，促进技术的交流与合作。

（五）鼓励外资研发业务向中西部地区转移

中西部若干科技人才富集城市具备承接京沪广等地外资研发业务的潜力，应进一步加强公共技术平台建设、优化中高级人才引进政策、采取研发用房租金减免和高新技术企业所得税优惠等系列措施，大力吸引外资企业设立研发中心。以外资研发机构的技术溢出效应带动区域创新能力提升，推动产业技术升级与区域经济结构调整。

三　政策建议

政策环境是影响外资企业研发机构在华投资动机、研发能力提升及技术扩散的重要因素。通过对外资企业研发中心的走访调研，外资企业研发机构在享受优惠政策的需求方面依然明显。从财政及金融支持、产业结构调整、人才及技术扶持、科技管理体系完善及管理运行机制、提升内资企业自主创新能力等方面，提出外资研发管理优化的对策建议。

（一）财政及金融支持方面

强化优惠政策宣传，落实传统税收优惠政策，建立商务部门、科技部门及税收部门的沟通机制，进一步规范外资企业研发机构税收优惠审批程序。通过构建信息技术平台，简化外资企业研发机构优惠政策的申报程序，使外资企业研发机构熟知本地优惠政策，真正享受到税收优惠。

实施内外资企业合作创新项目所得税减免政策，促使外资企业与本土机构开展实质性合作。建议以外资企业与本土企业合作科技创新

项目为对象，对技术转让收入和新产品销售收入执行所得税减免。

（二）放宽外资企业参与科技项目计划的条件

放宽外资企业研发机构参与国家科研项目的条件限制，允许外资企业研发机构独立或联合申请国家科研项目。明确外资参与科技计划项目的资格、知识产权的归属和转让以及可对外开放的领域等。制定支持外资企业研发中心与高校、科研机构及内资企业合作国家重大科研和工程项目、联合申报各类科技发展计划项目的相关管理办法。

（三）完善外资研发的知识产权管理制度

进一步加强对知识产权的保护，使得外资企业研发机构的专利、技术知识和经验等得到知识产权法规的保护。细化专利申请、成果登记、产权保护等办法，完善外资企业研发机构专利登记申请、成果转化应用激励机制，促进科技成果在本国的推广应用；规范知识产权认定，明晰合作科研项目中的知识产权。健全知识产权及价值评估体系，设计知识产权价值评估标准，强化产权价值评估；根据评估标准，对外资企业研发机构独立申报、联合申报的科技成果进行科学的价值认定，为科技成果的快速市场化及收益分配提供借鉴。鼓励外资企业研发机构参加政府部门组织的各类科技成果奖项的评审，表彰为科技进步、经济和社会发展做出突出贡献的外资研发人员。

（四）研发人才激励对策

建立人才联合培养机制，为外资企业研发机构提供充足的人才保证。如支持外资企业研发机构建立高校、科研院所实践基地，共建实验室和人才培养基地。探索在外资企业研发机构设立博士后科研工作站，招收外籍博士后科研人员。鼓励外资企业研发机构离职人员自主创业或到内资企业就业，为上述人员提供必要的资金补贴、福利保障，提高本地自主创新能力。制订外资企业研发人员奖励计划，吸收优秀外籍人员来华从事研发工作。通过研发人员住房补贴、个人所得税优惠办法，为外籍人才提供工作签证办理便利，实施中国特色的绿卡制度。探索建立外籍研发人员的社会保障制度。

（五）保证优惠政策稳定性及公平性

在政策制定中，充分考虑对外资企业研发机构政策的可操作性，

增强政策制定与执行的稳定性。对政策的具体内容、时间期限等清晰界定，将各项政策具体化，降低外资研发机构对政策风险性与不确定性的感知。在公开、公正的基础上，提高行政管理效率，简化政策优惠的申请流程。

（六）建立技术扩散为导向的绩效评估与支持体系

对外资企业研发机构的研发投入、研发成果进行阶段性评估，根据评估结果享受不同的政策优惠，促使外资企业研发机构技术转移的数量及收益的最大化。如将吸纳本土研究人员数量、与高校联合研发数量、承担政府重大科研项目数量与金额、与本土企业合作研发项目数量与金额等作为关键指标。

参考文献

1. 曹国屏、李正风：《世界各国创新系统》，山东教育出版社 2005 年版。
2. 陈关聚、安立仁：《外资企业在华研发机构创新效率研究》，《中国软科学》2015 年第 3 期。
3. 陈劲、阳银娟：《外部知识获取与企业创新绩效关系研究综述》，《科技进步与对策》2014 年第 1 期。
4. 陈琪：《关于中部区域创新体系建设的思考》，《中国软科学》2008 年第 5 期。
5. 陈武、常燕：《跨国技术转移和扩散对国家创新能力的作用机理及相关关系：来自中国的经验证据》，《科技管理研究》2015 年第 1 期。
6. 崔新健：《外资研发中心的现状及政策建议》，人民出版社 2011 年版。
7. 丁源、张阳：《跨国公司在华研发区位分布的战略特征研究》，《科技进步与对策》2007 年第 8 期。
8. 杜群阳：《跨国公司在华 R&D 机构的问卷调研：动机、职能与技术外溢渠道》，《中国工业经济》2007 年第 5 期。
9. 冯之浚：《国家创新系统的理论与政策》，经济科学出版社 1999 年版。
10. 国家创新体系建设战略研究组：《国家创新体系发展报告：国家创新体系研究》，知识产权出版社 2008 年版。
11. 何予平、秦海菁等：《全球化中的技术垄断与技术扩散》，科学出版社 2009 年版。

12. 胡靖：《影响跨国公司技术转移的因素分析》，《华东经济管理》2004 年第 3 期。
13. 蒋昭乙：《跨国公司在华研发投资的特征分析及其对策研究》，《世界政治与经济论坛》2007 年第 6 期。
14. 李武威、曹勇：《外资研发对我国本土企业的相关影响及区域差异》，《科学学与科学技术管理》2012 年第 9 期。
15. 李毅、时秀梅、周燕华、张凯：《跨国公司在华 R&D 区位演绎与决定因素：基于研发功能演化的视角》，《科研管理》2011 年第 2 期。
16. 李钧：《跨国公司在华研发对本土企业技术创新的溢出效应与挤出效应》，《社会科学研究》2009 年第 5 期。
17. 李平、王开胜：《跨国公司 R&D 国际化的内在动因：基于利润最大化的数理分析》，《科技管理研究》2008 年第 6 期。
18. 梁正、薛澜、朱琴、朱雪祎：《研发全球化与本土知识交流：对北京跨国公司研发机构的经验分析》，《世界经济》2008 年第 2 期。
19. 林海芬、苏敬勤：《国家创新体系研究评介及启示》，《管理学报》2010 年第 4 期。
20. 柳御林：《构建均衡的区域创新体系》，科学出版社 2009 年版。
21. 沈坤荣、傅元海：《外资技术转移与内资经济增长质量：基于中国区域面板数据的检验》，《中国工业经济》2010 年第 11 期。
22. 孙文祥、彭纪生：《跨国公司的技术转移与技术扩散——基于国内外实证结果的研究》，《科技进步与对策》2005 年第 2 期。
23. 魏龙、张娟：《跨国公司在华 R&D 投资的演进与动因分析》，《世界经济研究》2006 年第 2 期。
24. 文豪、陈峰：《知识产权、技术转移与发展中国家的自主创新》，《工业技术经济》2014 年第 1 期。
25. 肖刚、杜德斌：《跨国公司在华研发机构角色演化研究》，《当代财经》2014 年第 1 期。
26. 徐笑君、刘海波：《跨国公司在华研发机构角色演变模式和路径

研究》,《研究与发展管理》2011 年第 2 期。
27. 徐晓娟、智冬晓:《中国本土企业获得 FDI 垂直技术溢出了吗?》,《中国软科学》2013 年第 8 期。
28. 薛求知、李亚新:《子公司在跨国公司知识创新及流动体系中的角色》,《研究与发展管理》2007 年第 3 期。
29. 杨翊之:《跨国公司在华研发区位选择的因素研究》,《科学学与科学技术管理》2009 年第 6 期。
30. 杨红丽、陈钊:《外商直接投资水平溢出的间接机制:基于上游供应商的研究》,《世界经济》2015 年第 3 期。
31. 赵树宽、许超、王嘉嘉:《典型国家创新体系的对比分析及启示》,《工业技术经济》2008 年第 3 期。
32. 张杰、李勇、刘志彪:《外包与技术转移:基于发展中国家异质性模仿的分析》,《经济学》(季刊)2010 年第 4 期。
33. 张军:《跨国公司在华研发机构角色及其演进路径研究》,《科技进步与对策》2008 年第 11 期。
34. 张俊芳:《国家创新体系的效率及其影响因素研究》,经济科学出版社 2012 年版。
35. 章文光、王晨:《政策目标、政策工具、政策主体与跨国公司在华研发投资的关联度》,《改革》2013 年第 10 期。
36. 张站仁:《知识溢出对跨国公司在华研发投资区位选择的影响研究》,《中国科技论坛》2011 年第 7 期。
37. 张站仁、杜德斌、黄力韵:《国际研发投资与我国城市经济发展的空间规律和关联分析》,《经济地理》2010 年第 3 期。
38. 章文光、汪哲伟:《跨国公司在华研发投资与区域自主创新互动发展》,《北京师范大学学报》(社会科学版)2011 年第 3 期。
39. 郑小平、司春林:《国家创新体系学术思想形成研究》,《研究与发展管理》2006 年第 5 期。
40. 祝影、李茜:《在华外资研发机构本地绩效的评价因子研究》,《中国科技论坛》2011 年第 12 期。
41. 中国科学院:《中国特色国家创新体系建设的成功实践:知识创

新工程（1998—2010）评估报告》，科学出版社2012年版。

42. Andrea Fosfuri, Massimo Motta, Thomas Rönde, "Foreign Direct Investment and Spillovers through Workers Mobility", *Journal of International Economics*, Vol. 53, No. 1, 2001.

43. Ari Kokko, "Technology, Market Characteristics and Spillovers", *Journal of Development Economies*, Vol. 43, No. 2, 1994.

44. Bin Xu, "Multinational Enterprises, Technology Diffusion, and Host Country Productivity Growth", *Journal of Development Economics*, Vol. 62, No. 2, 2000.

45. Eric C. Wang, "R&D Efficiency and Economic Performance: A Cross – Country Analysis Using the Stochastic Frontier Approach", *Journal of Policy Modeling*, Vol. 29, No. 2, 2007.

46. Hans Gersbach, Armin Schmutzler, "External Spillovers, Internal Spillover and the Geography of Production and Innovation", *Regional Science and Urban Economics*, Vol. 29, No. 6, 1999.

47. Kuenunerie W., "Building Effective R&D Capabilities Abroad: Walter Kuemmerle, Harvard Business Review (March – April 1997)", *Journal of Product Innovation Management*, Vol. 15, No. 2, 1998.

48. Jeffrey L. Furman, Michael E. Porter, Scott Stern, "The Determinants of National Innovative Capacity", *Research Policy*, Vol. 31, No. 6, 2002.

49. Jian – Ye Wang, Magnus Blomström, "Foreign Investment and Technology Transfer: A Simple Model", *European Economic Review*, Vol. 36, No. 1, 1992.

50. Maximilian von Zedtwitz, Oliver Gassmann, "Market Versus Technology Drive in R&D Internationalization: Four Different Patterns of Managing Research and Development", *Research Policy*, Vol. 31, No. 4, 2002.

51. Tao Xu, Zengyao Zhao, "What Determines the Intra – industrial Technology Spillovers of Foreign Direct Investment?", *Economics Letters*, Vol. 116, No. 3, 2012.

52. Zhiqiang Liu, "Foreign Direct Investment and Technology Spillovers: Theory and Evidence", *Journal of Development Economics*, Vol. 85, No. 1 – 2, 2008.

53. Ziliang Deng, Rod Falvey, Adam Blake, "Trading Market Access for Technology? Tax Incentives, Foreign Direct Investment and Productivity Spillovers in China", *Journal of Policy Modeling*, Vol. 34, No. 5, 2012.

54. Michael Song, C. Anthony, Di Benedetto, Mark E. Parry, "The Impact of Formal Processes for Market Information Acquisition and Utilization on the Performance of Chinese New Ventures", *International Journal of Research in Marketing*, Vol. 26, No. 4, 2009.

55. Nizar Becheikh, Réjean Landry, Nabil Amara, "Lessons from Innovation Empirical Studies in the Manufacturing Sector: A Systematic Review of the Literature from 1993 – 2003", *Technovation*, Vol. 26, No. 5 – 6, 2006.

56. Reinhilde Veugelers, Bruno Cassiman, "Foreign Subsidiaries as a Channel of International Technology Diffusion: Some Direct Firm Level Evidence from Belgium", *European Economic Review*, Vol. 48, No. 2, 2004.

57. Stewart Thornhill, "Knowledge, Innovation and Firm Performance in High – and low – technology Regimes", *Journal of Business Venturing*, Vol. 21, No. 5, 2006.

后 记

中国连续20多年成为吸引国际直接投资最多的国家之一，也是跨国公司研发投资较多的国家之一。美资企业在华设立的研发机构规模日益扩大，既促进了在华市场业务的高速成长，也对当地企业技术进步、产业格局调整、区域创新环境改善和国家创新系统建设产生了深刻的影响。在美资企业研发机构发展过程中，随着市场环境变化、中国技术能力提升、土地和人工成本大幅上升等外部因素的变化，以及美资企业在华发展规划的调整，出现了一些制约研发投资增长和结构优化的问题。为了在《中美科技合作协定》框架下更有效地开展科技创新合作，政府应深入了解美资企业研发机构现状与存在问题，有针对性地调整相关政策措施，促使美资企业更好地发展，带动形成良性的区域创新生态系统。

2010年10月，在中美科技合作联委会框架下，两国政府建立了中美创新对话机制，双方科技部门最高官员定期会晤。交流的议题包括中美创新政策、创新政策最佳实践、产学研创新合作、创新绩效及环境、地方和企业层面创新政策与合作、跨境研发合作以及知识产权法律法规。

呈现在读者面前的这本《美资企业研发机构调查报告》，是根据笔者承担的科学技术部中外创新对话专项研究课题“美资企业在华设立的研发机构相关问题研究”（2014KJBMDZM15）的成果整理而成的。内容包括八个方面：外资企业在华研发投资总体情况、外资在华研发机构调查分析、重点省市美资企业研发机构调研分析、美资企业研发机构的技术转移与技术扩散、美资企业研发机构与国家创新体系、美资企业研发机构的运营环境、美资企业研发网络的构建与关联分析、外商研发投资政策分析。希望本书的出版能为政府决策和从事理论研究的学者提供一些参考。

本课题研究历时一年半（2014年8月至2016年2月），在此过程中，

得到了相关政府部门、企业界和专家等多方面的支持。上海市商务委员会、江苏省科技厅、陕西省科技厅、深圳市科技创新委员会和西安高新区管委会分别提供了当地外资研发中心名单，苏州高新区科技局叶剑伟副局长和潘学忠处长为课题组召开了10家外资企业代表参加的座谈会。为了获得丰富的一手资料，课题组投入巨大精力开展问卷调查和企业访谈，数十位外资企业研发业务经理或总监给予了无私的支持，提出了有益的观点和建设性意见。鉴于个人隐私和商业秘密，他们不希望公开个人信息，所持观点也不代表公司意见。他们分别就职于西安西门子信号有限公司、艾默生科技资源（西安）有限公司、新蛋信息技术（西安）有限公司、康龙化成（西安）新药技术有限公司、西安ABB电力电容器有限公司、西安三星电子研究有限公司、IBM中国研究院、IBM中国有限公司、高通无线通信技术（中国）有限公司、陶氏化学（中国）投资有限公司、雅富顿化工（苏州）有限公司、默沙东研发（中国）有限公司、上海勃林格殷格翰药业公司、瑞阳（上海）新药研发有限公司、上海胜略软件技术有限公司、SAP中国有限公司、上海eBay网络有限公司、微软（中国）有限公司、奥的斯电梯（中国）有限公司、东莞新百伦国际集团等。

西北大学经济管理学院安立仁教授多次参与课题组的讨论。美国西北拿撒勒大学商学院 Van Schyndel 教授、Vanderpool 教授对本课题提出了观点。在此，对参与本课题的各机构和人士表示诚挚的谢意！

本书是课题组成员集体努力的结果，第一章、第二章、第三章和第八章由陈关聚教授执笔，第四章由解茹玉博士执笔，第五章由刘启雷博士执笔，第六章由张洁博士执笔，第七章由张宸璐博士执笔，陈关聚教授负责统稿及修改润色。本书的出版得到了陕西省哲学社会科学特色学科“现代企业管理与陕西企业成长”基金项目的资助。

因作者水平有限，研究的深度和广度存在诸多不足，书中也可能存在谬误之处，敬请批评指正。

陈关聚

于西北大学太白校区

2016年9月

U0943375